ÉTUDES
SUR
L'ANCIENNE FRANCE

HISTOIRE, MŒURS, INSTITUTIONS

D'APRÈS LES DOCUMENTS

CONSERVÉS DANS LES DÉPOTS D'ARCHIVES

PAR

FÉLIX ROCQUAIN

PARIS

LIBRAIRIE ACADÉMIQUE

DIDIER ET Cie, LIBRAIRES-ÉDITEURS

35, QUAI DES AUGUSTINS, 35

ÉTUDES
SUR
L'ANCIENNE FRANCE

DU MÊME AUTEUR

L'État de la France au 18 brumaire, d'après les rapports des conseillers d'État chargés d'une Enquête sur la situation de la République, etc., publiés pour la première fois et précédés d'une préface et d'une introduction. 1 vol. in-12. 4 fr.

PARIS. — IMPRIMERIE DE E. MARTINET, RUE MIGNON, 2

ÉTUDES
SUR
L'ANCIENNE FRANCE

HISTOIRE, MŒURS, INSTITUTIONS

D'APRÈS LES DOCUMENTS

CONSERVÉS DANS LES DÉPOTS D'ARCHIVES

PAR

FÉLIX ROCQUAIN

PARIS
LIBRAIRIE ACADÉMIQUE
DIDIER ET Cie, LIBRAIRES-ÉDITEURS
35, QUAI DES GRANDS-AUGUSTINS

1875

Tous droits réservés.

PRÉFACE

Les Études qui composent ce volume ont été faites, pour la plupart, d'après des documents extraits de notre dépôt des Archives nationales. C'est là un point qu'appréciera sans doute le lecteur ami de l'exactitude dans les travaux historiques et qui ne veut asseoir son jugement que sur des faits irrécusables. Si précieuses en effet que soient les ressources offertes par les *Chroniques* pour l'époque du moyen âge et par les *Mémoires* pour les temps plus modernes, elles n'ont pas une valeur égale à celle que présentent les documents d'archives. Les chroniques, comme les mémoires, dues à des écrivains qui peuvent être ou mal informés ou trompés par leur jugement, ont besoin le plus souvent d'être contrôlées à l'aide des pièces originales[1]. Si les érudits savent le parti qu'on peut tirer de ces pièces et en usent journellement dans leurs écrits, il n'en est pas de même du public lettré, qui connaît encore à peine les richesses contenues dans nos Archives. C'est cette considération qui nous a déterminé à placer comme introduction, en tête de nos Études, un travail intitulé *les Archives nationales et le Musée paléographique*, où l'on trouvera, avec des renseignements sur l'origine et la formation de notre intéressant dépôt, une vue sommaire de l'histoire de France d'après les documents les plus précieux que renferme cet établissement.

Quant aux Études elles-mêmes, parues déjà dans divers recueils, mais remaniées en partie et complé-

---

[1]. Ainsi avons-nous fait pour *la Renaissance au XIIe siècle* et *la France aux XIVe et XVe siècles*, les seules de nos Études qui n'ont pas uniquement pour base des documents d'archives.

tées par des notes et par des additions, elles ont pour objet soit des phases importantes, soit des points particuliers de notre histoire nationale. La première a pour titre *la Renaissance au XIIe siècle* et embrasse apériode comprise entre la mort de Charlemagne et celle de Philippe le Bel. Nous retraçons les principaux événements qui, à nos yeux, font de ce siècle le plus grand de tous ceux du moyen âge et l'un des plus grands de notre histoire. Nous montrons la France, au sortir des immenses désordres où s'abîma le dynastie carlovingienne, se reprenant à la vie, à l'espérance, épurant ses mœurs, transformant ses institutions, créant une instruction publique, s'élevant aux conceptions de l'art et de la poésie, s'ouvrant à des sentiments de douceur et d'humanité jusqu'alors inconnus. Nous montrons ensuite comment, par la faute intéressée ou aveugle des pouvoirs qui dirigeaient la société, fut arrêté ce merveilleux essor. Une décadence, suivie bientôt d'une complète anarchie, succéda au mouvement avorté du XIIe siècle.

Dans l'Étude intitulée *la France aux* XIVe *et* XVe *siècles*, et qui embrasse les temps écoulés entre la mort de Philippe le Bel et l'avénement de François Ier, nous esquissons les traits de cette anarchie. Nous la cherchons d'abord dans les pouvoirs politiques; puis nous en suivons les effets dans la vie des populations; après quoi, nous montrons la France reconstituant peu à peu son état social et se préparant à recevoir les clartés fécondes d'une seconde Renaissance.

Ainsi qu'on le verra dans l'une et l'autre de ces Études, la royauté, alliée à la papauté, avait contribué puissamment à arrêter ce mouvement du XIIe siècle, dont le caractère dominant avait été un besoin général d'émancipation. Tandis que l'Église avait banni la liberté du domaine de la pensée, la royauté l'avait bannie de même de celui des institutions; puis, se retournant contre son alliée, dernière barrière restée debout devant son autorité grandissante, elle s'était avancée ouvertement, à l'époque de

Philippe le Bel, vers la monarchie absolue. Affaiblie par l'anarchie des xiv⁰ et xv⁰ siècles, dont ses violentes usurpations avaient été en partie la cause, elle en sortit purifiée par le malheur, entourée des sympathies du pays et plus forte qu'elle n'avait encore été.

Néanmoins, en se donnant à elle, la France ne se livrait pas tout entière. La royauté, à la fin du xv⁰ siècle, ne constituait pas seule le gouvernement ; elle le partageait, en une certaine mesure, avec les États généraux et les Cours souveraines. Mais à peine commencé le xvi⁰ siècle, qu'on la voit, reprenant son allure, s'efforcer d'annuler les uns et de briser les autres. En 1614 se réunirent pour la dernière fois les États généraux, qui depuis longtemps n'étaient plus qu'un nom. La lutte fut plus longue avec les Cours souveraines, dont l'indépendance ne tomba tout à fait que sous le règne de Louis XIV. C'est de cette lutte que nous suivons les phases dans notre Étude sur *la Chambre des comptes*, en prenant pour guide, ainsi que ce titre l'indique, non l'histoire du Parlement, mais les annales moins connues de la seconde Cour du royaume; nous les suivons depuis l'avénement de François Ier jusqu'à l'année 1673; où les Cours souveraines, mortellement frappées, firent entendre cette protestation suprême qu'on appela « le dernier cri de la liberté mourante [1]. » A ce moment, toute barrière est tombée devant la royauté; de 1673 à 1715, celle-ci possède enfin cette autorité sans limites qu'elle poursuivait depuis des siècles. Dans *la Misère au temps de Louis XIV*, nous montrons ce qu'au sein des splendeurs dont il est susceptible, le pouvoir absolu peut produire de désastres et d'immenses infortunes.

Tel est, en quelques mots, l'objet des Études qui composent la plus grande partie de ce volume et qui, se rattachant par leur objet même à l'histoire de la

---

1. Les Cours ayant recouvré une partie de leur ancienne indépendance à la mort de Louis XIV, la lutte recommença entre elles et la royauté. Nous en décrivons sommairement les caractères, de sorte que notre Étude sur *la Chambre des comptes* embrasse, à parler exactement, la période comprise entre le règne de François Ier et la Révolution.

royauté, — laquelle n'a guère été autre chose en France que celle du pouvoir absolu, — ont pu être réunies sous le titre général d'*Études sur l'origine et les effets du pouvoir absolu en France avant 1789*. Nous avons placé en forme d'appendice, à la fin du volume, quelques Études plus courtes et se reliant aux précédentes, soit à titre d'éclaircissements, comme *les Écorcheurs sous le règne de Charles VII*, soit à titre d'additions, comme *les Frais de justice au XIVe siècle*, ainsi que de nouveaux détails sur *François Villon et René d'Anjou*, dont les noms se rattachent aux origines de la Renaissance de la fin du XVe siècle. Revenant enfin à nos premières considérations sur les dépôts d'archives, nous montrons, par *la Sigillographie de l'ancienne France*, les ressources que la science historique peut tirer du sceau qui constitue la partie la plus humble et la moins connue de nos anciens documents.

Félix Rocquain.

INTRODUCTION

LES ARCHIVES NATIONALES

ET

LE MUSÉE PALÉOGRAPHIQUE

LES ARCHIVES NATIONALES

ET

LE MUSÉE PALÉOGRAPHIQUE

ORIGINE ET FORMATION DE NOS DÉPÔTS D'ARCHIVES
COUP D'ŒIL SUR L'ENSEMBLE DE NOTRE HISTOIRE
D'APRÈS LES DOCUMENTS EXPOSÉS DANS LE MUSÉE PALÉOGRAPHIQUE

Au centre du quartier du Marais, le seul peut-être auquel l'édilité parisienne ait laissé sa physionomie historique, s'élève, dans la rue des Francs-Bourgeois, le palais des Archives nationales. Lorsque, de la grille qui en protége l'entrée, le regard se porte vers la cour d'honneur, sur le pourtour de laquelle règne une élégante galerie à double colonnade, on s'arrête surpris tout à la fois et charmé. Tandis que la rue étroite, obscure, bruyante, presque toujours humide, blesse les sens par sa laideur, cette partie du palais, largement dessinée, paisible et pleine de lumière, séduit l'œil par la beauté sobre et les lignes harmonieuses de son architecture. A certaines heures du jour, quand le soleil n'envoie plus que des rayons discrets, les teintes brunies de la façade, qui se développe au fond de la cour, pénètrent l'âme d'un sentiment de gravité. Cette impression qui se dégage du monument convient à sa destination sévère. Il renferme les témoignages séculaires d'une société qui n'est plus. Là, comme en un tombeau, dort le passé de la France. Là sont couchées les pages de notre histoire, écrites jour par jour, depuis douze siècles, par les morts qui ont été nos pères.

Ce palais, qui devint en 1808 le dépôt de nos archives centrales, était jadis la demeure des princes de Rohan-Soubise. Avant eux, les célèbres ducs de Guise l'avaient habité. En 1696, les héritiers d'Élisabeth d'Orléans, veuve du dernier duc de Guise, vendirent l'hôtel à François de Rohan, prince de Soubise, qui le transforma et l'embellit. De cette époque date la disposition architecturale du palais tel qu'il nous apparaît aujourd'hui. Le monument eut peu à souffrir des outrages de la révolution; il reçut une atteinte plus grave des innovations maladroites de nos modernes architectes. On regrette surtout, dans le vestibule, autrefois peint en grisaille et orné de pilastres et de colonnes, un bel escalier tournant, au haut duquel on avait figuré, avec une perspective de parc et de jardins fuyant à l'horizon, des personnages de grandeur naturelle appuyés sur un balcon et regardant les visiteurs. Peu s'en fallut cependant que

cette cour d'honneur, admirée de tous les hommes de
goût, ne fût endommagée en 1789, lorsque, deux
jours durant, du 16 au 18 juillet, on entreposa dans
la galerie circulaire quarante-cinq milliers de poudre
saisis à la prise de la Bastille. En 1815, un autre
genre de péril menaça l'hôtel. Après les cent-jours,
un détachement de cavalerie prussienne était venu
s'installer dans les dépendances du palais, alors en-
combré de documents. On dut recourir à l'intervention de l'illustre savant Alexandre de Humboldt pour
mettre fin à ce voisinage dangereux.

Ce vieil hôtel de Guise, où s'établirent les Rohan,
était formé lui-même de la réunion de plusieurs hôtels,
dont l'un avait été bâti, au XIVe siècle, par Olivier
de Clisson. Un pavillon, flanqué de deux tourelles et
noirci par le temps, est l'unique souvenir qui rappelle
aujourd'hui le compagnon d'armes de du Guesclin.
François de Lorraine, duc de Guise, entra en possession du manoir de Clisson dans la même année où il
obligeait Charles-Quint à lever le siège de Metz. De
l'ancienne demeure des Guise, qui occupait à peu près
le vaste îlot compris entre les rues des Francs-Bourgeois, du Chaume, des Quatre-Fils et la rue Vieille-
du-Temple, il ne reste plus que la portion presque
entièrement ruinée qui s'étend sur la rue du Chaume
et doit bientôt disparaître. On voit encore, de ce côté,
un large escalier de pierre, dont la rampe en fer est
ornée de la double croix de Lorraine, et par lequel

montaient et descendaient ces princes qui faillirent devenir rois. Lorsqu'on en gravit les degrés, l'imagination se reporte involontairement aux temps de la Saint-Barthélemy, et, dans les bruits confus qui s'élèvent de la rue, on croit entendre comme un écho de la nuit du 24 août 1572.

Des impressions toutes différentes accompagnent le visiteur quand il parcourt les autres parties, nouvellement restaurées, du palais. La décoration intérieure, contemporaine de la fin du règne de Louis XIV et des commencements de celui de Louis XV, se ressent des magnificences de l'un et des raffinements de l'autre. La rudesse des guerres religieuses, évoquée par le souvenir des Guise, s'éloigne de la pensée; on se voit transporté au temps des courtisans fastueux et des favorites royales. Des peintures de sujets mythologiques de Boucher, de Vanloo, de Natoire, de Restout, de Trémolière, où l'amour joue le principal rôle, ornent le dessus des portes en bois sculpté ou les lambris dorés des plafonds. Les appartements du rez-de-chaussée étaient habités par le prince de Soubise; la princesse occupait ceux de l'étage supérieur. La chambre à coucher de la princesse et le salon octogone qui la suit offrent un luxe inouï de décoration. Du salon, embelli de la meilleure œuvre de Natoire, l'*Histoire de Psyché*, on voyait autrefois le Palais-Cardinal, aujourd'hui l'imprimerie nationale, séparé du palais Soubise par un jardin commun aux deux hôtels. C'était là qu'habitait le célèbre cardinal de Rohan, qui, en dépit de sa fière devise : « Roi ne puis, prince ne daigne, Rohan je suis », se compromit si honteusement dans l'affaire du collier. Le dernier propriétaire de l'hôtel Soubise fut le prince de Rohan-Soubise, « ami de cœur de Louis XV », qui perdit la bataille de Rosbach et mourut en 1787. Ces noms, par les événements qu'ils rappellent, nous reportent aux derniers temps de la monarchie. Nous allons entrer dans ceux de la révolution en abordant l'histoire de nos archives.

I

L'origine des Archives nationales se confond avec celle de la révolution. Dans leurs commencements, leur organisation, et jusque dans l'état matériel des documents innombrables qui les composent, elles portent l'empreinte de cette époque troublée. Nul plan, nul système conçu par avance n'a présidé à la naissance d'une institution si utile à l'histoire. Elle a germé comme par hasard au milieu de la tourmente; produit imprévu des événements, elle a été façonnée par la nécessité, avant de recevoir de la réflexion sa forme définitive.

Nos usages administratifs nous ont depuis longtemps familiarisés avec les idées de centralisation, et nous jugeons aujourd'hui très-simple la création d'un vaste dépôt où se trouvent rassemblés les actes constitutifs de notre histoire nationale. Il n'en était pas de même avant la Révolution. L'ancien régime n'avait d'archives centrales ni à Paris ni dans les provinces. Le roi, le parlement, l'Église, les monastères, les communes, chacun avait ses archives particulières. Indépendantes les unes des autres, le plus souvent inaccessibles, on n'imaginait pas même la possibilité de jamais les réunir. Un mémoire de Camus, qui fut le premier garde des Archives nationales, montre à quel point les documents d'intérêt public étaient disséminés dans Paris en l'année 1789. Non-seulement on comptait un nombre considérable de ces dépôts distincts, mais les archives d'un même établissement étaient souvent morcelées ; celles de l'université occupaient à elles seules sept emplacements différents.

Cette dispersion des archives, jointe à l'esprit jaloux qui en défendait l'entrée, devait offrir des obstacles presque insurmontables à l'étude de l'histoire. Aussi la valeur de ces précieux dépôts était-elle ignorée. Hormis les bénédictins et quelques érudits de l'école laïque, héritiers de la tradition des du Cange et des Baluze, on peut affirmer qu'au XVIII° siècle personne en France ne soupçonnait les immenses services que les archives pouvaient rendre à la science. Les hommes de lettres, les historiens se contentaient de chroniques imprimées, de mémoires du temps, ou de livres de seconde main. Voltaire lui-même dédaignait les archives. Leur importance était si peu comprise, que, de 1804 à 1816, dix demandes seulement, ayant pour objet des recherches d'érudition, furent adressées au garde de nos Archives centrales alors organisées.

Les événements appelèrent l'attention sur ces richesses ignorées. Dès le 4 août 1789, les justices seigneuriales ne savaient plus que faire de leurs minutes et de leurs procès-verbaux; peu après, le clergé remettait les registres de ses dîmes et les titres de ses biens. La suppression des ordres religieux, la fermeture des parlements et des cours de justice, celle des cours des comptes et des monnaies, l'abolition des corporations et des jurandes, la confiscation des titres qui avaient appartenu aux princes, aux émigrés, aux condamnés, l'enregistrement de l'état civil enlevé aux paroisses, toutes ces mesures successives livrèrent à la nation une masse énorme de liasses et de registres. Selon un mot de M. de Laborde, auteur d'un livre des plus intéressants sur ce sujet[1], on vit, en moins de quatre années, plus de dix mille archives « mises sur le pavé ».

Les intérêts de l'histoire exigeaient assurément un respect absolu pour ces débris du passé. Mais si plu-

---

1. *Les Archives de la France*, par M. le marquis de Laborde, directeur général des Archives de l'empire, membre de l'Institut. Paris, in-12, Renouard, 1867.

sieurs des membres de nos assemblées étaient des bibliographes érudits, aucun ne possédait de véritables notions sur la valeur scientifique de ces titres importants. Cette ignorance portant à penser qu'un grand nombre de ces papiers étaient dépourvus de toute utilité, on devait inévitablement, avant de procéder au difficile arrangement de ces archives accumulées, ordonner un triage. Ce fut ce qui arriva. Les passions politiques aggravèrent cette mesure. Avec les documents inutiles on voulut éliminer ceux qui représentaient les témoignages trop fidèles d'un régime abhorré. Un décret du 24 juin 1792 enjoignit de livrer aux flammes les titres généalogiques renfermés dans les dépôts publics. Un an après, les titres féodaux étaient, par un autre décret, condamnés au même sort. Aux cris de *Vive la république!* on brûla des registres précieux, des collections entières. Les pertes furent surtout sensibles dans les départements, où la passion et l'incapacité eurent un plus libre cours. La forme donnée à ces holocaustes patriotiques était partout la même. Devant le peuple assemblé, des tombereaux, chargés de liasses et de papiers, étaient amenés sur la place publique, où, près de l'arbre de la liberté, un bûcher avait été dressé d'avance. Les représentants de l'autorité révolutionnaire se rangeaient en cercle sur le lieu d'expiation. L'on prononçait quelques harangues; puis, à un signal donné, auquel répondaient les applaudissements de la foule et les chants républicains, on livrait au feu le contenu des tombereaux. Ainsi disparurent à Nancy, à Abbeville, à Tours, à Nantes, à Lyon, à Grenoble et dans le Midi, des diplômes, des bulles, des cartulaires, des titres anciens de toute nature et des plus utiles pour l'histoire. Une autre cause de dommage vint s'ajouter à celle-là. Le 5 janvier 1793, la Convention prescrivit d'envoyer aux arsenaux les papiers et parchemins en état de servir à la confection des gargousses et des cartouches. Le seul district de Provins fournit pour l'artillerie trente-huit mille quatre cent cinq parchemins.

Il y aurait toutefois de l'exagération à croire qu'une hécatombe de titres s'organisa sur tous les points de la France. Dans les départements où fermentait la guerre civile, les ordres de destruction émanés de la Convention rencontrèrent la résistance que trouvaient tous ses autres décrets. Dans les autres départements, ils n'obtinrent pas une entière obéissance; des soustractions assez nombreuses, inspirées de motifs divers, des fraudes même, furent commises. Des mains hardies détournèrent ce qu'il leur fut possible d'enlever; à des pièces importantes on substitua des pièces d'un intérêt secondaire. Nombre de documents que l'on croyait réduits en cendres, ont été retrouvés par la suite. La Convention elle-même ne tarda pas de prescrire des réserves pour les titres qui pouvaient intéresser l'histoire. Les seuls mots *à conserver*, inscrits sur un document, suffisaient pour le sauver ; et c'est ainsi qu'à Paris même nous a été conservé le trésor des chartes de nos rois. Cependant on ne peut nier qu'une quantité considérable de titres n'ait été détruite en 1793 ; et ces pertes, quel qu'en soit le véritable chiffre, méritent à jamais nos regrets. En cela, il faut bien le dire, la révolution suivait un exemple donné par les régimes antérieurs. Sous les gouvernements de Henri IV et de Louis XIV, on avait anéanti sans scrupule les registres du parlement qui se rapportaient aux guerres de la Ligue ou aux troubles de la Fronde. Il y a plus ; la révolution faillit, à son tour, rencontrer des imitateurs dans les régimes qui suivirent. A l'époque du consulat, on proposa, de diverses parties de la France, de détruire les papiers des ci-devant comités révolutionnaires. Tant est naturel aux hommes cet aveuglement qui les porte à penser qu'un état de choses devenu odieux, disparaît avec les titres qui l'attestent !

C'étaient des agents inférieurs du gouvernement révolutionnaire qui, de leurs mains inhabiles ou passionnées, avaient ainsi bouleversé et dépouillé nos archives. Loin qu'aucune règle s'imposât à leur ignorance ou modérât leur zèle, ils étaient encouragés dans cette œuvre de destruction par les chefs mêmes du gouvernement, qui ne voyaient dans ces vénérables débris que des gages de servitude. Il suffisait que des papiers fussent « anciens et d'écriture gothique », écrivait en février 1793 le ministre Garat à l'archiviste de Lille, « pour qu'on dût y reconnaître des titres de féodalité et des règlements politiques heurtant presque toujours la raison, l'humanité et la justice ». Condorcet lui-même, l'une des hautes intelligences de ce temps, partageait ces erreurs, et le déplorable décret du 24 juin 1792, qui prescrivait de brûler les pièces généalogiques, fut rendu sur sa proposition. « L'on ne devait pas garder, avait-il dit, dans ces vestiges de la vanité, un ridicule espoir qui semblait menacer l'égalité. » A ce triage violent et inconsidéré, la Convention, par sa loi du 7 messidor an II, fit enfin succéder un triage régulier, dont elle confia le soin à une *agence temporaire des titres*. Cette agence, dont les membres étaient nommés par elle, eut mission, à Paris et dans les départements, de classer, d'après un plan commun, les archives de tous les dépôts publics. Après avoir distrait, conformément à l'esprit des décrets antérieurs, les pièces inutiles ou entachées de féodalité qu'il paraissait également convenable de détruire, l'agence devait répartir tous les autres titres en trois classes ou sections, *domaniale, judiciaire,* ou *historique*, selon que ces titres intéressaient le domaine national, l'ordre judiciaire ou l'histoire proprement dite. Mais nous touchons ici au moment où se dessine l'organisation de nos archives, et il convient, pour la mieux saisir, de reprendre les choses d'un peu plus haut.

II

Dès le début de ses travaux, l'Assemblée constituante avait songé à placer en lieu sûr les pièces originales relatives à ses opérations, et nommé pour son archiviste Camus, avocat au parlement et député de Paris. Au mois de septembre 1790, elle déclarait que ses archives, sous la dénomination d'*Archives nationales*, seraient le dépôt de tous les actes qui établissaient « la constitution du royaume, son droit public, ses lois et sa distribution en départements[1] ». C'est dans ce dépôt originaire que se sont rassemblés successivement les papiers de l'administration révolutionnaire de la France; arrivés intacts aux Archives nationales, ils en ont formé le premier noyau. Ce n'étaient là toutefois que les archives propres au régime nouveau qui s'inaugurait en France. Mais déjà l'attention s'était portée sur les anciens dépôts, dont, par suite des événements, héritait la nation. Camus avait même proposé de concentrer en un même lieu, comme *monuments historiques*, les titres provenant

---

1. En vertu du même décret, les *Archives nationales* étaient ouvertes trois jours par semaine pour répondre aux demandes du public.

des établissements supprimés et tous les actes relatifs à l'état ancien de la monarchie. Sa proposition n'avait pas été admise. Mais, peu auparavant, l'Assemblée avait commencé d'elle-même à opérer cette concentration, en ordonnant la réunion de plusieurs dépôts importants disséminés dans Paris. Plus tard la Convention compléta cette mesure par un décret qui soumettait ces dépôts à une première classification et les rattachait, à titre de *sections*, aux Archives nationales, sous les ordres et la surveillance immédiate de l'archiviste de la république. Ce décret prépara la loi du 7 messidor an II (25 juin 1794).

La loi de messidor est demeurée, avec le rapport qui la précéda, la base de tout le système des archives de la France. La Convention la vota séance tenante, après avoir entendu le rapport fait au nom de sa *commission des archives*. « La commission, avait dit le rapporteur, a porté ses regards sur l'immensité des titres et pièces manuscrits qui existent dans les dépôts publics, et elle a cru devoir chercher la théorie du triage qu'il faut en faire, avec les moyens d'exécution pour y parvenir… Le premier mouvement dont on se sent animé est de livrer tous les titres aux flammes et de faire disparaître jusqu'aux moindres vestiges des monuments d'un régime abhorré. L'intérêt public peut et doit mettre des bornes à ce zèle estimable que votre commission partage. Loin de songer à le refroidir, c'est pour mieux proscrire ce qui nous est justement odieux que nous provoquons un examen sévère... La voix du patriotisme nous crie que rien ne doit subsister de ce qui porterait l'empreinte honteuse de la servitude, et le respect pour la propriété publique ou particulière nous impose le devoir d'examiner soigneusement tout ce qui sert à constater l'une ou l'autre; enfin ce qui peut servir à l'instruction mérite particulièrement des égards, puisque vous avez déclaré qu'elle est le besoin de tous. De là naît la division générale des titres, chartes et pièces manuscrits en trois classes. La première comprend ce qui concerne le domaine national; la seconde, l'ordre judiciaire, c'est-à-dire les jugements des tribunaux; la troisième, ce qui concerne l'histoire, les sciences et arts. »

On décida que le Louvre et le palais de justice deviendraient les dépôts, à Paris, l'un de la section domaniale, l'autre de la section judiciaire, subordonnés, avec leurs gardes respectifs, à l'archiviste de l'Assemblée. Quant aux titres historiques proprement dits, ils devaient être portés à la bibliothèque nationale, de même que les titres analogues, dans les départements, devaient être versés aux bibliothèques des chefs-lieux. Nous ne dirons rien de l'ordre de destruction inscrit dans la loi de messidor. Il causa peu de mal en somme, d'autant que la loi fut exécutée à Paris, sans l'être dans les départements, où les préposés au triage, irrégulièrement payés, interrompirent d'eux-mêmes leurs travaux commencés. Les autres dispositions de la loi se ressentaient, à quelques égards, de l'inexpérience particulière que nous avons signalée. L'exécution rigoureuse des divisions prescrites exposait à l'inconvénient de démembrer les collections et d'isoler les documents. Une autre faute fut d'instituer une section historique, création arbitraire, car tous les documents, quelle qu'en soit la nature, peuvent intéresser l'histoire. Enfin l'envoi des titres historiques à la bibliothèque nationale indiquait une autre sorte d'erreur. Archives et bibliothèques sont des collections d'un genre très-différent. Aux bibliothèques ressortissent toutes les productions littéraires, toutes les œuvres de l'esprit ou de l'imagination, manuscrites ou imprimées, se rattachant aux divers genres que, dans ses créations, peut embrasser la pensée, tandis que les archives sont le dépôt de tous les actes publics, anciens ou modernes, qui intéressent la constitution d'un pays, établissent les rapports mutuels des citoyens, règlent en un mot les conditions des personnes et des propriétés. Cette distinction, qui encore aujourd'hui trompe de très-bons esprits, devait d'autant moins occuper la Convention, qu'on voyait, depuis deux siècles, affluer des pièces d'archives isolées et des archives entières à la bibliothèque du roi. Cette mesure ne reçut au reste qu'un commencement d'exécution. Sur ce point et sur d'autres, également défectueux, les faits se chargèrent de corriger la loi. La Convention avait décidé que les membres de l'*agence temporaire des titres* seraient choisis parmi des citoyens « versés dans la connaissance des chartes, des lois et des monuments ». Il arriva que ces hommes compétents mirent dans leurs travaux une lenteur salutaire. Non-seulement ils sauvèrent une quantité notable des documents qu'ils avaient mission de détruire, mais ils atténuèrent les inconvénients d'une classification trop rigoureuse, et s'opposèrent avec succès au versement des titres destinés à la bibliothèque nationale. Il y a plus; un article de la loi, qui montre mieux qu'aucune autre disposition l'inexpérience du législateur, obligeait les employés de l'*agence* à terminer leur immense besogne en six mois; par la force des choses, eux ou leurs successeurs se perpétuèrent dans leurs fonctions, et la loi demeura, sur ce point, à l'état de lettre morte.

En somme, la loi de messidor, et par les principes qui présidèrent à sa rédaction et par les améliorations qu'elle reçut dans la pratique, constitua pour nos archives un véritable bienfait. Selon la pittoresque expression de Michelet, la première impétuosité de la révolution avait « secoué vivement toute la poussière » des greniers où gisaient abandonnés les titres de notre histoire; « monastères, châteaux, dépôts de tout genre, elle vida tout, versa tout sur le plancher ». La loi de messidor recueillit tous ces dépôts épars; elle arrêta le désordre que le fanatisme ou l'ignorance commençaient d'y introduire ; en y portant le classement, elle les rendit intelligibles ; elle fit de leur conservation un service public ; et l'on peut dire que, de ce moment, les archives de l'ancienne France furent données à l'histoire. Elle contenait même des dispositions non encore observées de nos jours et qui mériteraient de l'être. « Qu'on conserve, avait dit le rapporteur, ou qu'on établisse des dépôts de titres partout où la commodité des citoyens et l'activité du service l'exigeront ; mais ces diverses collections éparses ne seront que des sections du dépôt central, auquel elles fourniront toutes un état sommaire de ce que contient chacune d'elles. » L'esprit de ces instructions n'a pas été suivi. Les archives établies à Paris, et appelées à tort *Archives nationales*, n'ont aujourd'hui aucun lien avec celles des départements ; les unes et les autres dépendent de ministères différents ; et quant aux inventaires des archives départementales, inventaires qui, concentrés à Paris, offriraient à l'étude de si utiles ressources, le nombre de ceux qu'a reçus notre dépôt central est encore très-inférieur au chiffre qu'il aurait dû atteindre.

Les membres de l'agence avaient réussi à vivre bien au delà du temps limité par la loi de messidor, lorsque, par suite de démêlés avec Camus, revenu d'Olmütz où il avait été retenu longtemps prisonnier, l'agence fut cassée. Elle se reforma peu après sous le nom de *bureau du triage des titres*, soumise cette fois aux ordres directs de Camus, qui, malgré son absence, n'avait point cessé d'être investi du titre d'archiviste de la république. Celui-ci, bibliographe très-instruit, mais sans pratique suffisante des archives, et que l'exil avait laissé dans son inexpérience, imprima au travail une direction peu mesurée qui souleva de nouvelles luttes, et le *bureau du triage* fut dissous à son tour (1801). On ne le rétablit point. Cependant, au contact répété des documents, et surtout à la suite d'une mission remplie par lui dans les dépôts de Belgique, Camus avait acquis des vues plus saines sur l'organisation des archives, quand la mort le surprit (1804). Il fut remplacé par Daunou, son collègue à l'Institut, et ancien membre, comme lui, de nos assemblées révolutionnaires.

Ce fut sous l'administration de Daunou qu'on pourvut à une mesure jugée depuis longtemps nécessaire, à la réunion, en un seul et vaste local, des diverses Archives qui jusqu'alors avaient été rattachées, moins en fait qu'en principe, les unes avec les autres. Les archives dites *nationales*, instituées par la loi de septembre 1790, avaient suivi nos assemblées dans leurs pérégrinations successives. Établies d'abord dans la bibliothèque des feuillants, plus tard aux capucins de la rue Saint-Honoré, puis aux Tuileries avec la Convention, elles étaient passées, après le 18 brumaire, au palais du corps législatif (palais Bourbon). En 1801, la section domaniale, obligée d'évacuer le

Louvre, avait été transférée au palais Bourbon. La même année, on y portait la section historique, destinée, dans l'origine, à la bibliothèque nationale. Afin de remédier à l'encombrement de ces titres entassés, un décret du 6 mars 1808 ordonna l'acquisition de l'hôtel Soubise, où l'on transporta toutes les archives rassemblées au palais Bourbon. Aux termes du décret, toutes les archives existant à Paris, sous quelque dénomination que ce fût, devaient être amenées dans cet hôtel. Toutefois, pour des raisons particulières, la section judiciaire, alors établie au palais de justice, y demeura encore jusqu'en 1847. Ainsi s'effectua une concentration dont l'utilité s'était manifestée à l'esprit de Camus dès 1790, et qui n'avait été retardée dans son application que par l'incompétence de nos législateurs.

L'hôtel Soubise ne tarda pas à s'enrichir de nouvelles collections. En 1809, on y plaça les papiers considérables de la préfecture de la Seine et les archives du tribunat. De 1810 à 1814, on y vit affluer de bien autres richesses. Aux yeux de Napoléon, la victoire donnait tous les droits sur les peuples conquis. Ce principe, emprunté à l'antiquité et que repousse notre civilisation, avait inspiré dès 1796 ses proclamations à l'armée d'Italie. Les archives des peuples vaincus suivirent la voie qu'avaient déjà prise tant de livres précieux et de chefs-d'œuvre d'art. Triées à la hâte par des archivistes envoyés de France, elles furent chargées en bloc sur des voitures de roulage et dirigées sur Paris. Daunou alla lui-même présider au départ des archives du Vatican. A l'exception de l'Angleterre, des États scandinaves et de la Russie, la plupart des États de l'Europe se virent mis à contribution. Le préfet des archives du saint-siége, célèbre érudit, déjà sexagénaire, Gaëtano Marini, voulut suivre ses documents à Paris, et il mourut, pendant les cent-jours, du chagrin de les voir retombés aux mains de Napoléon, lorsqu'il s'était cru au moment de les ramener dans sa patrie. Toutes ces archives s'amoncelèrent à l'hôtel Soubise. On a reproché avec raison à la révolution d'avoir livré aux flammes les titres féodaux. Combien le blâme ici nous semble plus mérité! Alors ni l'ignorance ni le fanatisme n'exerçaient leur empire. C'était une mesure réfléchie, conçue hors de la pression des événements, que celle qui dépouillait de leurs archives des peuples rendus dociles par les malheurs de la guerre. Cette mesure était un outrage à l'histoire et au droit sacré des nations.

L'hôtel Soubise parut bientôt trop étroit pour renfermer toutes ces richesses. En vain emplissait-on les cours, les vestibules; en vain prenait-on le couvent des minimes de la place Royale, auquel on joignait peu après une maison louée dans le voisinage. Un décret du 21 mars 1812 ordonna la construction, sur la rive gauche de la Seine, près le pont d'Iéna, d'un immense *palais des Archives*, destiné à contenir cent mille mètres cubes de documents. La première pierre en fut posée, le 15 août 1812, par le ministre de l'intérieur, M. de Montalivet. « De nombreux États de l'Allemagne, disait ce ministre dans le discours prononcé à cette occasion, l'Espagnol, le Romain, le Toscan, le Génois, le Piémontais, le Belge, le Flamand, le Hollandais, trouveront ici les annales de leur existence et de leur gloire confondues avec celles des Français. L'érection de ce monument devient elle-même un des grands événements de l'histoire. Le palais des Archives, créé pour conserver, doit présenter tous les caractères, donner toutes les garanties de la durée : la pierre et le fer en seront les seuls matériaux. Sa masse sera simple, mais imposante ; aucun édifice n'eut encore une telle destination : sa construction ne doit ressembler à aucune autre. » Les événements de 1814 mirent un terme à cette fastueuse entreprise. Il fallut rendre aux pays étrangers les archives dont on les avait injustement dépouillés. On abandonna les constructions, désormais inutiles, qui s'élevaient déjà à deux mètres du sol, et l'hôtel Soubise conserva sa première destination.

Depuis la restauration jusqu'en 1847, époque à laquelle les titres de la section judiciaire furent transférés du palais de justice à l'hôtel Soubise, nos archives restèrent, à peu de chose près, dans la même situation. Par l'adjonction des titres judiciaires, elles furent définitivement constituées sur les bases de l'ancienne loi de messidor. Cependant, pour la commodité du service intérieur, on adjoignit à deux des sections créées par cette loi des documents que leur nature n'appelait pas à en faire partie. A la section domaniale on annexa les papiers administratifs, et à la section judiciaire les actes de nos assemblées, ou actes législatifs dont se composaient, à l'origine, les *Archives nationales*. On eut ainsi, avec une *section historique*, restée la même depuis sa formation, une *section domaniale et administrative* et une *section judiciaire et législative*. Telles sont les trois grandes divisions entre lesquelles sont encore aujourd'hui répartis tous les documents qui composent nos archives. Un an après l'adjonction des titres déposés au palais de justice, la révolution de février amenait à l'hôtel Soubise les archives de la liste civile et celles de la chambre des pairs, que suivirent les papiers de la secrétairerie d'État de Napoléon Ier, composés des papiers du comité de salut public, du Directoire, du consulat et de l'empire. Ces nouveaux documents furent rattachés, selon leur nature, aux sections existantes. Mentionnons encore des versements opérés, depuis 1848, par les ministères de la justice, de l'instruction publique, des travaux publics, de l'intérieur et des finances. La série des documents que doit recevoir notre dépôt est loin d'être close. Pour ne citer que les plus importants, les papiers d'État appartenant aux divers régimes politiques qui se sont succédé en France depuis 1815 jusqu'à nos jours, ceux des deux restaurations, de la monarchie de juillet, de la république de février et du second empire, viendront vraisemblablement prendre place, dans nos archives, à côté des documents du premier empire et des titres de l'ancienne monarchie.

On ne peut songer avec indifférence aux périls qui, dans les récents événements que la France a traversés, ont menacé ce magnifique établissement. Lors du siége de Paris par les Prussiens, on avait pris, en vue de préserver ce dépôt, toutes les précautions imaginables. Les titres les plus précieux avaient été placés dans des caisses, et celles-ci, fermées avec soin, avaient été descendues dans les caves. Pour garantir les documents demeurés dans les étages supérieurs, on avait blindé toutes les fenêtres. Dans les salles, des bassins pleins d'eau avaient été disposés de distance en distance, en cas d'incendie. Un poste de pompiers, établi à demeure dans l'établissement, veillait jour et nuit. Les archivistes eux-mêmes avaient été requis par l'administration pour concourir aux mesures de précaution. Pendant tout le temps que dura le siége, un certain nombre d'entre eux faisaient faction, la nuit, dans les bureaux, d'où ils sortaient, en se relayant tour à tour, pour visiter les dépôts. Le directeur, M. Alfred Maury, était le premier à donner l'exemple. L'un des archivistes qui parcoururent plus d'une fois, pendant ces tristes nuits, les nombreuses salles encombrées de documents, parlait un jour devant nous des impressions qu'il éprouvait alors. « Rien n'était étrange, disait-il, comme d'entendre le pas résonner dans ces galeries silencieuses, éclairées des faibles rayons d'une lanterne sourde que portait avec soi le visiteur. La ronde terminée, on montait sur le toit pour voir si, dans le voisinage, s'allumait un incendie dont on pût craindre les effets. Malgré soi on restait là, immobile, interrogeant l'horizon, entendant çà et là des voix confuses qui traversaient l'espace ; et peu à peu, la pensée se concentrant sur les malheurs de la patrie, on se perdait dans une tristesse plus sombre que la profonde nuit qui enveloppait alors, comme d'un immense linceul, la cité assiégée. »

Cette fois les craintes qu'on avait conçues ne se réalisèrent pas. Plus heureuses que quelques-uns de nos autres établissements scientifiques, nos archives traversèrent sans dommage toute la période du siége. Mais les craintes reparurent aux derniers temps de la commune. Dès le lendemain du 18 mars, les archivistes, licenciés de fait par le départ du gouvernement pour Versailles, commençaient de quitter les archives. Il ne resta que ceux que leur âge exemptait de la conscription imposée par les dictateurs de l'hôtel de ville à la masse des citoyens. Plusieurs fois des délégués de la commune se présentèrent aux Archives sous prétexte d'une mission de surveillance, mais sans que rien, dans leurs paroles ou dans leur attitude, trahît des desseins hostiles. Les richesses accumulées dans nos dépôts n'étaient sans doute pas d'une nature à tenter les convoitises, et on sembla bientôt les oublier. Mais quand commencèrent les incendies, on se souvint de l'existence de nos dépôts. Le feu mis aux millions de papiers qui s'y trouvent entassés se fût aisément répandu dans le voisinage. A diverses reprises, des troupes d'hommes, ivres de vin et de fureur, se présentèrent à la porte des Archives pour brûler d'une seule fois cet immense amas de documents dont les révolutionnaires de 1793 n'avaient osé, en dépit de leurs passions, détruire qu'un certain nombre. L'attitude résolue des garçons de bureau, qu'on avait armés, et qui, en défendant les Archives, défendaient leur propre domicile, intimida les incendiaires. La rapidité de l'entrée des troupes régulières dans l'intérieur de Paris contribua aussi à empêcher une destruction qui n'eût pas tardé vraisemblablement à se réaliser. M. Alfred Maury fut un des rares chefs d'administration qui, dans ces jours sinistres, demeurèrent à leur poste. S'il ne fût resté, retenu par le sentiment du devoir, nul doute que nos archives, bientôt abandonnées comme l'ont été nos ministères, n'eussent disparu dans les flammes, et avec elles tous les plus précieux monuments de notre histoire nationale. Qu'il nous soit permis, au nom des amis de la science, de lui témoigner ici notre reconnaissance.

III

Conformément à l'esprit du décret de 1790, l'hôtel Soubise est ouvert chaque jour aux personnes désireuses de consulter les documents qu'il renferme. Les communications qu'on fait de ces documents n'ont pas rapport exclusivement, comme on doit le penser, à l'étude de l'histoire. Elles ont également lieu en vue d'intérêts d'une nature différente, comme questions de propriété, de finances ou de législation, concernant l'État, les communes ou les particuliers. Toutefois les recherches qui ont un objet scientifique sont de beaucoup les plus nombreuses. L'administration des Archives tient note, en des registres, des demandes qui lui sont adressées. L'examen de ces registres fournit parfois de curieuses indications. On y voit que, sous le second empire, les recherches historiques portaient presque uniquement sur la révolution française, en vue soit de la combattre, soit de la soutenir, ce qui représente assez fidèlement la double tendance des esprits à cette époque. Aujourd'hui les recherches n'offrent plus le caractère exclusif qu'elles présentaient naguère, et semblent se diriger également sur tous les points de notre histoire.

On conçoit, d'après ces explications, que le personnel de nos Archives doit être un personnel tout spécial. Conserver les importantes collections commises à leur garde, en faciliter l'examen par des classements méthodiques, communiquer les documents au public, tel est le rôle habituel des archivistes. Ces fonctions exigent, avec une notion complète des documents dont ils ont la surveillance, une connaissance générale de l'histoire. Dans ses rapports avec le public, l'archiviste se voit même souvent obligé à une sorte d'étude. On lui désigne un événement, un lieu, un personnage, sur lequel on veut rédiger un mémoire, composer un ouvrage. C'est à lui qu'il appartient d'en rassembler les matériaux; au besoin, il discute les idées du demandeur et lui ouvre les ressources de son propre savoir. Aussi les archivistes sont-ils, pour la plupart, des savants, des hommes de lettres[1]. Notre illustre et regretté Michelet a été, pendant un certain nombre d'années, chef de la section historique. De leur côté, les directeurs des Archives se sont montrés dignes de figurer à la tête de cet établissement exceptionnel. Hormis M. de la Rue, qui fut garde général de 1816 à 1830, et M. de Chabrier, qui exerça les mêmes fonctions de 1848 à 1855,

---

[1] Le plus grand nombre sort de l'École des chartes, qui, dans un enseignement régulier de trois années, les initie à tous les secrets de la science historique. Beaucoup ont été honorés des récompenses que l'Académie des inscriptions et belles-lettres décerne chaque année aux meilleurs travaux d'érudition.

tous ont fait partie de l'Académie des inscriptions et belles-lettres. Nous avons déjà eu occasion de parler de Camus, placé le premier à la tête de nos Archives. Daunou, qui, après Camus, dirigea les Archives jusqu'en 1816 et les dirigea encore, après M. de la Rue, de 1830 à 1840, et Letronne, successeur de Daunou, sont deux noms également célèbres dans la science. Le successeur de M. de Chabrier, M. de Laborde, que sa brillante intelligence rendait apte à des études très-diverses, s'est fait une notoriété considérable dans le monde des arts et de l'érudition. M. Alfred Maury, le directeur actuel, appartient également à l'Institut. Professeur au collége de France, comme l'était Daunou, il fait en même temps partie du bureau du *Journal des savants*, dont il est un des plus assidus collaborateurs.

C'est en grande partie à l'initiative des hommes éminents qui ont dirigé les Archives nationales qu'il convient d'attribuer les progrès accomplis dans la libéralité des ressources offertes au public studieux. Entourées d'abord de sévères restrictions, ralenties par de nombreuses formalités, les communications de pièces sont devenues par degrés aussi faciles que le sont les communications de livres dans les bibliothèques publiques. Il s'en faut que les diverses archives de l'Europe soient aussi abordables. A l'exception des archives d'Angleterre, où depuis longtemps on pénètre avec une entière liberté, les archives des autres pays, et en particulier celles de Vienne et de Berlin, offrent encore les traces de cet esprit jaloux qui jadis environnait de mystère tous les dépôts de titres. Quant à celles du Vatican, leur difficile accès est pour les amis de la science un sujet perpétuel de regrets. M. de Laborde a contribué plus que personne à ouvrir à l'étude les Archives nationales. Il ne s'est pas seulement attaché à débarrasser de toutes les formalités superflues le service des communications, il a voulu, comme il disait, « porter à domicile » la connaissance des richesses contenues dans nos dépôts. Dans cette vue, il prescrivit la confection d'inventaires imprimés, tels que ceux des *Actes du parlement de Paris*, des *Cartons des rois*, du *Trésor des chartes* et des *Titres de la maison de Bourbon* [1], inventaires qui se trouvent aujourd'hui dans le commerce et qui donnent au public, sans qu'il ait besoin de se déplacer, une notion sommaire de plusieurs portions importantes de nos archives. Indépendamment de ces inventaires spéciaux, auxquels il est à présumer que d'autres succéderont, M. de Laborde entreprit la rédaction d'un *Inventaire général* où devaient être désignées, suivant un ordre méthodique, les différentes séries de documents dont se com-

---

1. *Actes du parlement de Paris*, par M. Boutaric. Paris, Plon, 1863-1867, 2 vol. in-4°. — *Monuments historiques : Cartons des rois*, par M. J. Tardif. Paris, Claye, 1866, in-4°. — *Trésor des chartes*, par A. Teulet. Paris, Plon, 1863-1866, 2 vol. in-4°. — *Titres de la maison ducale de Bourbon*, par A. Huillard-Bréholles. Paris, Plon, 1867, in-4°.

posent nos dépôts. Cet inventaire n'a été achevé que sous l'administration de M. Alfred Maury, le directeur actuel, et vient d'être imprimé [1].

En même temps qu'il présidait à l'utile publication de ces inventaires, M. de Laborde créait le *Musée paléographique*, non moins propre à répandre au dehors le goût et la notion des archives, et composé des titres les plus importants de notre histoire depuis les commencements de la monarchie jusqu'à nos jours. Plusieurs années furent nécessaires à la réunion des documents. Le travail prit fin en 1867, et l'on put inaugurer le musée, qui fut de ce moment ouvert aux visiteurs. Cette inauguration se fit avec un certain appareil. Les vitrines où l'on avait placé les documents du musée avaient été installées dans les salles du premier étage, où elles sont encore aujourd'hui, et dont font partie l'ancienne salle des gardes, la chambre à coucher de la princesse de Soubise et le salon octogone. Un public nombreux et choisi avait été invité pour cette solennité. M. de Laborde n'assista point à cette fête scientifique. Déjà atteint du mal qui ne devait pas tarder à l'emporter, il ne put voir que de loin la foule

---

[1]. *Inventaire sommaire et tableau méthodique des fonds conservés aux Archives nationales.* Partie antérieure à 1789, in-4º. Paris, Imprimerie nationale, 1871. Avant cet inventaire, un livre très-estimé, *les Archives de la France*, par M. Henri Bordier, Paris, Dumoulin, 1855, in-8º, était le seul guide qu'on possédât pour se diriger dans le labyrinthe de nos dépôts.

s'empresser autour de l'œuvre qu'il avait créée. Visité, depuis cette époque, par nombre de savants et d'étrangers de distinction, le musée des Archives a été fermé en 1870 et 1871 par suite des événements. Ouvert de nouveau dans le cours de l'année 1872, il attire encore aujourd'hui de nombreux visiteurs.

Que le lecteur nous permette de le guider un moment en imagination vers l'ancienne demeure des Soubise. Entrons dans la cour d'honneur. C'est sous la riche colonnade qui en décore les côtés qu'on avait établi, lors du premier empire, les archives du Vatican. Une partie de ces précieuses archives avait aussi été placée dans le large vestibule du palais, où, au lieu du bel escalier tournant dont nous avons parlé, on trouve un escalier rectiligne des plus roides et des plus disgracieux. Montons cet escalier; il nous conduit à l'ancienne salle des gardes. Dans cette salle spacieuse, que décorent les bustes de Daunou, de Letronne, où l'on regrette de ne pas rencontrer celui de Camus, leur prédécesseur, et où l'on devrait trouver également celui de M. de Laborde, a été placée la première partie du musée. De beaucoup la plus intéressante pour les personnes curieuses de notre vieille histoire, cette partie se compose de plus de cinq cents documents appartenant par leurs dates aux temps écoulés entre le commencement du viie siècle et la renaissance. Dans les salles suivantes ont été répartis les actes plus modernes qui s'étendent de la renaissance à la fin du Directoire. Parcourons rapidement ces différentes séries de documents ; tout le passé de la France va renaître un moment sous nos yeux.

IV

Trois périodes distinctes se partagent les documents qui composent la première partie du musée : la période mérovingienne, la période carlovingienne et la période plus longue qui s'étend du règne de Hugues Capet à celui de François Ier. La période mérovingienne offre trente titres originaux, dont les plus anciens sont sur papyrus et les autres sur parchemin. Ils émanent tous de nos rois. Sur chacun d'eux, un sceau en cire blanche, grossièrement façonné, représente la tête du prince, vue de face et couverte de la longue chevelure qui était le signe distinctif de la dignité royale[1]. Grande, hardie, hérissée de longs traits qui s'élèvent au-dessus des lignes, avec des mots liés les uns aux autres ; en sorte qu'un mot unique semble composer toute la pièce, l'écriture, au premier abord, paraît indéchiffrable. La langue, latin barbare entremêlé de

---

1. Pour ce qui concerne les sceaux, dont nous ne disons ici que quelques mots, voir à la fin de ce volume notre étude intitulée *Sigillographie de l'ancienne France*.

formes germaniques, n'offre pas moins d'obscurité. Les plus anciens de ces actes, qu'on a placés en tête, sont un diplôme de Clotaire III, daté de 625, et un autre de Dagobert I*er*, daté de 628, au bas duquel se lit la signature autographe de ce prince (*Dagoberethus*). Vainement chercherait-on dans ces diplômes des actes de nature politique et d'un intérêt général. Débris d'une époque où le clergé seul était en situation d'avoir des archives qui pussent échapper aux causes de destruction et traverser les siècles, ils n'offrent que des témoignages de libéralité en faveur des églises ou des monastères.

Dans les cinquante-trois documents qui représentent la période carlovingienne, le papyrus, totalement disparu, est remplacé par le parchemin. L'écriture se montre moins hérissée des traits qui l'embarrassaient jadis; les mots se détachent les uns des autres, et des majuscules indiquent le commencement des phrases. Les sceaux, que n'accompagne plus la signature autographe du souverain, attestent un âge qui veut rappeler celui des Césars. Façonnés à l'imitation des médailles romaines, ils représentent des bustes vus de profil, la tête ordinairement couronnée de laurier, les cheveux courts et liés avec un ruban en forme de diadème. Quant à l'objet des diplômes, il ne diffère guère de celui des titres de la première race. Les rois y règlent le mode d'élection des abbés, confirment les réformes introduites dans les monastères, accordent aux abbayes des terres, des priviléges, et jugent les procès dans lesquels sont engagés les intérêts de l'Église. Comme pour les temps mérovingiens, et par le même motif, on ne possède, pour cette époque, que des titres provenant des fonds ecclésiastiques. Signalons, en passant, une charte de l'an 777, au bas de laquelle est fixé un fétu de paille, contemporain de la pièce, et symbole de la transmission de propriété en usage chez les Francs.

Avec les rois de la troisième race, les documents deviennent tout d'un coup très-nombreux. De Hugues Capet à Louis XII, le musée en offre quatre cent cinquante-cinq. Comme sous la deuxième race, le parchemin règne en maître ; toutefois, dès le milieu du xiiie siècle apparaît le papier de coton, et au commencement du xive se montre le papier de chiffe. L'écriture, qui, au début, diffère peu de l'écriture carlovingienne, n'arrive que par degrés à cette forme appelée improprement gothique, qui caractérise les actes du moyen âge. L'ornementation s'y introduit ; aux xiiie et xive siècles, la lettre initiale du document donne lieu aux arabesques les plus fantaisistes et se transforme parfois en véritable vignette. Le latin s'épure, et, vers le règne de saint Louis, offre une clarté parfaite. En même temps, la langue nationale paraît. La plus ancienne pièce en français que possède le musée date de 1223. D'un autre côté, le sceau, qui ne représente plus seulement le buste, mais une figure assise et dite de *majesté*, se détache de l'acte auquel il était d'abord adhérent et s'y montre suspendu par des lacs de parchemin ou de soie. Inutile de dire que l'intérêt historique des documents n'est plus, comme sous les deux premières races, limité à un petit nombre de faits; il s'étend, il grandit à chaque règne. A la vérité, les actes des premiers rois capétiens ne concernent guère que l'Église, qui, devenue toute-puissante au sein des désordres où périt la monarchie carlovingienne, tint, pendant un siècle, ces princes sous sa tutelle. Mais, à dater de Louis VI, les choses changent. On voit la royauté sortir de l'étroite sphère où elle vivait enfermée. Tandis qu'elle manifeste par des actes variés et plus nombreux sa nouvelle attitude, le clergé, les seigneurs, les communes apparaissent dans des documents qui leur sont personnels. Les serfs eux-mêmes sortent de l'oubli; une des premières chartes de Louis VI est une autorisation donnée en 1108 par le roi aux serfs de Notre-Dame de Paris de témoigner en justice contre les hommes libres.

A partir de ce moment, tous les événements importants de notre histoire sont consignés dans des actes. Sous Philippe-Auguste, dont le testament — que l'on croit autographe — fait partie du musée, plusieurs pièces attestent la séparation qui commençait alors de s'opérer entre les pouvoirs laïques et les pouvoirs spirituels. A l'époque de Louis VIII, une charte, composée de quelques lignes, nous reporte au souvenir des événements qui, en ajoutant des provinces à la couronne, constituèrent peu à peu notre unité territoriale. C'est la cession faite au roi, en 1224, du comté de Toulouse par les héritiers de Simon de Montfort, cession qui clôt, en faveur de la royauté, la guerre sanglante des albigeois.

Sous saint Louis, le cadre des faits s'élargit. On remarque d'abord une circulaire adressée, en 1226, aux évêques et barons du royaume pour assister au couronnement de ce prince à Reims, circulaire qui témoigne que le sacre de nos rois est désormais un fait national. Plus loin, une charte, munie à l'origine de quarante et un sceaux et contenant les plaintes des grands du royaume au pape contre les empiétements du clergé, offre un nouveau symptôme du conflit engagé au temps de Philippe-Auguste entre l'Église et la société laïque. A côté de cette charte, le premier registre des arrêts du parlement, dont la plus ancienne date est de 1254, nous montre la justice s'organisant dans l'État. Deux actes d'un ordre différent, mais non moins intéressants, terminent la série des titres contemporains de saint Louis. Ce sont deux codicilles de ce monarque, à la date de 1270, écrits l'un près des côtes de Sardaigne, à bord du vaisseau qui le portait en Afrique (*actum in navi nostra juxta Sardiniam*), et l'autre au « camp devant Carthage » (*actum in castris juxta Carthaginem*).

Que si, du règne de saint Louis, nous passons à celui

de Philippe le Bel, nous retrouvons la trace de tous les faits importants qui marquèrent cette époque, tels que cet usage désastreux de l'altération des monnaies auquel ce prince et ses successeurs eurent si souvent recours pour grossir leurs revenus, puis les débats avec Boniface VIII, dans lesquels la papauté sembla céder enfin devant nos rois, et le procès des templiers, l'événement le plus dramatique du règne. Deux pièces, voisines par leur date de l'interrogatoire des templiers, sont relatives à la convocation des états généraux, nouveauté considérable qui transforme nos institutions et annonce l'âge moderne.

Avec Louis X, et pendant plus d'un siècle, les pièces du musée n'attestent que de douloureux souvenirs, image des malheurs de toute sorte qui ne cessèrent jusqu'au temps de Charles VII de peser sur la France. Dès l'avénement de Louis X, ces malheurs s'annoncent par un acte où l'on voit les trois ordres, clergé, noblesse et bourgeoisie, se liguer contre la royauté, qui, sous Philippe le Bel, avait voulu absorber tous les pouvoirs. Puis viennent les premiers incidents de la guerre de cent ans, nos défaites à Crécy, à Poitiers, et la captivité du roi Jean. A peine a-t-on démêlé dans quelques pièces le nom de du Guesclin — qui reporte la mémoire au règne réparateur de Charles V, — qu'on se voit retomber dans les désastres du règne de Charles VI, que clôt un serment de fidélité prêté par des Français, au lendemain d'Azincourt, à Henri, roi d'Angleterre, « héritier et régent du royaume », serment arraché tout à la fois à la lâcheté et à l'infortune. Avec les titres contemporains de Charles VII apparaît le nom glorieux de l'héroïne qui rendit à la France la foi en elle-même et la sauva de l'étranger. C'est dans un registre du parlement de Paris, ouvert à une page datée du 30 mai 1431, qu'on trouve le nom de Jeanne d'Arc. A cette page, on lit : « Le xxxe jour de mai MCCCCXXXI, par procès de l'Église, Jehanne, qui se faisait appeler la Pucelle... a été arse et brûlée en la citée de Rouen, et estoient escrips en la mittre qu'elle avoit sur sa teste les mots : Hérétique, relapse, apostate, ydolastre. »

Nous arrivons enfin à Louis XI. Au milieu de pièces où l'on voit la France se réorganiser en dépit des luttes que tente la féodalité expirante contre la royauté désormais victorieuse, on lit une charte indiquant les merveilles du siècle qui approche. C'est une lettre de naturalité accordée, en 1475, en faveur des premiers imprimeurs établis à Paris.

V

A la salle des gardes fait suite une autre salle moins spacieuse, consacrée aux pièces que leur date classe entre l'avénement de Louis XII et celui de Louis XVI. En même temps que la langue française, désormais formée, a succédé au latin, l'écriture gothique, depuis longtemps altérée, a disparu pour faire place à l'écriture cursive moderne, écriture haute et régulière dans les actes solennels et d'intérêt général, irrégulière et affectant toutes les formes dans les actes d'intérêt privé. Munies de sceaux de *majesté*, comme celles de l'âge précédent, les ordonnances de nos rois, et en général toutes les pièces émanées de leur autorité, sont accompagnées de leur signature. Il ne faudrait pas croire toutefois que cette signature fût toujours de leur main. A mesure que la royauté, étendant son pouvoir, s'avançait vers la monarchie absolue, les actes délivrés par elle devinrent si nombreux, que nos rois se déchargèrent souvent du soin de les signer sur des fonctionnaires autorisés par eux à imiter leur signature, et qu'on appelait secrétaires de la main. L'institution de ces secrétaires, qui date de Charles VIII, se perpétua jusqu'à Louis XVI. Quant aux documents d'intérêt privé, par une conséquence naturelle de la diffusion du savoir, ils sont écrits le plus souvent par les personnes dont ils émanent. C'est l'époque des *autographes*; et, dès lors, à l'intérêt des événements mentionnés dans ces documents se joint l'intérêt non moins vif que donne la connaissance de l'écriture et du style des personnages de l'histoire.

Que si, nous attachant aux événements dont ces documents offrent le témoignage, nous franchissons le règne de Louis XII et abordons celui de François Ier, nous rencontrons d'abord l'acte du concordat conclu entre ce prince et Léon X, acte qui clôt, par une transaction réciproque, la vieille lutte de nos rois contre la cour de Rome, et qui profita tout à la fois à l'ambition de la royauté et à celle du saint-siége. Les souvenirs de la victoire de Marignan, ceux de la captivité du roi, défait à la bataille de Pavie, nous apparaissent ensuite avec le nom de Charles-Quint. Mêlé à ces souvenirs, un registre de la faculté de théologie de Paris, qui condamne une série d'ouvrages inspirés des nouveautés religieuses, nous montre que nous sommes à l'époque de la réforme.

Sous Henri II, les noms célèbres des Guise, des Coligny, annoncent l'approche des guerres de religion; et l'inquiétude que causent aux pouvoirs publics les hardiesses croissantes de la pensée se révèle par un arrêt du parlement de Paris qui défend de vendre le *Pantagruel* de Rabelais. A côté de cet arrêt se lit le contrat de mariage, signé au Louvre le 19 avril 1558, entre le dauphin, depuis François II, et l'infortunée Marie Stuart. Sous Charles IX, des lettres autographes de ce prince et de Catherine de Médicis nous reportent aux diverses phases de la lutte qui précède le massacre de la Saint-Barthélemy. Ce massacre lui-même a ses documents, qui consistent dans un registre du bureau de la ville, ouvert à la page du 24 août 1572, et dans une lettre de Catherine de Médicis écrite, au lendemain de l'événement, à Philippe II, roi d'Espagne. Avec Henri III nous entrons dans les souvenirs de la Ligue, représentés par l'acte d'adhésion de la faculté de théologie du mois d'août 1588. Une pièce, datée du mois de septembre de la même année, rappelle les fameux états de Blois ; c'est le cahier des doléances du tiers état de la ville de Paris, dont les demandes de réformes ne furent pas plus exécutées que ne l'avaient été celles de tous les états généraux des époques précédentes. Après quoi viennent des lettres relatives à l'assassinat du duc de Guise, et notamment une lettre de sa veuve, Catherine de Clèves, adressée au roi d'Espagne, témoignage de l'impuissance et de la lâcheté du dernier des Valois.

Le règne de Henri IV débute par un acte de ce prince ordonnant que le cadavre de Jacques Clément, l'assassin de Henri III, sera écartelé, réduit en cendres et jeté dans la Seine. Puis, à côté de documents sur la restauration du collège de France, devenu à peu près désert pendant les guerres de la Ligue, et de diverses lettres de Sully sur la réforme des finances, que les mêmes événements avaient profondément troublées, apparaît l'acte capital du règne : l'édit de pacification des troubles religieux connu sous le nom d'édit de Nantes. Non loin de cet acte célèbre, un registre en parchemin de soixante-cinq feuillets ramène la pensée à de tout autres souvenirs : c'est un inventaire des biens de Gabrielle d'Estrées, dressé en 1599 par ordre de Henri IV.

Comme le règne de Henri IV, celui de Louis XIII commence par un document qui rappelle la mort violente du dernier roi : c'est la délibération des chambres du parlement assemblées le 14 mai 1610, trois heures après l'attentat de Ravaillac, et déclarant régente la veuve de Henri IV, Marie de Médicis. On franchit l'année 1614, où Louis XIII est déclaré majeur, et l'on se trouve en présence de l'arrêt de condamnation à mort de Léonora Galigaï, qui rappelle l'assassinat du maréchal d'Ancre. Peu après on découvre une lettre signée Louis XIII et adressée à Richelieu ; et, depuis ce moment jusqu'à la mort du roi, le nom du célèbre cardinal se montre dans tous les actes et semble le nom unique de cette époque. Partout on le retrouve, dans les documents qui signalent les origines de l'Académie française, comme dans ceux qui se rattachent aux événements du siége de la Rochelle ou aux mesures de rigueur dont fut frappée la noblesse. Un ordre qui concerne Mazarin, et au bas duquel le roi a tracé sa signature d'une main déjà affaiblie par les approches de la mort, nous amène aux temps troublés de la régence d'Anne d'Autriche.

Parmi les actes contemporains de cette régence, les premiers qui s'offrent aux regards sont une lettre du duc d'Enghien qui, du champ de bataille de Rocroy, écrit au cardinal Mazarin la nouvelle de sa victoire, et une pièce signée Vincent de Paul, dont le nom rappelle des conquêtes d'une autre sorte, celles de la charité. Dès qu'on a franchi l'année 1648, date du traité de Westphalie, qui fixa l'équilibre politique de l'Europe, on rencontre les souvenirs de la Fronde, que représente un acte autographe de Mazarin, promettant de ne rien décider sur les affaires de l'État sans l'avis du prince de Condé. Peu après se montre l'acte du traité des Pyrénées de 1659, qui donna à la France l'Artois et le Roussillon, et au roi la main de l'infante Marie-Thérèse. Nous arrivons au moment où Louis XIV va présider de sa volonté hautaine aux destinées de la France. Dès les premières années, le faste de ce règne s'annonce par un mémoire de Colbert sur les travaux de Versailles. Ensuite apparaissent tous les grands noms de l'époque : Bossuet, Fénelon, Racine, Boileau, Sévigné, Catinat, Vauban, Lully, Mansart, le Nostre, Mabillon, Baluze. A ces illustres mémoires se mêlent les noms des Montespan, des la Vallière, des Maintenon, qui, avec ceux des enfants légitimés du roi, révèlent les secrets et quelquefois les hontes de la vie privée de Louis XIV au milieu de la gloire et des splendeurs qui l'entouraient. A côté du nom de madame de Maintenon se remarque l'acte de la révocation de l'édit de Nantes, acte qui inaugura les désastres de la seconde moitié du règne et qu'accompagnent les trop nombreux témoignages des défaites successives et des infortunes sans mesure infligées à la France dans les dernières années du grand roi.

Le règne du successeur de Louis XIV s'ouvre par un arrêt du parlement, du 2 septembre 1715, nommant le duc d'Orléans régent du royaume. Auprès du nom de Philippe d'Orléans se lisent ceux de Law et de Dubois. Il suffit de ces trois noms pour faire revivre devant l'esprit les folies et les opprobres de la régence. A peine voyons-nous, dans les actes, Louis XV prendre les rênes du pouvoir, que d'autres hontes se révèlent avec le nom de madame de Pompadour et plus tard celui de la Dubarry. Mêlé à ces souvenirs impurs, se trouve le testament de l'honnête Marie Leczinska, assurant le roi « du tendre respect qu'elle a toujours eu pour sa personne, et que son dernier souvenir seront des vœux pour lui ». A côté de témoignages indignes pour la mémoire du roi, les noms de Voltaire, de Rousseau, de Buffon, de Haüy, de Soufflot, de Vernet, de Crébillon, de Beaumarchais, de Lekain, montrent que la science, l'art et la philosophie savaient du moins honorer la France.

L'une des plus belles salles du musée, la chambre à coucher de la princesse de Soubise, a été réservée aux actes du règne de Louis XVI, à ceux du moins qui par leurs dates embrassent le petit mombre d'années compris entre l'avénement de ce prince et 1789. Dès les premiers actes on s'aperçoit qu'à Louis XV a succédé un honnête homme : les maîtresses royales, qui, depuis François Ier, ont leur mention distincte sous tous les règnes, n'en possèdent point sous celui-ci. L'on reconnaît en même temps un souverain animé du désir du bien public, aux trois édits par lesquels, de 1779 à 1787, Louis XVI abolit le servage, supprime la torture et rend l'état civil aux protestants. Près de ce troisième édit, un document relatif à la convocation des états généraux annonce les approches de la révolution. Deux pièces mises à part sous des vitrines spéciales témoignent de la cruelle destinée faite à ce prince, quelques années après, par cette même révolution que préparaient ses réformes. L'une est son testament, écrit de sa main dans la prison du Temple, l'autre est le suprême adieu de Marie-Antoinette à sa sœur Élisabeth avant de monter à l'échafaud; celui-ci taché de larmes et cependant tracé d'une main ferme, celui-là d'une écriture menue, régulière et sans véritable caractère, comme le malheureux prince dont elle marquait la pensée.

De là on pénètre dans les salles réservées aux titres de la révolution. Ici les souvenirs se pressent. Partout un événement, un nom, une date qui arrête le regard ou émeut la pensée. Voici le procès-verbal du serment du Jeu de paume, avec toutes les signatures des députés du tiers, et la minute des trois premiers articles de la déclaration des droits de l'homme. Là le récit de la victoire de Jemmapes, écrit par Dumouriez, et celui de la bataille de Valmy, rédigé par Carnot; plus loin les dossiers du procès de Louis XVI et l'acte d'accusation des girondins; ici la lettre de Charlotte Corday, où on lit :

Le crime fait la honte, et non pas l'échafaud.

et, à côté de listes de condamnations à mort, un carnet que Robespierre portait avec à lui l'assemblée et dont plusieurs pages sont écrites de sa main. Voici enfin, auprès du décret qui abolit la royauté en France et de celui qui proclame la république, voici des actes mémorables qui, au milieu des troubles de la guerre civile et de la guerre extérieure, créent partout, avec la précipitation du génie ou de l'imprévoyance, des institutions nouvelles et changent tout à la fois la face de la France et du monde. Un dernier acte attire l'attention : c'est le rapport écrit de la main du général Bonaparte sur la journée du 13 vendémiaire. Sur le nom du moderne César se termine le musée [1].

En sortant des salles révolutionnaires, nous nous trouvons dans les dépôts nouvellement construits et disposés avec un luxe auquel les archives des pays

---

1. Le lecteur trouvera une analyse du musée dans un magnifique volume publié récemment par l'administration des Archives (*Musée des Archives nationales*, Paris, Plon, gr. in-4º, 1872). Les huit cents pages à deux colonnes dont il se compose donnent un sommaire de chacune des pièces exposées dans l'hôtel Soubise, avec une notice abrégée des règnes successifs auxquels ces pièces se rapportent. On y trouvera également des considérations générales sur la paléographie et la diplomatique pour toutes les grandes périodes de notre histoire.

étrangers n'offrent rien de comparable. C'est au centre de ces nouveaux dépôts qu'on voit l'armoire de fer, non l'armoire de Louis XVI, mais celle qui fut exécutée par ordre de la Convention pour contenir le matériel des assignats. Elle renferme aujourd'hui, avec des lettres de Tamerlan et de Soliman II, écrites l'une à Charles VI, l'autre à François Ier, des traités de paix célèbres, tels que celui de Tunis en 1270 et celui de Westphalie en 1648, des clefs de villes conquises par les armées de la république, les étalons du mètre et du kilogramme, et les tables en airain de la constitution de 1791. Des nouveaux dépôts on continue, pour regagner l'entrée du palais, par les galeries de la section judiciaire, meublées des dix mille registres du parlement de Paris. Çà et là sont disséminés des objets curieux, des fauteuils d'anciens conseillers au parlement, une réduction de la Bastille exécutée avec l'une des pierres de la prison, enfin le bureau de travail des membres du comité de salut public, sur lequel fut étendu Robespierre sanglant et la mâchoire fracassée.

Enfin douze cents *fac-simile* reproduisent, dans leur véritable physionomie, les écritures des divers âges et les autographes de nos hommes les plus célèbres. Sept archivistes ont été chargés de la rédaction de cet important ouvrage : MM. Tardif, Boutaric, Huillard-Bréholles, J. de Laborde, Saige, Campardon et Dupont. Ajoutons que c'est le premier de ce genre qui ait été publié en Europe. Commencé sous l'inspiration de M. de Laborde, il a été achevé par les soins de M. Maury, qui a eu à cœur de parfaire l'œuvre de son éminent prédécesseur.

Partout l'intérieur des Archives nationales présente des galeries d'une structure analogue, toutes meublées de documents. Les cartons qu'elles renferment, placés sur une même ligne, couvriraient une étendue de dix lieues. Quand on parcourt ces galeries tapissées de cartons, de liasses et de registres, véritables catacombes de l'histoire, on se sent gagné par l'émotion. Il semble qu'un murmure se dégage de ce silence universel; de ces cartons, comme d'autant de légers cercueils, les morts dont ils contiennent la pensée se lèvent; ils parlent. Michelet un jour entendit leurs voix. Il a raconté, dans son *Histoire de France*, que, pénétrant pour la première fois « en cette admirable nécropole des monuments nationaux », il fut tenté de dire, comme cet Allemand entrant au monastère de Saint-Vannes : « Voici l'habitation que j'ai choisie, et mon repos aux siècles des siècles! » Puis, peu à peu, il entendit autour de lui comme un mouvement, un murmure. C'étaient les morts, hommes, familles, provinces, peuples, qui tour à tour se levaient, et, secouant leur poussière, demandaient à l'historien de les tirer de l'oubli. Ils prétendaient que le monde moderne, le monde de la révolution les avait frappés, mais non anéantis. « Si on eût voulu les écouter tous, comme disait ce fossoyeur au champ de bataille, il n'y en aurait pas eu un de mort. Tous vivaient et parlaient... tirant du sépulcre qui la main, qui la tête, comme dans le *Jugement dernier* de

Michel-Ange. » A nous, plus humble, ils ont parlé aussi, mais un autre langage. Ils ont dit : Ces papyrus, ces parchemins, tous ces papiers jaunis, sont les monuments écrits de nos luttes séculaires pour l'enfantement d'un avenir auquel aspiraient déjà les désirs de nos pères. Cet avenir a fui devant nous ; mais nous nous consolions par la pensée qu'un jour il sourirait à nos fils. Où est-il, cet avenir qui devrait être le passé, et qui n'est pas même encore le présent? Et ces fils valeureux, qui devaient du moins continuer nos efforts et féconder nos douleurs, où sont-ils aussi?

ÉTUDES

SUR L'ORIGINE ET LES EFFETS

DU POUVOIR ABSOLU EN FRANCE

AVANT 1789

LA RENAISSANCE AU XIIe SIÈCLE
LA FRANCE AUX XIVe ET XVe SIÈCLES
LA CHAMBRE DES COMPTES
LA MISÈRE AU TEMPS DE LOUIS XIV

LA RENAISSANCE AU XIIe SIÈCLE

DE L'ÉTAT DE LA FRANCE

De la mort de Charlemagne à celle de Philippe le Bel
(814—1314)

Quand on parle d'un âge de renaissance se rattachant au passé de notre histoire, on se reporte aussitôt à cette belle époque de la fin du XVe siècle et de la première moitié du XVIe, où l'expression d'un art nouveau, la rénovation du droit, le retour aux études de l'antiquité, l'invention de l'imprimerie et la découverte de l'Amérique, l'éclosion de la science et la revendication de la liberté religieuse sont autant de merveilleux souvenirs qui se présentent à la pensée. Aperçue de la distance où nous sommes, cette époque offre quelque chose de spontané tout à la fois et d'immense. Elle apparaît comme une création subite, originale. Il semble que le monde, étouffé jusque-là dans les langes du moyen âge, ait enfin respiré et agi pour la première fois ; que pour la première fois se soit dissipée cette nuit épaisse qui, depuis la chute de l'empire romain, s'était étendue sur la société. Rien de plus erroné que cette opinion. Il est un autre âge auquel peut s'appliquer à juste titre l'heureux nom de renaissance. Du moins, s'il est vrai de dire que le XVI° siècle vit le jour se lever sur la civilisation, on peut dire, avec non moins de raison, que le XII° siècle fut l'aurore de ce jour. Cette première renaissance, comme il serait légitime de l'appeler, n'est guère connue que des personnes qui font de l'histoire une étude particulière. Encore, parmi nos historiens, ne semblait-on pas la soupçonner il y a une vingtaine d'années. MM. Michelet et Renan sont de ceux qui l'ont signalée, le premier dans la préface du septième volume de son *Histoire de France*, le second dans le tome XXV de l'*Histoire littéraire de la France*, publiée par l'Académie des inscriptions et belles-lettres. Cette renaissance, dont ces éminents écrivains n'ont dit que quelques mots, mériterait de servir de cadre à de longs développements. Nous n'en donnerons ici qu'un aperçu qui, pour être incomplet, ne laissera pas de montrer sous ses principaux aspects une des périodes les plus brillantes de notre histoire nationale. On y verra comment la France avait su se relever d'un état d'abaissement et de malaise où l'avaient jetée les événements, et comment aussi, entravant cet essor, des volontés intéressées ou aveugles la firent retomber dans la situation critique d'où elle était sortie.

I

Toutes les grandes rénovations historiques se sont opérées à la suite de troubles profonds au sein de la société. En France, la renaissance du xvi° siècle se produisit après les désastres de la guerre de cent ans. Ce fut de même au lendemain de longues infortunes que s'opéra la renaissance du xii° siècle. Ces infortunes commencèrent avec l'affaiblissement de la monarchie carlovingienne. Dès le traité de Verdun, en 843, né de la lutte fratricide des petits-fils de Charlemagne, et qui scinda les États de ce prince en trois royaumes rivaux [1], de tristes pressentiments assiégeaient l'esprit des contemporains : « Que vont devenir, s'écrie l'un d'eux, les peuples du Danube, du Rhin, du Rhône, de la Loire et du Pô, jadis unis sous une même puissance? Dans cet empire déchiré, il n'y a plus ni lois générales, ni intérêt public; de quelle fin la colère de Dieu fera-t-elle suivre ces

---

1. On sait que, par ce traité, Louis dit le germanique eut le royaume d'Allemagne, et Lothaire le royaume d'Italie avec une bande de territoire qui alla de la Meuse au Rhin et de la Saône et du Rhône aux Alpes (Belgique, Lotharingie ou Lorraine, comté de Bourgogne, Dauphiné et Provence). Charles le Chauve eut le royaume de France, formé de ce qui restait des possessions de Charlemagne.

funestes divisions[1] ? » Un demi-siècle après, sept royaumes, au lieu de trois, s'étaient élevés sur les débris de la monarchie carlovingienne[2]. Tandis que se démembrait ce vaste empire, les royaumes, fragments de cet empire, se démembraient aussi. Dans celui de France, la faiblesse croissante du pouvoir central laissait se fonder nombre de pouvoirs locaux issus de l'usurpation. Sous les dénominations de duchés, comtés, vicomtés, marches ou marquisats, vingt-neuf petits États, à la fin du IXe siècle, et cinquante-cinq à la fin du Xe, se partageaient le territoire. Tel était le discrédit, l'impuissance où était alors tombée la royauté, que l'avénement d'une nouvelle dynastie dans la personne de Hugues Capet demeurait indifférent ou inconnu à la plus grande partie du pays. L'Église, loin d'opposer une digue à la dissolution, se montrait agitée de troubles analogues. Les conciles devenaient rares. L'unité qu'avait paru lui imprimer la forte administration de Charlemagne s'était rompue avec la discipline. En proie à des rivalités intestines qui dégénéraient parfois en conflits meurtriers, elle tendait, par un mouvement semblable à celui qui emportait la société civile, à se scinder en petites Églises particulières. A la faveur

---

1. Florus, diac. lugdun., ap. D. Bouquet, *Script. Franc.*, t. VII, p. 302-303.

2. Ces sept royaumes étaient les suivants : France, Navarre, Bourgogne cisjurane, Bourgogne transjurane, Lorraine, Italie et Germanie.

de ces dissensions, l'aristocratie laïque s'était emparée des dignités ecclésiastiques, source de richesse et de pouvoir; avec elle la licence, la rudesse et l'ignorance étaient entrées dans l'Église[1]. Aux maux nés de ces divisions et de ces luttes s'étaient joints les maux plus terribles de l'invasion. Dès le milieu du ixe siècle, on vit les Normands arriver par les fleuves du Nord et de l'Ouest, saccageant les villes, ruinant les campagnes, pillant et brûlant les basiliques, sans que, dans la désorganisation générale, on sût leur opposer une résistance efficace. En même temps les Sarrasins, venus de la Sicile par la Méditerranée, remontaient le Rhône et ravageaient le Midi. Au commencement du xe siècle, on se débarrassa des Normands en leur cédant une portion du territoire, et, de 965 à 972, les Sarrasins disparurent des provinces du Midi. Mais à peine le pays s'était-il vu délivré des invasions normandes, qu'étaient apparus d'autres envahisseurs, les Hongrois ou Madjyars, qui, descendus de l'Asie par la vallée du Danube, avaient passé le Rhin et les Alpes, et entrepris, par cette voie, des incursions répétées dans l'intérieur du royaume, n'arrêtant qu'aux bords de l'Océan leurs courses dévastatrices[2].

---

[1] Guérard *Cartulaire de l'église Notre-Dame de Paris*. 1850, in-4º, t. I, p. xlvii. On a comparé cette intrusion des laïques à une nouvelle invasion des barbares dans l'Église.

[2] Ce ne fut que vers la fin du xe siècle que ces hordes se virent rejetées par les souverains d'Allemagne à l'est de l'Europe, où elles formèrent le royaume de Hongrie. Pour l'histoire de ces invasions,

De ces diverses causes de désordre sortit enfin une complète anarchie, dans laquelle chacun dut pourvoir du mieux qu'il put à sa propre sûreté. Dès la fin du IX° siècle, on se cantonne, on se retranche. On fortifie les villes, et, dans les villes, on fortifie les maisons. On se retire sur les lieux escarpés, on occupe les lieux inaccessibles. Partout se dressent des remparts, s'élèvent des forteresses. L'homme lui-même se cache dans une armure qui le protége comme une muraille de fer. D'abord c'est contre le Normand, le Sarrasin, le Hongrois, qu'on se met ainsi en garde; puis contre le seigneur, contre l'évêque, contre l'abbé, devenus bientôt aussi redoutables que l'ennemi du dehors[1].

Quand le XI° siècle commença, l'anarchie atteignait à son comble. Toute vie collective avait disparu; il n'y avait plus trace de gouvernement; la royauté n'était plus qu'un vain titre et de longtemps ne devait être autre chose. Morcelées en groupes épars, en sociétés ennemies, les populations étaient la proie d'autant de petits tyrans qui, sous les noms de ducs, comtes ou barons, se partageaient le pays[2]. Par l'effet d'une situation qui menaçait toutes les existences, les seigneurs les plus faibles se virent bientôt amenés à chercher un appui auprès des plus puissants. Le haut

voy. dans D. Bouquet, *Script. Franc.*, t. IX, la table, aux mots *Normanni, Sarraceni, Hungari.*

1. Guérard, *Polyptique d'Irminon.* Paris, 1844, in-4°, t. I, p. 204-207.

2. *Hist. littér. de la France,* par les bénédictins, t. VI, p. 4.

baron devint ainsi le supérieur ou le *suzerain* d'autres barons qui se déclaraient ses *vassaux*, et auxquels, en retour de services particuliers, il dut protection et justice. De là une source de rapprochements entre ces groupes distincts, ces sociétés ennemies ; mais, au xie siècle, cette hiérarchie de rapports, base du système féodal qui remplaça le régime monarchique de l'âge carlovingien, ne représentait encore rien de stable ni de déterminé. L'esprit de violence et d'empiétement présidait seul aux relations des barons les uns avec les autres. C'étaient chaque jour des luttes armées de seigneur à seigneur, et qui, partout répétées, livraient partout la France aux horreurs de la guerre. On frémit aux désolants tableaux que nous ont laissés de cette situation les chroniqueurs contemporains[1]. Dans nombre de localités, telle forteresse élevée d'abord pour la défense était devenue un lieu préparé pour l'attaque ; de là on se jetait sur le voisin, le voyageur, le passant. On voyait les petits propriétaires, les hommes libres, impuissants à se défendre, affluer dans les monastères, et là implorer comme une grâce, pour eux et leur famille, d'échanger une liberté précaire contre un état de servitude qui leur assurât du moins quelque sécurité[2]. En 1074, Gré-

---

1. Voir Guibert de Nogent et Guillaume de Tyr, dans la *Collection des mémoires sur l'histoire de France*, éd. Guizot, t. IX, X, XVI, XVII et XVIII.

2. Grandmaison, *le Livre des serfs de l'abbaye de Marmoutiers*. In-8º, Paris, Dumoulin, 1865. En se présentant chez les religieux

goire VII écrivait que les luttes continuelles dont la France était le théâtre avaient rendu innombrables les massacres, les incendies et les forfaits de toute espèce. « Les habitants d'une même contrée, ajoutait-il, les amis, les proches, mus par la cupidité, s'arrêtent les uns les autres, et le plus fort torture son captif pour lui arracher ses biens. On regarde comme rien les parjures, les sacrilèges, les incestes, les meurtres par trahison. Tout ce qui se peut faire d'abominable et de sanguinaire se pratique impunément, et une longue licence consacre ces crimes comme un usage héréditaire[1] ! » La *trêve de Dieu*, par laquelle, vers 1041, on s'efforça de régulariser les brigandages, en les interdisant pendant quelques jours de la semaine, est elle-même un des traits les plus caractéristiques de cette horrible époque. Encore ne parlons-nous ici que des maux de l'état social. Quel lamentable tableau ne tracerions-nous pas, si à ces maux nous ajoutions les famines persistantes, les épidémies terribles, qui, fléaux habituels de ces âges d'incurie et de violence, ne cessèrent, pendant le xe siècle et jusqu'au milieu du xie, de décimer les populations[3] ?

dont ils réclamaient la protection, ils enroulaient autour de leur cou la corde attachée à la cloche du monastère. C'était là le signe de la servitude volontaire.

1. Lettre à l'archevêque de Reims. (Jaffé, *Monumenta gregoriana.* Berolini, 1865, in-8º, p. 113-114.)

2. Par cette trêve, les guerres particulières étaient suspendues, du mercredi soir au lundi matin. (Raoul Glaber, ap. D. Bouquet, t. X, p. 59.)

3. Les mots *fames ingens; fames et mortalitas, fames et pestilen-*

Sous le poids de tant d'infortunes, on avait cru, en l'an 1000, que le monde allait finir. Nombre de documents de la fin du xe siècle portent l'empreinte de cette attente funèbre [1], qui, au siècle suivant, troublait encore les âmes. Le société eût péri, en effet, si elle n'eût trouvé le salut dans le mouvement qui enfanta les croisades. Est-ce à dire que l'état de l'Église, avec laquelle se confondait alors toute idée religieuse dans l'esprit des populations, se fût amélioré? Jusqu'à l'avénement de Grégoire VII, en 1073, il ne différa pas sensiblement de ce qu'il avait été au siècle précédent. Ce pontife se plaignait même que, dans tout le royaume de France, on eût peine à rencontrer un évêque qui ne méritât d'être déposé pour le scandale de sa nomination ou le désordre de sa conduite. Entré dans le système féodal, joignant le plus ordinairement la puissance politique à la puissance spirituelle, le clergé avait adopté les mœurs violentes de cet âge barbare. Pendant qu'à la tête des monastères dominaient des barons qui, décorés du titre d'abbés, gardaient l'état laïque [2], les prélats chevauchaient publiquement, armés et éperonnés. Les sanctuaires, au

tia, fames horribilis cum ingenti pernicie humani generis, ou d'autres analogues, se rencontrent à tout moment dans les chroniques de cette époque. Sur soixante-treize ans, de 987 à 1057, il y en eut quarante-huit de famines et d'épidémies.

1. Beaucoup d'actes de ce temps commencent par les mots *Fine mundi appropinquante*, ou par une phrase équivalente. Michelet, (*Hist. de France*, t. II, p. 132) en a donné de curieux exemples.

2. Hugues Capet était lui-même abbé de Saint-Martin de Tours.

dire des chroniques, retentissaient non du chant des psaumes et des louanges de Dieu, mais du bruit des armes et des aboiements de meutes de chasse[1]. Toutefois, en dépit des déréglements du clergé, l'Église représentait des principes supérieurs qui planaient comme un idéal au-dessus des intelligences troublées. C'était chez elle que les sentiments de douceur et de justice, proscrits de toutes parts, trouvaient encore un refuge. La *trêve de Dieu* était son ouvrage. La réforme sévère que Grégoire VII, à la fin du XIe siècle, opéra dans les mœurs ecclésiastiques, la hauteur souveraine où, à force d'ascendant et de génie, il sut placer l'Église, augmenta encore le prestige de celle-ci sur les esprits. Mais une autre cause, de toutes la plus puissante, concourut à porter vers l'idée religieuse l'âme des populations ; ce fut la pression du malheur, l'intensité de la souffrance. De là ces pèlerinages que, dès le Xe siècle, attestent les chroniques, et qui se multiplièrent à proportion que s'accrut l'infortune : d'abord au tombeau de saint Martin, à Tours, à saint Jacques de Compostelle, en Galice, ensuite à Rome, vers les reliques de saint Pierre, enfin à Jérusalem, vers le tombeau du Sauveur.

La première croisade fut l'expression spontanée et

---

1. On vit même des évêques mariés. On en comptait quatre au XIe siècle dans la seule province de Bretagne. Ils donnaient à leurs filles pour dot les terres de leurs évêchés et prétendaient transmettre à leurs fils leurs charges épiscopales. (*Hist. littér. de la France*, t. VII, p. 6.)

comme le rassemblement de tous les sentiments divers qui entraînaient alors vers l'idée religieuse les esprits troublés par le malheur. Toutefois il ne faudrait pas croire que les ardeurs de la foi fussent le seul mobile qui dirigeât les croisés. Les bandes populaires allaient vers Jérusalem, attirées par le vague espoir d'une destinée meilleure. Ces hommes se disaient que, dans ces contrées bénies où Dieu avait vécu, ils ne souffriraient plus des maux sous lesquels ils gémissaient; que là-bas leur existence serait libre, assurée, heureuse. Dans cette pensée, ils emmenaient leurs familles, leurs bestiaux, emportaient le peu qu'ils possédaient. Les nobles, eux, que séduisait, avec l'espoir des aventures, la perspective de trésors et de plaisirs inconnus, emmenaient leurs faucons et leurs meutes. D'ailleurs, à considérer en elle-même la foi de ces premiers croisés, elle était loin d'être sans mélange. Les plus grossières superstitions s'y trouvaient associées[1]. Tous s'attendaient à des miracles, à des prodiges. Ces superstitions elles-mêmes étaient mêlées d'une farouche intolérance[2]. Le départ des croisés, en 1095 et 1096, fut le signal d'un massacre

---

1. Persuadés que Dieu était leur guide, beaucoup s'imaginaient qu'une chèvre, une oie suffirait à les conduire vers Jérusalem. (Albert d'Aix, L.I, c. XXXI, dans le t. XX de la *Collection des mémoires sur l'hist. de France*, éd. Guizot.)

2. Michelet, *ibid.*, chap. III. Personne mieux que lui n'a saisi ce mélange de poésie et de brutalité qui caractérisait les dispositions de ces premiers croisés.

4.

général des juifs. On ne pouvait être moins cruel à l'égard des Sarrasins. La prise de la ville sainte fut accompagnée de tueries effroyables que, malgré leur partialité, les chroniqueurs de la croisade ne purent s'abstenir de condamner ; et eux-mêmes déclarent que, si les croisés ne furent pas toujours heureux dans leur expédition, ce fut en punition de leurs crimes. Malgré tant d'impuretés mêlées à leur foi, les hommes du XIe siècle sortirent de la croisade régénérés, et la France avec eux.

Des écrivains, ne voyant dans la croisade qu'une invasion brutale de l'Europe sur l'Asie [1], ont contesté à tort le bien qui en résulta sur l'esprit des populations chrétiennes. Il est certain que leur foi s'en épura ; elle perdit, en une certaine mesure, ce qu'elle avait de grossier, d'étroit et d'exclusif. Non-seulement aucun des prodiges auxquels on s'attendait ne parut à leurs yeux, mais les croisés tombèrent par centaines de mille sous les atteintes de la maladie et de la faim ou sous le fer de l'ennemi. Comptant moins sur le miracle, ils comptèrent plus sur eux-mêmes, et l'homme s'en exhaussa. En outre, dès qu'ils touchèrent le sol de Jérusalem, certaines illusions de leur piété s'évanouirent ; ils ne pensèrent plus, comme ils avaient fait d'abord, que la religion, la Divinité

---

[1] Beugnot, *les Juifs d'Occident*. In-8°, 1824, 3e part., p. 8. — *Hist. littér. de la France*, t. VII, p. 4-5.

était attachée à un lieu, à une ville, et, ne trouvant point Dieu où ils l'avaient cherché, ils commencèrent à le chercher hors des réalités visibles.

D'un autre côté, en contact avec des nations inconnues, avec des mœurs, des opinions différentes, en présence des civilisations grecque et musulmane, à quelques égards plus avancées que la leur, les croisés perdirent une partie de leurs erreurs, de leurs préjugés locaux. Leur entendement s'ouvrit. Il n'y eut plus au même degré ce cantonnement de la pensée, cet emprisonnement de l'esprit, qui était l'un des maux de cette triste époque. Enfin un germe d'unité, si faible, si vague qu'il fût encore, commença de se produire. La France, attentive aux incidents de la croisade, s'émut pour la première fois d'une impression commune que partagea en une certaine mesure le reste de l'Europe. De l'Europe à l'Asie naquit même une sorte de rapprochement. Au concile de Clermont, en 1095, le pape Urbain appelait l'extermination sur les Sarrasins, qu'il traitait de chiens, de diables issus de l'enfer; or, à la place de démons, de chiens, on trouva des hommes, et des hommes dont les chroniqueurs chrétiens, et des évêques même, ne craignirent pas de faire quelquefois l'éloge.

Tel est le bien de la croisade. De quels efforts, de quels mérites fut-il la récompense? Car ce serait outrager la raison que de le croire issu de cette sauvage intolérance qui a jeté des peuples les uns sur les

autres pour s'entre-détruire[1]. A ce compte, toute
guerre qui broie et mêle les hommes serait salutaire,
et toute invasion un bienfait. Si, dans les résultats
de la croisade, le bien a excédé le mal, c'est que,
dans les causes qui l'ont produite, le mal était dépassé
par le bien ; c'est que, en dépit de la superstition, de
la cupidité, de l'intolérance, de la brutalité, de toutes
les passions détestables, haineuses, stupides, qui se
sont mêlées à la croisade et qu'il faut signaler et
flétrir, quelque chose de sincère, de désintéressé,
d'uni, a flotté au-dessus des intelligences barbares et
des sentiments ennemis. En s'élançant à la délivrance
du saint sépulcre, les hommes du XIe siècle s'attendaient, les chroniques l'attestent, à une seconde résurrection du Christ. A cette résurrection l'imagination de ces hommes hostiles les uns aux autres et
malheureux par leurs discordes mêmes attachait des
idées vagues de justice, d'immolation volontaire, de
conciliation et de paix. Ce sont ces idées qui les ont
sauvés en les élevant au-dessus d'eux-mêmes. Aussi,
continuant le rêve formé par ces imaginations grossières, nous pouvons dire qu'en effet le Dieu dont ils
attendaient la résurrection, et en qui se personnifiait
ce qu'ils pouvaient concevoir d'idéal, ce Dieu ressus-
cita. Il sortit de son tombeau ; il en sortit autre qu'il

---

1. D'accord avec M. Guizot (*Hist. de la civilis. en Europe*, p. 251-
256) en ce qui concerne les bienfaits de la croisade, nous nous sépa-
rons de lui sur la cause intime qui les produisit.

n'avait jusqu'alors apparu à ce monde de ténèbres, de violence et de crimes ; et lorsque les croisés, après avoir lavé leurs mains homicides du sang qui les couvrait, vinrent en pleurs et les sentiments unis se prosterner ensemble devant le saint sépulcre, un rayon glissa sur eux, rayon du Dieu transfiguré qui, comme leur conscience même, commençait de s'élever de terre pour monter dans l'espace.

II

Régénérée par le mouvement religieux de la fin du xie siècle, la France commença de s'affranchir des forces fatales qui pendant si longtemps avaient pesé sur elle et enchaîné son essor. Comme si les populations eussent eu la conscience qu'elles sortaient d'une ère de servitude, cette idée d'affranchissement est l'idée dominante du siècle qui commence. En des mesures et sous des formes diverses, elle pénètre dans les institutions, s'empare du domaine de l'intelligence et de celui du sentiment. Sous l'influence de cette idée, les hommes et les choses, tout prend une nouvelle force, reçoit une impulsion nouvelle. Tandis que jusque-là on ne découvrait que des symptômes de dissolution et de mort, on ne rencontre désormais que des signes de vie et de rajeunissement. Assurément il serait inexact de prétendre que tous ces signes de vitalité éclatèrent à la fois au lendemain de la croisade. Plus d'un fait, se rattachant à la renaissance dont nous retraçons l'histoire, est antérieur par sa date à la prise de Jérusalem. Mais les germes de rénovation que put offrir le xie siècle ne s'étant pleinement développés qu'au siècle suivant; et celui-ci ayant déployé dans cette œuvre de régénération une puissance et une originalité dont l'autre ne sut approcher, il n'est pas injuste de laisser au xiie siècle tout l'honneur des changements qui s'accomplirent alors dans l'état de notre pays.

Un fait caractéristique se révèle d'abord aux yeux de l'historien qui considère la situation de la France au lendemain de la croisade : pour la première fois il se trouve en présence d'une nation. Si la fusion des races diverses, si la communauté du langage, tout informe qu'il fût encore, si la délimitation de frontières, longtemps incertaines et changeantes au gré des événements, et la ressemblance générale des mœurs et des institutions eussent suffi à constituer une nation, on peut dire que la France, au xie siècle, en offrait déjà les divers caractères. Mais sans un lien de sympathie qui rapproche les existences, il n'y a point, à proprement parler, d'unité nationale. Or ce lien fut l'un des résultats de la croisade. Pour la première fois, comme nous l'avons dit, les populations connurent un but commun, s'émurent d'une impression commune. Symbole de cette communauté d'idées, de cette alliance de sentiments, le nom de France, employé jusqu'alors avec d'autres dénominations pour désigner notre pays, prévalut pour jamais dans l'appellation du territoire [1]. Ce nom traversa les mers, alla jusqu'en Orient. Il devint cher au peuple qu'il servait à désigner, et, dès l'origine du XII° siècle, on commence à démêler dans les intelligences la conception de la patrie [2].

Pendant que se consolidaient les premières assises de l'unité nationale, éclairées des lueurs d'un patriotisme naissant, un ordre nouveau s'introduisait au sein de la société bouleversée. Reprenant foi en elles-mêmes, animées d'un sentiment plus vif de la justice et du droit, les populations secouèrent le joug que faisait peser sur elles le régime féodal. Le XII° siècle s'ouvre à peine que, sur tous les points de la France, on voit les habitants des villes, insurgés contre les barons, se former en associations de défense, en communautés armées, pour se préserver des violences seigneuriales et obtenir des garanties. Après un essai de résistance, l'aristocratie transigea. On sait ce qu'il advint de cette transaction. Tout en abandonnant aux

---

1. Voyez une dissertation sur ce sujet dans l'*Annuaire de la Société de l'hist. de France*, t. XIII, année 1849, in-12, p. 152-168.

2. Voyez ci-après, dans nos notes, une citation extraite de la *Chanson de Roland*.

seigneurs les prérogatives et les droits de la souveraineté, les bourgeois obtinrent, sur le reste, de se gouverner eux-mêmes. Ils eurent leur justice particulière, votèrent leurs impôts et gardèrent leurs villes au moyen d'une milice. Des magistrats nommés par eux et choisis dans leur sein présidèrent au gouvernement de chaque cité. Ces magistrats, qu'on appelait maires et échevins dans le Nord, consuls et jurats dans le Midi, étaient eux-mêmes assistés, dans l'exercice de leurs fonctions, d'un certain nombre de bourgeois nommés comme eux par l'élection. Enfin les droits de la cité érigée en commune étaient inscrits dans une charte à laquelle seigneur et bourgeois s'engageaient de rester fidèles. Or c'était toute une révolution que ce serment prêté par un seigneur à des hommes qu'il méprisait, qu'il ne désignait que de noms serviles ou bas, et sur lesquels il se croyait toute licence. Mais la victoire remportée sur l'aristocratie eut des effets plus grands. Sous l'apparence d'un simple accommodement entre le seigneur et les bourgeois, les chartes de communes organisaient, dans l'intérieur de la cité, la société même, et la tiraient de l'anarchie; pour la première fois elles lui imprimaient une forme régulière, définissaient ses droits, lui donnaient des lois, des moyens d'ordre et de durée; en un mot, elles commençaient, au sein du chaos dont on sortait, la législation sociale. Dès la seconde moitié du xi° siècle, on voit naître ce mouvement, qui changea si profondément les rapports des populations avec les maîtres du sol. Ce fut des villes du Nord, telles que Cambrai, Noyon, Beauvais, Amiens, Soissons, où l'aristocratie se montrait le plus oppressive, que partit le signal de l'insurrection. Ce mouvement toutefois n'atteignit qu'au XII° siècle son entier développement. En ce siècle, comme l'a dit un illustre historien, la France, couverte d'abord d'insurrections, se vit couverte de chartes[1]. Jusque-là on ne distinguait en France que deux classes, deux ordres de personnes, le clergé et l'aristocratie[2]. Il y eut dès lors une troisième classe, un troisième ordre, consacré dans l'histoire sous le nom de tiers état. On sait le rôle que, sous cette nouvelle dénomination, joua la bourgeoisie dans les destinées du pays[3].

Cédant au mouvement qui entraînait les populations, la royauté sortit de son inertie. Pendant tout

---

1. Guizot, *Hist. de la civilis. en Europe*, p. 215, et *Hist. de la civilis. en France*, t. IV, p. 257.

2. Dans un poëme latin adressé au roi Robert, l'évêque Adalbéron ne reconnaît que deux classes dans la société : les clercs qui prient et les nobles qui combattent. (D. Bouquet, *Scriptor. Franc.*, t. X, p. 65.)

3. On conçoit que, dans cette étude, nous ne pouvons tenir compte que des faits généraux. Ainsi nous ne disons pas que dans le Midi, où l'aristocratie était moins guerrière, moins brutale que dans le Nord, une classe moyenne avait pu se maintenir à travers les siècles sans tomber dans cette demi-servitude qui, au Nord, rapprochait la condition des bourgeois de celle des habitants des campagnes. Nous profitons de cette remarque pour dire qu'en parlant des serfs, nous prenons ce mot dans son acception générale, sans avoir égard aux divers degrés de servitude.

le XI° siècle, elle était demeurée ou nulle ou impuissante. Dépourvue de caractère général, étrangère à toute notion de gouvernement, elle n'avait pas même de territoire. Les États échus à Louis le Gros se bornaient, comme on sait, à l'Ile-de-France et à l'Orléanais. Encore, dans ce modeste domaine, le roi de France était-il obligé, pour exercer quelque pouvoir, de lutter à main armée contre d'autres seigneurs ses vassaux, toujours en disposition et souvent en état de ne lui point obéir. Aussi les premiers Capétiens vivaient-ils le plus ordinairement, ainsi que les derniers Carlovingiens, immobiles et comme captifs dans l'intérieur de leurs palais. Vainement la tradition, de vagues souvenirs du passé, des légendes qui rappelaient Charlemagne, attachaient-ils à ce titre une certaine idée de grandeur; vainement, dans la hiérarchie féodale, les esprits inclinaient-ils à considérer le roi comme le premier des suzerains. La royauté était à ce point confinée en elle-même, qu'elle avait laissé la France, en 1095, se jeter dans la croisade, sans prendre part à l'émotion universelle, et qu'elle avait vu de même d'un œil indifférent les soudains éclats du mouvement communal. Dès les premières années du XII° siècle, elle secoua cette torpeur. Ce fut en intervenant dans l'insurrection communale qu'elle commença de prendre cette allure qui devait, avec le temps, la conduire si loin. Non qu'elle se montrât favorable à cette insurrection; elle l'était si peu, au contraire, qu'elle ne souffrit point de commune sur ses propres domaines [1]. Paris, en particulier, n'en posséda jamais. Mais les villes qui, en dehors du domaine royal, s'érigèrent en communes, cherchèrent dans la royauté un appui contre les seigneurs et lui demandèrent de confirmer de son assentiment les chartes qu'elles avaient obtenues. De leur côté, les seigneurs, qui ne concédaient ces chartes qu'à leur corps défendant, demandaient au roi de les soutenir contre les bourgeois. Entre ces sollicitations contraires, la royauté intervenait sans but déterminé, sans vues politiques, et comme subissant une impulsion qu'elle ne comprenait pas [2].

Cette intervention, tout aveugle qu'elle fût, faisait de la royauté un pouvoir sans égal, supérieur à la féodalité, et capable par cela même d'en contenir les excès. Depuis ce moment la hiérarchie féodale, au sommet de laquelle siégeait le roi comme le premier des suzerains, ne fut plus une vaine image ; et cette prééminence de la royauté acquit en peu de temps une telle solidité, qu'en 1203 Philippe-Auguste ne craignait pas de citer devant lui, à titre de vassal, un roi d'An-

---

1. Orléans ayant tenté, sous Louis VII, de s'ériger en commune, une exécution militaire et des supplices châtièrent, disent les chroniques de Saint-Denis (ap. D. Bouquet, t. XII, p. 196), « la forsennerie de ces musards qui, pour raison de la commune, faisaient mine de se rebeller et dresser contre la couronne ».

2. Aug. Thierry, *Lettres sur l'hist. de France*, p. 142. Paris, Furne, 1859, in-8°.

gleterre [1]. Quand on lit dans les chroniques le récit de cet incident, on voit combien était alors pleinement acceptée cette suzeraineté du roi de France et à quel degré la règle avait déjà, par cette voie, commencé de s'introduire au milieu des incohérences et des désordres du régime féodal.

Cette apparition de la royauté au sein des événements qui agitaient le pays ne fit pas seulement de celle-ci un pouvoir supérieur à la féodalité, mais un pouvoir distinct et d'un caractère nouveau, une sorte de magistrature suprême interposant son arbitrage entre les puissants et les faibles. Dès le règne de Louis le Jeune, Suger écrivait que la royauté, en vertu du titre originaire de son office, avait le droit d'intervenir dans toute l'étendue du territoire pour y établir l'ordre et proscrire l'injustice [2]. Un pas de plus, et la royauté, qui ne niait ni ne voulait détruire la féodalité, devenait ce pouvoir central et dirigeant sous lequel elle devait succomber un jour. Ce pas était franchi, à la fin du siècle, par Philippe-Auguste. Rassemblant autour de lui les grands vassaux, il les

---

1. Jean sans Terre, vassal de Philippe pour ses possessions françaises, et appelé devant la cour de ce prince pour se justifier du meurtre d'Arthur de Bretagne. On sait que, le roi d'Angleterre n'ayant pas comparu, Philippe le dépouilla de la Normandie, de l'Anjou, de la Touraine et du Poitou.

2. « C'est le devoir des rois de réprimer de leur main puissante, et par le titre originaire de leur office, l'audace des tyrans qui déchirent l'État par des guerres sans fin, désolent les pauvres et détruisent les églises. » (*Vie de Louis VI*, par l'abbé Suger, ch. XXI.)

constituait en parlement et rendait avec leur concours des ordonnances qui, par ce concours même, avaient force de loi au delà du domaine royal. Il inaugurait ainsi, dans la France morcelée par la féodalité, l'unité de gouvernement et jetait les bases de la royauté moderne [1].

En même temps que, par le double effet du mouvement des communes et de l'extension de la royauté, la règle naissait dans la société civile, par d'autres voies elle pénétrait dans l'Église. On connaît les réformes entreprises à la fin du XIe siècle par Grégoire VII ; on sait avec quelle hardiesse, quelle vigueur, quelle persévérance ce pontife s'éleva contre les vices qui avilissaient le clergé. Affligé des immenses désordres qu'il voyait régner de tous côtés autour de lui — désordres qu'il avait pu constater dans de fréquents voyages en France, en Italie et en Allemagne, — il avait pris à cœur de réformer l'Église, dans le dessein de réformer par elle la société entière [2]. Sous la forte impulsion de ce pape, l'Église revint à une discipline que depuis longtemps elle ne connaissait plus, et l'exemple qu'elle en donna eut une influence salutaire sur les mœurs de cette époque violente. Ce fut à cette influence, fortifiée des purs élans de la croisade, que

---

1. Pour ces premiers progrès de la royauté, voy. Guizot, *Hist. de la civilis. en France*, p. 106-144, t. IV.

2. Voyez dans le *Journal des savants*, avril et mai 1872, un travail intitulé *Étude sur Grégoire VII*.

la chevalerie, fille de la féodalité, dut de revêtir ce caractère de religion et de loyauté qui en fit, au moins dans son principe, comme une seconde prêtrise destinée à la protection des faibles [1].

Ce retour du clergé à la discipline eut d'autant plus d'action, qu'un même esprit de réforme gagnait les monastères. Au XIIe siècle, le besoin d'ordre, de rigidité morale, y éclatait de toutes parts. La grande réforme que tenta saint Bernard sortit de ce zèle d'austérité [2]. Par une remarquable coïncidence, tandis que l'Église, rendue à une vie plus pure, prenait plus d'empire sur les âmes, la société tendait dans ses institutions à se détacher d'elle. Les malheurs des temps avaient mis tout pouvoir aux mains du sacerdoce, et, pendant tout le cours du XIe siècle, nos rois avaient dû se résigner à vivre sous la tutelle du clergé. Ils s'affranchirent de cette tutelle aussitôt que disparut l'anarchie qui l'avait fait naître. Tel fut, à cet égard, le progrès des idées, que Philippe-Auguste, dans son différend avec Jean sans Terre, ne craignait pas de braver publiquement les injonctions de la papauté [3], et peu

---

1. L'ordre des Hospitaliers fut fondé en 1104 et celui des Templiers en 1118.

2. La fondation de l'ordre de Cîteaux date de 1098 et celle de l'ordre de Prémontré de 1120. En 1115 était fondée l'abbaye de Clairvaux, dont saint Bernard fut le premier abbé, et en 1121, Pierre le Vénérable réformait le monastère de Cluny.

3. Le pape Innocent III exigeait impérieusement la réconciliation des deux princes. C'est à cette occasion que Philippe-Auguste écrivit

après dépouillait de leurs domaines des évêques qui avaient manqué envers lui à leurs devoirs féodaux. Rebelle à l'Église, en ce qui regardait les intérêts ou les droits de sa couronne, il céda devant elle dans les choses de conscience, en reprenant sur ses instances l'épouse qu'il avait répudiée¹. Ainsi commença de se marquer cette séparation du pouvoir temporel et du pouvoir spirituel, qui a joué un rôle si important dans notre histoire, et que saint Louis, malgré sa grande piété, ne fit que préciser davantage². En s'affranchissant de la puissance ecclésiastique, la royauté en dégageait par cela même la société dans une certaine proportion et inaugurait en France ce régime laïque de l'État qui caractérise l'âge moderne.

Les effets de la révolution qui, sous la forme et dans la mesure que nous avons indiquées, réglait les pouvoirs, disciplinait les mœurs et tempérait l'oppression, descendirent jusque dans la classe obscure des serfs ou vilains qui peuplaient les campagnes. Bien que leur condition fût moins misérable que celle des esclaves de l'antiquité, c'était à peine si, au XIe siècle, on leur reconnaissait la qualité d'hommes. Ils étaient

au pape ce mot célèbre : « Vous n'avez rien à voir à ce qui se passe entre rois. »

1. Ingerburge, fille du roi de Danemark, qui, dans ses lettres à Innocent III, peignait ses malheurs d'une manière si touchante, et dont ce pape défendit la cause avec une si louable persévérance.

2. Pour ces rapports de Philippe-Auguste et de la papauté, voyez une étude sur Innocent III dans le *Journal des savants*, livraison de septembre 1873.

une dépendance, un fragment de la terre, pouvant être aliénés et transmis avec elle, comme le bétail, les arbres qui la couvraient. Livrés à la merci du maître du domaine, ils n'avaient d'autre juge que lui ; ils ne pouvaient contracter mariage sans son assentiment, et, si les conjoints dépendaient de maîtres différents, les enfants devenaient l'objet d'un partage, ou, ainsi qu'on eût fait d'un champ, demeuraient indivis [1]. Sous l'influence des idées d'affranchissement qui des villes arrivèrent jusqu'à eux, ces malheureux essayèrent d'être libres. Mais, dispersés dans les campagnes, abrutis par leur servitude même, ils manquaient de la cohésion et de l'intelligence nécessaires pour organiser contre leurs maîtres une résistance efficace et conserver des droits arrachés par la lutte. Leurs tentatives d'émancipation, aisément réprimées, demeurèrent sans effet. Ce ne fut qu'à la longue, sous le contre-coup des événements, et par le graduel adoucissement des mœurs, qu'ils parvinrent à la liberté. Toutefois la communauté d'enthousiasme et de périls qui, dans la croisade, avait rapproché les hommes de conditions diverses, ne laissa pas de produire des résultats, et, dès le commencement du XIIe siècle, les serfs ressentirent les bienfaits de la révolution qui s'opérait dans les esprits. Pour la première fois on les admit à déposer en justice, et leur

---

1. Grandmaison, *le Livre des serfs de l'abbaye de Marmoutiers.*

témoignage fût reçu à l'égal de celui des hommes libres. Cette faculté ne leur fut concédée, il est vrai, que sur les terres du roi, et encore ne le fut-elle qu'aux serfs ecclésiastiques [1]. Restreinte à ces limites, cette nouveauté n'en constituait pas moins un fait considérable. Plus tard, en 1155, le pape Adrien IV déclarait indissolubles les mariages entre serfs, contractés ou non avec l'assentiment du maître, et dès lors la vie de famille put commencer pour eux. Adrien avait été serf lui-même, et ce fut sans nul doute un enseignement pour les intelligences de ce temps que de voir un homme parvenu de la pire des conditions à la plus haute des dignités du monde chrétien. Déjà, en 1152, dans une charte d'affranchissement concédée à une serve de ses domaines, Louis VII déclarait qu'en dépit des inégalités introduites par les institutions humaines, Dieu, à l'origine, avait créé libres tous les hommes [2]. Enfin un poëte normand, mort en 1184, disait, en des vers restés célèbres, que devant la nature, la souffrance et le courage, le serf était l'égal du seigneur [3].

Un autre symptôme de civilisation et de l'adoucis-

---

1. Chartes de Louis VI en 1103, 1110 et 1111. (J. Tardif, *Monuments historiques; Cartons des rois*. Paris, Claye, 1866, in-4°, p. 192-200.)
2. J. Tardif, *ibid.*, p. 273.
3.   Nous sommes hommes comme ils sont;
    Des membres avons, comme ils ont;
    Et de tout autant grands cœurs avons;
    Et tout autant souffrir pouvons.
        (*Roman de Rou*, par Robert Wace.)

sement des mœurs fut, au XIIe siècle, l'influence toute nouvelle des femmes. On sait quelle place importante elles occupèrent dans les institutions de la chevalerie. La fondation, vers 1100, de l'abbaye de Fontevrault, où une abbesse commandait à des religieux, offre un signe non moins certain de cette influence. Deux femmes dont le nom est parvenu jusqu'à nous, Héloïse et sainte Hildegarde, peuvent être citées entre toutes comme un exemple de cet ascendant, qui n'avait point eu d'analogue dans les âges antérieurs. L'une et l'autre, par des mérites divers, s'imposèrent à l'attention du monde et de l'Église. Quels que fussent ces mérites, ils ne suffiraient pas à expliquer l'ascendant exercé par ces femmes célèbres sur leurs contemporains, sans le nouvel esprit du siècle, qui, mettant en lumière les forces diverses cachées dans l'âme humaine, créait ou développait partout les personnalités. Une innovation qui eut lieu à cette époque montre encore cet essor des individualités. Comme si, courbés sous le poids des événements, les hommes eussent vécu jusque-là indistincts au sein de la société, on vit s'introduire alors l'usage des noms de famille, qui, en même temps qu'il distinguait les individus dans les relations de la vie, prolongeait, en quelque sorte, leur existence dans l'avenir par le lien durable qu'il établissait entre eux et les futures générations [1].

---

1. Voy. Guérard, *Cartulaire de Saint-Père de Chartres*, 1840, in-4º, t. I, p. XCVII. Jusque-là les noms de baptême étaient seuls en usage, et

Que si nous envisageons d'autres côtés de la vie sociale, nous observons les mêmes transformations et les mêmes développements. Dire qu'au lendemain de la croisade le commerce et l'industrie sortirent d'une stagnation séculaire est presque un lieu commun. Les besoins créés par la croisade, les relations qu'elle suscita entre la France et les autres États de l'Europe, la vue des produits de l'Orient, l'extension des notions géographiques, enfin l'ordre naissant introduit dans la société, telles furent les causes générales qui ranimèrent en France la vie industrielle et commerciale. Fidèles aux tendances de cet âge, les artisans, comme les marchands, pour sauvegarder leurs intérêts, se constituèrent en associations, en corporations diverses. L'argent, qui vint peu à peu entre leurs mains, créa la richesse mobilière, force nouvelle et toute bourgeoise qui grandit en face de la richesse immobilière, que détenait l'aristocratie. En même temps, les communications, que l'incurie et le brigandage avaient fermées, commencèrent à se rouvrir dans l'intérieur du pays. Les documents attestent qu'au XIIᵉ siècle on regardait comme une œuvre méritoire, non-seulement de bâtir des églises et de se dévouer au service des pauvres et des malades, mais de rendre les chemins praticables, d'ouvrir des routes et de construire

---

on choisissait souvent les mêmes; dans une assemblée tenue près de Bayeux, en 1171, il se trouva encore cent dix seigneurs du nom de Guillaume.

des ponts[1]. On a moins de renseignements sur la situation de l'agriculture à cette époque ; mais il n'est pas douteux qu'elle n'ait dû se ressentir du nouvel état de choses. Ce qui est certain, c'est qu'on ne vit plus ces successions d'épouvantables famines qui, au xe siècle et dans la première moitié du xie, s'abattaient sur les populations effarées. Alors la terre, qui ne produisait plus, semblait maudite comme l'homme ; mais, comme l'homme aussi, elle parut, au xiie siècle, touchée par un souffle nouveau et redevint féconde.

III

Ce n'est pas seulement dans les institutions et les mœurs, dans l'état du commerce et de l'industrie, qu'apparaissent les traces de la révolution qui, au xiie siècle, renouvela la société ; on en découvre des signes non moins éclatants dans le domaine de la pensée et de l'imagination. En même temps que, sous l'influence des causes que nous avons signalées, le pays se reprenait à la vie, à l'espérance, et croyait de nouveau à un avenir, les intelligences, plus dé-

---

[1]. De là l'ordre des *Frères pontifes* ou constructeurs de ponts. Cet ordre fut illustré par saint Bénezet, qui construisit le pont d'Avignon, de 1177 à 1185. (Vignon, *Études historiques sur l'administration des voies publiques en France*, Paris, Dunod, 1862, in-8°.)

gagées, plus libres, s'élevaient, par une impulsion naturelle, aux conceptions de l'art et de la poésie. Ce fut dans l'architecture religieuse que l'art renaissant traduisit ses premières inspirations. Cette architecture naquit au xi⁰ siècle, après les terreurs de l'an 1000. Lorsque se fut écoulée sans catastrophe cette année funèbre où l'on croyait que le monde allait finir, un rayon de foi reconnaissante entra dans les âmes, qu'avait fermées jusque-là le sentiment de l'infortune. Les anciennes basiliques, à demi détruites ou brûlées par les Normands, les Sarrasins, les Hongrois, ne suffirent plus à la piété ravivée par l'espoir. On jeta par terre ce qui en restait, pour en bâtir de nouvelles qui, à l'abri des injures du temps et des hommes, fussent affranchies en quelque sorte des limites de la durée[1]. De cette disposition des esprits sortit l'architecture qui caractérisa le xi⁰ siècle : l'architecture romane. Les toitures de bois des anciennes basiliques avaient favorisé les incendies allumés par les Normands. On voulut les remplacer par des toitures de pierre, et l'on trouva la voûte. Si l'on excepte le mérite de cette innovation, on peut dire que l'architecture romane, si spontanée qu'elle fût dans son principe, était grossière et imparfaite

---

[1]. Voy. sur ce point le passage célèbre de Raoul Glaber, l. III, c. IV, ap. D. Bouquet, t. X, p. 29. « Les basiliques, dit ce chroniqueur, furent alors renouvelées dans presque tout l'univers. » (*Hist. littér. de la France*, t. VII, p. 139-141.)

comme la piété qui lui avait donné naissance. Les églises en étaient basses, étroites, massives, espèces de châteaux forts, aux murs solides et nus, éclairés à peine par de rares ouvertures qui ressemblaient moins à des fenêtres qu'à des meurtrières. Dans l'aspect général de leur construction, il y avait comme une image de cet état de guerre universelle qui désolait alors la France. On sentait que la foi dont elles offraient l'expression était encore hésitante et retenue par la défiance. Mais cette architecture imparfaite n'était que l'ébauche, le germe de celle qui s'épanouit au XIIe siècle sous le nom d'architecture gothique, et dont les cathédrales de Laon, Noyon, Senlis et Paris nous présentent encore aujourd'hui les admirables spécimens [1]. La croisade, qui imprima à la piété tout son élan, fut aussi la cause qui développa l'architecture. Quand on considère ces merveilleux édifices gothiques, on sent que leurs constructeurs n'ont pas eu l'existence obscure et bornée des architectes romans; qu'ils ont connu d'autres espaces et d'autres horizons; que leur pensée, et plus large et plus riche, s'est élevée d'un mouvement libre, rapide, à de lumineuses hauteurs. Autant l'église romane était étroite et lourde, autant l'église gothique offre tout à la fois

1. Voici les dates de la construction de ces églises : Noyon, 1131; Soissons, 1140; Senlis, 1150; Paris, 1160 à 1177. La cathédrale de Laon, qu'on a longtemps considérée comme le type originaire de l'architecture gothique, ne date que de 1170. (J. Quicherat, *Bibl. de l'Éc. des chartes*, 1874, p. 249-254.)

de légèreté et d'ampleur. Tandis que celle-là, ramassée sur elle-même, s'exhausse avec peine au-dessus du sol, celle-ci le quitte au contraire, s'élève, s'élance dans les hauteurs de l'air. De sveltes colonnes ont remplacé les énormes piliers romans; les arcs eux-mêmes, jadis si lourds, s'élancent, et, dans cet élan, se brisent. Par les fenêtres plus nombreuses et plus larges, la lumière remplit, inonde les nefs. Les murs n'ont plus l'épaisseur de ceux d'une forteresse; en même temps qu'ils s'amincissent, leur nudité se décore de végétation, se peuple de statues. Un esprit d'expansion, de liberté, de vie, l'esprit nouveau du XII° siècle, a mis là partout son ineffaçable empreinte.

De même que les ardeurs plus vives et plus pures du sentiment religieux s'étaient manifestées par la construction des cathédrales gothiques, l'éveil de la liberté communale trouvait son expression dans un édifice nouveau. Au centre de la ville, à côté ou au-dessus de la maison commune où s'assemblaient en conseil les magistrats élus par les bourgeois, on éleva le clocher civique, ce qu'on appelait la tour du beffroi, où une cloche retentissante sonnait, selon les circonstances, l'heure des délibérations ou l'appel aux armes. Dans cette tour était une loge pour un guetteur, qui de là dominait la cité et, étendant au loin sa vue sur la campagne, signalait au besoin les approches de l'ennemi. Les bourgeois aimaient cette tour, symbole de leurs libertés conquises; en certaines localités, ils la parèrent de flèches élancées, d'élégants clochetons, la couvrirent d'une dentelle de pierre. Ils lui donnaient un nom, ils l'appelaient la *Merveille;* ils donnaient aussi un nom à la cloche, dont la voix retentissante était pour eux celle de l'indépendance. Bientôt la tour du beffroi devint tout un édifice, nouveau dans l'histoire comme la commune elle-même; et dès lors, dans plusieurs des cités qui avaient su s'affranchir, on put voir, à côté de la cathédrale, un hôtel de ville resplendissant comme elle[1].

Comme la liberté naissante et la foi avaient eu leurs monuments, l'esprit chevaleresque, autre produit de cet âge, eut aussi les siens, mais sous une autre forme. Il les eut dans ces poëmes épiques connus sous le nom de chansons de geste, qui fleurirent au XIIe siècle et dont le plus ancien est la fameuse *Chanson de Roland*[2]. Tandis qu'au siècle précédent on assiste à la formation pénible de la langue, ici c'est une littérature qui s'épanouit dans sa force et son originalité. Dans la rapidité avec laquelle se multiplièrent, au XIIe siècle, ces compositions épiques, on reconnaît quelque chose de la fécondité qui enfanta les ca-

---

1. Aug. Thierry, *Lettres sur l'hist. de France*, p. 196. Cet embellissement de la tour du beffroi ne se produisit guère que dans le Midi. Les communes ayant commencé à déchoir dès le milieu du XIIIe siècle, l'architecture qui leur était propre n'eut pas le temps de se développer. Souvent même, par défaut de local, les bourgeois tinrent leurs assemblées dans les églises.

2. On place vers 1100 la rédaction de la *Chanson de Roland*.

thédrales. Elles répondaient si bien au sentiment national, que les noms des héros qui en faisaient le sujet étaient sur toutes les lèvres, sur celles des chevaliers, des bourgeois et des vilains. On les récitait dans les châteaux et sur les places publiques. Le milieu du XII° siècle fut le moment de la plus grande popularité de ces épopées, bientôt traduites et imitées dans toute l'Europe. Quand on étudie ces poëmes en eux-mêmes, on y saisit plusieurs des caractères qui appartiennent aux œuvres de cet âge. Tous sont empreints de l'esprit de la croisade : non que tous contiennent le récit des faits relatifs à ces expéditions lointaines, mais les héros qu'ils célèbrent se montrent également animés du souffle de foi guerrière qui porta les croisés vers Jérusalem. Dans la peinture de ces personnages pleins de naturel et de vie, on retrouve ce libre essor qui caractérise les conceptions de l'architecture gothique : leurs passions, leurs souffrances, leurs joies sont humaines. Le sentiment de la patrie, dont nous avons signalé les premiers symptômes dans l'esprit des populations, respire aussi chez ces héros. La dernière pensée de Roland expirant est une pensée d'affection pour la France [1].

1.   Li quens Rollanz se jut desuz un pin;
    De plusurs choses à remembrer li prist,
    De tantes terres cume li ber cunquist,
    De douce France, des humes de son lign.
(*La Chanson de Roland*. Texte critique par Léon Gautier, 3e édit., in-18. Tours, Mame, 1872.)

Les chansons de geste ne furent pas, comme on l'a cru, l'ouvrage du clergé, mais au contraire une œuvre essentiellement laïque, séculière, et qui, tout en étant empreinte de religion et de foi, n'avait rien de théologique. C'est encore là une autre analogie qu'offre la composition de ces épopées avec les créations de l'architecture gothique. Les constructeurs romans étaient soit des clercs, soit des ouvriers attachés au service de l'Église; les constructeurs gothiques, au contraire, sortirent des rangs de la société séculière. Ainsi dans la littérature et l'art, non moins que dans les institutions, les générations du XIIe siècle tendaient à se dégager de l'Église, qui avait possédé jusqu'alors et les hommes et les œuvres[1].

Un mouvement non moins remarquable s'opérait, au même moment, dans une autre sphère, dans celle de l'enseignement. Pour la première fois on créa une instruction publique. Si excessif que le mot puisse paraître, il est cependant exact. Là encore on retrouve cette même ardeur, ce même élan, dont la croisade et l'insurrection communale nous ont offert l'image. On sait les efforts de Charlemagne pour arrêter le torrent de l'ignorance qui, de son temps, envahissait

---

[1]. Pour ce que nous disons ici des chansons de geste, et pour ce que nous en dirons plus loin, voyez Léon-Gautier, *les Épopées françaises, étude sur les origines et l'histoire de la littérature nationale*. 3 vol. in-8º; Paris, Palmé, 1865-1868, et notamment les considérations générales émises dans le premier volume.

tous les esprits et jusqu'au clergé lui-même. De ces efforts il n'était resté que quelques rares écoles établies çà et là dans les églises épiscopales et dans les monastères, où ceux qui voulaient être clercs s'initiaient à la lecture et à l'intelligence des livres saints. Encore ne faut-il pas s'exagérer la portée de ces écoles ; car, au x° siècle, les prêtres, pour la plupart, ne comprenaient pas le latin de leurs prières, et l'on ne rencontrait pas toujours des ecclésiastiques qui sussent lire [1]. Le peu qui avait échappé de la ruine du savoir s'était réfugié dans les couvents. Les livres étaient alors si rares, que le mot bibliothèque, par lequel nous désignons aujourd'hui une collection d'ouvrages, était appliqué ordinairement à un livre unique, à la Bible. Les monastères ne possédaient guère que quinze à vingt volumes manuscrits, tous ouvrages de piété ou de théologie, tels que l'Écriture sainte et ses commentateurs, les épîtres des apôtres, les écrits des Pères et des vies de saints [2]. Pour sauvegarder ces modestes richesses, chaque volume était

---

1. *Hist. littér. de la France*, t. VI, p. 2-3.
2. Olleris, *Œuvres de Gerbert*. Paris, Dumoulin, 1867, in-4°, introduction, p. xxv-xxvi. — Voyez aussi *Hist. littér. de la Fr.*, t. VII. Les livres étaient si rares et par conséquent si chers, qu'une comtesse d'Anjou livra, en échange d'un recueil d'homélies, deux cents brebis, un muid de froment, un autre de seigle, un troisième de millet et un certain nombre de peaux de martre. *Ibid.*, p. 2. Les pillages et les incendies des monastères par les Normands, les Sarrasins, les Hongrois, avaient fait disparaître, aux ix° et x° siècles, nombre de manuscrits.

attaché par une chaîne de fer à l'armoire qui le contenait[1]. A cette triste époque, les livres et la pensée étaient également captifs. Quant aux ouvrages de l'antiquité, proscrits comme littérature profane[2], le peu qu'en possédaient les couvents moisissait dans les greniers, dans les caves, ou, si les moines en faisaient usage, c'était — quand manquait le parchemin — pour en gratter l'écriture, qu'on remplaçait par de pieuses légendes ou des actes de donation en faveur des religieux[3].

Au sortir des terreurs de l'an 1000, alors que s'élevaient les églises romanes et que naissaient déjà les premières insurrections communales, un mouvement incertain d'abord, puis plus marqué, se manifesta dans les ténèbres de la pensée, et, à la fin du xie siècle, il y eut comme un élan subit des intelligences vers la lumière. Les écoles établies dans les églises et dans les monastères sortirent de leur langueur, élargirent

---

1. Ainsi faisait-on, à la fin du xe siècle, au monastère de Cluny. Ceux qui dérobaient des livres étaient même menacés des peines éternelles. (Olleris, *ibid.*, p. xxxi.)

2. « Les vicaires du Christ et ses disciples ne veulent avoir pour maîtres ni Platon, ni Virgile, ni Térence, ni aucun des hommes dont se composait le troupeau des philosophes. » Lettre d'un légat du saint-siége adressée aux rois Hugues et Robert. (Olleris, *ibid.*, p. 237.)

3. On raclait le parchemin avec de la pierre ponce ou on le faisait bouillir pour effacer l'ancienne écriture. Des œuvres de Tite-Live, de Tacite, de Trogue-Pompée, de tant d'auteurs que le monde savant rachèterait au poids de l'or, ont fait ainsi place à des gloses, à des légendes, à des actes de vente ou de donation. (Olleris, *ibid.*, p. LIII. Michelet, *Hist. de France*, t. VII, p. 62-63.)

le cadre étroit de leur enseignement; de nouvelles écoles s'élevèrent [1]. On vit des maîtres improvisés parcourir les provinces et, suivis de nombreux auditeurs de tout âge, de toute condition, donner des leçons sur les places publiques et même en pleine campagne. Pour remédier au manque de livres, on transcrivit le petit nombre de ceux qu'on possédait; de toutes parts les copies se multiplièrent, tant par la main des moines que par celle des disciples qu'attirait le besoin de savoir. En même temps, la proscription qui frappait les livres profanes commença de s'adoucir, et quelques-unes des trésors de l'antiquité purent être ajoutés aux œuvres canoniques. Ce fut surtout à l'apparition d'Abailard que se manifesta cet entraînement des intelligences. Dès les premières années de son enseignement, qui commença vers 1113, il réunissait près de cinq mille auditeurs [2]. Non-seulement des diverses parties de la France, mais des pays étrangers, les disciples affluaient autour de lui [3]. Le même empressement le suivit jusqu'à sa mort, qui eut lieu en 1142. Né, comme le mouvement communal, dans la seconde moitié du XIe siècle, ce mouvement intellectuel atteignit, comme lui, toute

---

1. *Hist. littér. de la France*, t. IX, p. 65-80.
2. Guizot, *Abailard et Héloïse*, p. XVIII. Paris, Didier, in-8°, 1853.
3. « Ni la distance, ni la hauteur des montagnes, ni la difficulté des chemins parsemés de dangers et de brigands ne pouvaient retenir les disciples qui s'empressaient vers toi. » Lettre de Foulques, prieur de Deuil, à Abailard. (Guizot; *ibid.*, p. XVII.)

sa force, tout son éclat au siècle suivant, et il offrit avec lui cette autre similitude que c'était aussi une insurrection : insurrection de l'intelligence contre la tyrannie des ténèbres.

A partir de ce moment fut créée en France une instruction publique. Tous ces disciples, tous ces étudiants accourus en foule autour des maîtres nouveaux, ne rentrèrent point dans les écoles des cathédrales et des monastères se remettre sous la férule des évêques et des abbés. A l'exemple des bourgeois qui s'étaient affranchis, ils se réunirent en une vaste association, et, de même que l'association des bourgeois s'appela *commune*, celle des étudiants prit la dénomination analogue d'*université*. Ainsi naquit, à la fin du XII° siècle, cette université de Paris dont le nom s'est perpétué jusqu'à nos jours. Dans cette université entra tout ce qui, de près ou de loin, touchait à l'enseignement : les maîtres de tous les degrés, les écoliers de tout âge et de toute condition, les libraires, qui commencèrent alors à s'établir — c'est-à-dire les marchands ou loueurs de livres manuscrits, — les copistes de profession, les parcheminiers ou fabricants de parchemin, qui seraient aujourd'hui les papetiers. A l'exemple des communes, l'université eut sa juridiction particulière et des chefs à elle, choisis dans son sein. En dépit des obstacles que devait créer l'avenir à l'expansion de la pensée, la science eut, dès lors, dans cette

immense commune intellectuelle, un indestructible
asile.

Dans le mouvement qui les emportait vers le savoir,
les générations du xii° siècle ne cherchaient pas seulement à s'affranchir des ténèbres de l'ignorance. Un
joug d'un autre genre pesait sur la pensée. Par cela
même que le désordre des âges antérieurs avait con-
centré toute la science dans l'Église, la théologie formait le principal objet de l'enseignement donné dans
les rares écoles dont nous avons parlé. Qu'il ne fût
pas permis de contester les dogmes et les symboles
dont l'Église était la gardienne inflexible, on le conçoit. A cette hardiesse on eût risqué la vie : au xi° siècle, deux prêtres d'Orléans, convaincus de cette audace, avaient été brûlés avec douze de leurs adeptes.
Mais ces dogmes, ces symboles, il n'était pas même
permis de les méditer librement, de s'élever à leur
conception par l'effort de la raison. C'étaient des mystères planant au-dessus de l'entendement humain et
auxquels il fallait croire, non par conviction, mais
par obéissance. L'étude de la théologie consistait uniquement à commenter l'Écriture, à interpréter les
textes, sans que l'esprit, dépassant le domaine aride
de la lettre, osât jamais s'interroger lui-même et se
rendre compte de sa foi.

Ce fut du joug de ces stériles méthodes que les
hommes du xii° siècle essayèrent de se délivrer. Ils
ne songèrent pas à discuter les dogmes ni les symboles,

dont ils acceptaient d'avance l'absolue vérité ; mais ils voulaient que ces dogmes leur fussent rendus intelligibles et que la conviction, dans leurs esprits, accompagnât l'obéissance. C'est parce qu'il répondait pleinement à ce besoin des intelligences, que l'enseignement d'Abailard eut un si prodigieux succès. Abailard s'adressait à la raison, au cœur de ses disciples, empruntait ses images aux choses de la nature, ne craignait pas de chercher ses arguments dans ce qu'il connaissait de la littérature profane. Il simplifiait, popularisait, humanisait la lettre énigmatique et sèche des symboles[1]. Avec cela des maximes d'une étonnante douceur : disant que le Christ était venu apporter au monde la loi d'amour en place de la loi de crainte ; allant jusqu'à soutenir que ceux-là n'avaient point péché qui, parmi les Juifs, avaient crucifié Jésus sans savoir qu'il fût le Sauveur.

Ces idées plus douces, plus humaines, introduites dans la religion, ces libres méthodes appliquées à l'intelligence des Écritures, ne se répandirent pas seulement en France : elles passèrent la mer et les Alpes ; elles descendirent dans tous les rangs ; les

---

[1]. « Je composai sur la Trinité un traité à l'usage de mes auditeurs, qui demandaient sur ce sujet des démonstrations tirées de l'ordre humain et rationnel et auxquels il fallait, disaient-ils, des idées intelligibles plutôt que des mots sonores. Ils me déclaraient qu'il est inutile de parler pour n'être pas compris, qu'on ne peut croire que ce que l'on comprend, et qu'il est insensé de voir un homme prêcher aux autres ce que ni lui ni ceux qu'il veut instruire ne peuvent comprendre. » Lettre d'Abailard à un ami. (Guizot, *ibid.*, p. 66.)

laïques, comme les clercs, se mirent à parler des choses saintes; partout, non plus seulement dans les écoles, mais sur les places, dans les carrefours, jeunes et vieux, hommes et femmes, discouraient sur les plus graves mystères [1]. En somme, quand on considère en ses résultats le mouvement intellectuel de cette époque, on voit que, né d'un élan vers le savoir, il aboutissait à la revendication du libre examen, des droits de la raison dans le domaine de la conscience. Sans toucher à l'essence de la foi, à la constitution de l'Église, les esprits s'insurgeaient contre le joug excessif de l'autorité spirituelle des pouvoirs théologiques, comme les bourgeois, sans porter atteinte aux principes généraux de la féodalité, s'étaient insurgés contre l'oppression des pouvoirs temporels. On conçoit que cette revendication de la liberté intellectuelle ne pouvait être conçue ni propagée par un prêtre, par un moine, soumis par état ainsi que par caractère au despotisme des méthodes théologiques. Abailard était laïque; et là se marque, par une nouvelle preuve, cette tendance de sécularisation que nous avons plusieurs fois signalée au sein de la société. Par une notable coïncidence, tandis qu'Abailard revendiquait la liberté dans le domaine de la pensée, une

---

1. En 1140, les évêques de France écrivaient au pape: « Per totam fere Galliam, in civitatibus, vicis et castellis, a scholaribus, non solum inter scholas, sed triviatim, nec a litteratis, sed a pueris et simplicibus... de sancta Trinitate... disputatur. » S. Bernardi opera, I, 309. (Michelet, *Hist. de France*, t. II, p. 285, notes.)

femme qui lui fut liée par une affection fidèle et dont le nom a toujours été uni au sien dans le souvenir de la postérité, Héloïse, revendiquait cette même liberté dans le domaine du sentiment. Par sa vie, par ses paroles, elle protesta contre les idées d'ascétisme qui, dans le feu d'une nouvelle réforme, avaient gagné l'Église et pénétré son enseignement. Contrairement aux ardentes prédications de saint Bernard, qui eût voulu ensevelir le monde entier dans les cloîtres, elle affirmait que le salut d'une âme chrétienne n'était pas moins assuré dans l'état de mariage que dans le célibat monastique. « Les béatitudes de la vie future annoncées par le Christ, disait-elle, ne l'ont pas été seulement pour ceux qui habitent les monastères; sans quoi le Christ aurait borné la vertu aux limites du cloître et condamné le reste du monde[1]. »

Ainsi, de toutes parts et sous toutes les formes, on constate au XIIe siècle, dans l'individu comme dans la société, un retour, ou plutôt une direction, un élan vers la liberté, la raison, la nature et les sentiments vrais de l'humanité. Cependant le clergé s'émut d'un mouvement des intelligences qui, laissé à son cours, tendait inévitablement à soumettre un jour les dogmes eux-mêmes aux lumières de la raison, et conséquemment à ébranler l'autorité de l'Église. Dénoncé par saint Bernard au pontife de Rome, Abailard dut subir

2. Lettre d'Héloïse à Abailard. (Guizot, *ibid.*, p. 172.)

l'opprobre de brûler publiquement, de ses propres mains, les écrits qui contenaient son enseignement. Depuis ce moment il dut renoncer à la vie publique, fut malheureux, persécuté, errant ; mais du moins on respecta ses jours. Telles étaient, en effet, les idées de tolérance et d'humanité qui avaient germé du sein de la révolution opérée au XIIe siècle dans les esprits et les faits, que l'Église elle-même, malgré son inflexibilité et son penchant à sévir, en subissait les bienfaisants effets. Au XIe siècle même, un évêque, consulté par un de ses collègues sur le traitement à infliger à des hérétiques saisis dans son diocèse, lui écrivait : « Souvenez-vous que nous, qui sommes évêques, avons été sacrés, non pour tuer les hommes, mais pour les amener à la vie. » Dans le même temps, à l'occasion d'un hérétique brûlé à Cambrai, Grégoire VII, si rigide, si inexorable en ce qui touchait les principes de la foi et l'autorité de l'Église, s'élevait énergiquement contre un fait qu'il qualifiait d'impie et de cruel. Au siècle suivant, saint Bernard, tout intolérant qu'il fût, disait, dans une circonstance analogue : « J'approuve le zèle qui a dicté le supplice, mais je n'approuve pas le supplice. » Enfin, à la même époque, une femme révérée de l'Église et du monde, sainte Hildegarde [1], écrivant à des princes chrétiens, disait ces remarquables paroles : « Bannissez de

---

1. Morte en 1180. Elle était abbesse de l'ordre de Saint-Benoît.

l'Église les hérétiques, mais ne les tuez pas ; car ils sont faits, comme nous, à l'image de Dieu [1]. »

Ces dispositions à la clémence, en même temps que les tendances au libre examen des doctrines reçues, avaient surtout pénétré dans le Midi, plus avancé que le Nord dans la voie de la civilisation. L'aristocratie s'y montrait, en effet, moins ignorante, moins guerrière, le clergé plus intelligent et plus doux, les classes moins tranchées. Les communes y avaient pris un essor inconnu à celles du Nord. Les juifs, maltraités, mais pourtant soufferts, fleurissaient à Carcassonne, à Montpellier, à Nîmes ; leurs rabbins y tenaient des écoles publiques[2]. Des relations fréquentes avaient lieu entre les habitants de ces contrées et les Arabes d'Espagne. Avec cela, des restes encore subsistants de l'ancienne civilisation gallo-romaine. De là une variété de croyances ou d'opinions et une tolérance religieuse dont nulle autre contrée de l'Europe n'offrait alors l'exemple. Le retentissement de la parole d'Abailard imprima à cette disposition des esprits une impulsion nouvelle. Sans vouloir s'éloigner de la foi catholique, et se croyant même dans une orthodoxie plus rigoureuse que les Français du Nord, les hommes du Midi en arrivèrent à professer des idées particulières sur la trinité, l'eucharistie, la grâce, toutes

---

1. Pour toutes ces citations, voyez Schmidt, *Histoire des albigeois*. Paris, in-8º, 1848, t. II, p. 218-220.

2. Michelet, *ibid.*, p. 403.

choses qui alors occupaient les intelligences. Non-seulement les seigneurs, avec la majorité de la population, mais nombre de prêtres et des évêques même étaient entrés dans ces idées. L'Église, inquiète du mouvement d'opinion qui se manifestait dans le Nord, le fut bien davantage de celui qui agitait le Midi. Elle usa d'abord des voies de la prédication. En 1147, saint Bernard alla dans le Languedoc essayer sur les populations l'effet de son éloquence. On eut même recours au moyen des discussions publiques. Tous ces efforts furent vains et ne firent que marquer plus visiblement la différence des doctrines[1]. Néanmoins, des deux côtés, on laissait dire, on écoutait; et ce qui montre à quel degré de tolérance étaient arrivés les esprits dans ces contrées favorisées, c'est que, dans la population, catholiques et dissidents se supportaient mutuellement sans se proscrire ni se persécuter. Pour quiconque observera avec attention et impartialité ce mouvement du Midi, sa portée n'est pas douteuse. Appuyé sur les droits de la raison et sur la tolérance, fortifié des lumières qui semblaient devoir se répandre de plus en plus dans les écoles érigées de toutes parts, il aboutissait droit à la réforme[2].

---

1. Schmidt, ouvrage cité, t. I, p. 69-73.
2. Voy. *Hist. littér. de la France*, t. XXV, la notice de M. Renan sur J. Victor Leclerc. Voy. aussi les *Lettres d'Innocent III*, dans le *Journal des savants* de septembre 1873.

IV

Que si l'on embrasse d'un coup d'œil les divers aspects de la révolution opérée au XIIe siècle dans la vie intellectuelle et sociale de notre pays, et que l'on considère ce réveil de la raison, ce soudain éclat de l'art et de la poésie, ce souffle de liberté transformant nos institutions, et cette éclosion bienfaisante des sentiments de douceur et d'humanité, jointe à un amour naissant pour la nature, il est impossible de méconnaître les signes qui caractérisent un âge de rénovation dans l'existence d'un peuple, ni de dénier au siècle où ils se manifestèrent le titre de grand siècle[1]. Pour peu que l'on songe à tous les résultats qu'on était en droit d'attendre d'une telle révolution, si on l'eût laissée suivre son cours, l'esprit se perd en d'immenses perspectives. La civilisation était hâtée non-seulement en France, mais en Europe, sur laquelle notre pays rayonnait alors d'un ascendant sans égal. Cette révolution avorta cependant; elle avorta par le fait de vo-

---

1. Selon les idées généralement admises, c'est le XIIIe siècle qui passe pour le grand siècle du moyen âge. Pour nous, comme on va le voir, il marque le commencement d'une décadence.

lontés puissantes qui, obéissant à des vues erronées ou ambitieuses, s'opposèrent aux deux plus grands mouvements de l'époque, au mouvement social, représenté par l'établissement des communes, et au mouvement intellectuel, représenté par le libre essor des doctrines. Ces volontés s'incarnèrent dans les deux principaux pouvoirs qui dirigeaient la société : la royauté et l'Église. La royauté s'attaqua aux communes, et l'Église aux doctrines.

Si solides qu'elles pussent paraître dans leur constitution, les communes avaient un côté faible qui, sans nul doute, hâta leur décadence. Par un effet de cet esprit de localité qui caractérisait le moyen âge, et qui avait son origine dans l'anarchie des âges antérieurs, les communes étaient isolées les unes des autres. Nul lien, nul accord ne s'était formé entre les villes pour conquérir leurs libertés, ni, une fois ces libertés conquises, pour en sauvegarder la possession par de mutuels secours. Indépendamment de cette cause de faiblesse, les communes avaient contre elles le mauvais vouloir de l'aristocratie et du clergé. L'inimitié de l'aristocratie était naturelle, puisque le premier effet de l'institution communale était d'imposer une limite au pouvoir seigneurial. Quant au clergé, opposé par état à tout esprit d'indépendance, il s'était, dès l'origine, montré contraire à l'établissement des communes. Un écrivain ecclésiastique du XIIe siècle disait que ce nom seul de « commune » était un mot abominable [1]. Saint Bernard invoquait même contre elles la force du bras séculier ; et, à plusieurs reprises, la papauté écrivit à nos rois de châtier les bourgeois turbulents [2].

Malgré leur faiblesse, et en dépit des mauvaises dispositions du clergé et de l'aristocratie, les communes auraient pu se maintenir et prospérer, si la royauté, dont elles avaient au commencement éprouvé la protection, ne fût devenue bientôt leur plus ardente ennemie. Nous avons dit qu'à l'origine la royauté intervint dans le mouvement communal sans desseins arrêtés, et résolue sur le seul point de ne pas souffrir de commune sur ses propres domaines. Dès Philippe-Auguste cependant, elle prend une attitude moins incertaine ; elle commence à s'apercevoir qu'il y a là un danger pour son pouvoir, et ne favorise guère que les petites communes, celles des bourgades, par exemple. Sous saint Louis, la royauté se montre ouvertement hostile. Aux yeux de ce monarque scrupuleux, l'institution communale était une atteinte tout à la fois à l'autorité seigneuriale et à son propre pouvoir. Il y voyait, de la part des populations, un désordre, non un droit. Jugeant d'ailleurs les bourgeois

---

1. Guibert de Nogent, liv. III, ch. VIII. « Communio, novum ac pessimum nomen. »

2. Parmi les papes qui montrèrent cette hostilité, nous citerons Innocent II, Eugène III, Adrien IV, Grégoire IX et Boniface VIII, lesquels intervinrent, selon les temps, dans la situation des communes de Reims, de Sens, de Vézelay et de Laon.

incapables de s'administrer eux-mêmes, il s'efforça, par ces divers motifs, de restreindre leurs libertés. Il le fit sans violence. Au lieu de laisser aux villes le libre choix de leurs maires, il prétendit nommer lui-même ces magistrats, et voulut en outre exercer un contrôle sur les recettes et les dépenses municipales[1]. C'était attaquer directement l'existence des communes. Le coup de grâce leur fut donné à la fin du XIIIe siècle par Philippe le Bel. Sous ce prince, les communes n'eurent d'autre garantie que la volonté du roi. Il prétendit, en vertu des privilèges de sa couronne, exercer sur toutes un droit de tutelle. Pour peu que l'ordre fût troublé dans l'une d'elles, il s'empressait de la supprimer ; et, dans les chartes confirmatives qu'il accordait aux autres, il ne manquait pas d'inscrire cette clause significative : « Ladite commune ne sera en vigueur qu'autant qu'il nous plaira. » Annulées sous Philippe le Bel, les communes disparaissent sous ses

---

1. Voir son ordonnance de 1256, au sujet des villes de Normandie : « Art. 1er. Nous ordonnons que, le lendemain de Saint-Simon et Saint-Jude, celui qui aura été maire cette année et les notables de la ville choisiront trois prud'hommes qu'ils présenteront au roi à Paris, aux octaves de la Saint-Martin suivante, dont le roi choisira un pour être maire. Tous les ans, le lendemain de la Saint-Simon et Saint-Jude, on rendra compte devant ces trois prud'hommes de l'état de la ville ; et le maire et ces trois prud'hommes apporteront le compte en la chambre des comptes aux octaves de la Saint-Martin d'hiver. — Art. 2. Les villes de commune ne pourront, sans la permission du roi, prêter à personne, ni faire aucun présent, si ce n'est du vin en pots ou en barils... » (Ordonnances, t. I, p. 83.)

fils¹. Le mot même de commune, désormais proscrit, est rayé de tous les actes publics; par une ordonnance spéciale, on va jusqu'à statuer que la tour municipale, le clocher civique, sera dépouillé de son ancien nom de beffroi; enfin la cloche elle-même, confisquée par le roi², est descendue de la tour, et la vieille voix de la cité, qui pendant deux siècles avait retenti pour l'indépendance, devient muette à jamais³.

Pendant qu'elle affaiblissait les communes, la royauté empiétait sur la féodalité. Le mouvement communal lui fut même un secours dans cette voie. Sous Philippe-Auguste, on la vit, à plusieurs reprises, encourager des communes dans l'unique dessein d'amoindrir les seigneurs. L'extension du domaine de la couronne, accru, sous ce règne, de plusieurs provinces importantes, servit puissamment aussi les progrès de l'autorité royale. Mais ces progrès furent surtout aidés par le zèle d'hommes nouveaux dont s'entoura la royauté, incapable de suffire par elle et ses vassaux aux affaires chaque jour plus nombreuses

---

1. « Nous ordonnons... qu'en la ville, cité et faubourgs de Laon, il ne puisse y avoir à l'avenir commune, corps, université, échevinage, maire, jurés, coffre commun, beffroi, cloche, sceau, ni aucune autre chose appartenant à l'état de commune. » Ordonnance de Charles IV le Bel en 1322. (*Ordonnances*, t. XII, p. 465.)

2. « Il n'y aura plus à Laon de tour de beffroi, et les deux cloches qui y étaient seront ôtées et confisquées au roi. » Ordonnance de Philippe VI en 1331. (*Ibid.*, t. II, p. 77.)

3. Voyez, pour cette décadence des communes, Aug. Thierry, *Lettres sur l'hist. de Fr.*, p. 137-196.

ou plus difficiles qui arrivaient jusqu'à elle. Nous voulons parler des légistes, qu'elle tira du sein de la bourgeoisie après les avoir pris un moment dans le clergé séculier. Cette innovation se produisit dès le temps de saint Louis. Non-seulement autour de la personne du roi, mais partout où il avait lieu d'exercer son pouvoir, les légistes prirent le pas sur les barons, qui l'avaient d'abord assisté dans les nécessités d'un gouvernement naissant. Tant pour flatter la royauté que par haine de l'aristocratie, les légistes n'eurent qu'une idée, qu'un but : attirer dans la main du roi tous les pouvoirs, tous les priviléges dont jouissait cette aristocratie. Saint Louis, qui plus que Philippe-Auguste se prévalut de sa qualité de premier des suzerains, avait voulu que, dans toute l'étendue du royaume, il fût, en certains cas, permis d'appeler de la juridiction des seigneurs à la juridiction du roi. Avec les principes mal définis et souvent contradictoires de la justice féodale, il fut aisé aux légistes de multiplier les « cas royaux » mal définis eux-mêmes. Cette tendance s'accusa surtout sous Philippe le Bel, à qui tous les moyens étaient bons pour battre en brèche la féodalité. Alors tout devint « cas royal », ou, pour autrement parler, affaire ressortissant à la juridiction du roi[1]. Ces cas royaux furent la porte bâtarde par où la royauté mit partout le pied et la

---

1. E. Boutaric, *la France sous Philippe le Bel*, p. 44 et suivantes; Paris, Plon, 1861, in-8°.

main. Les seigneurs, n'osant résister à la royauté déjà trop forte, demandèrent du moins qu'on voulût bien définir une fois ces cas royaux. Philippe n'avait garde ; et, tout en donnant en apparence satisfaction aux réclamants, tout en s'engageant par actes publics à respecter leurs priviléges, il ajoutait cette réserve : « Sauf en cas qui touche notre droit royal [1]. » Ces simples mots, perdus dans le texte, ne semblaient rien, et ils étaient tout. Ils furent l'arme tranchante avec laquelle Philippe le Bel déchiqueta, dépeça la féodalité.

Le droit romain, enseigné dans les écoles dès le temps de Philippe-Auguste, fut également d'un grand secours aux usurpations de la royauté. Comparé à la législation féodale, obscure, capricieuse et scindée en mille coutumes, le droit romain, clair, rationnel, uniforme, séduisait les esprits. Les légistes profitèrent de la faveur qu'il obtenait dans les écoles pour en extraire insidieusement les théories de la monarchie césarienne. Ce code du passé à la main, ils soutinrent que le roi pouvait de sa seule autorité rendre des ordonnances pour la totalité du royaume sans le consentement des barons, exigé jusqu'alors par le droit féodal. En un mot, ils s'efforcèrent de faire du roi l'héritier, le descendant des Césars [2]. Sous

---

[1]. Michelet, *Hist. de Fr.*, t. III, p. 227. Voyez l'étude ci-après sur *la France aux* XIVe *et* XVe *siècles*.

[2]. « Le roi peut faire tels établissements qu'il lui plaît, pour le pro-

Philippe le Bel, on enseignait publiquement dans les écoles cet adage tiré du droit romain, que « ce qui plaît au prince vaut loi[1]. » Par toutes ces causes, la royauté se développa de telle sorte, qu'avant la mort de Philippe le Bel, arrivée en 1314, elle s'avançait ouvertement vers le pouvoir absolu.

Assurément les populations trouvèrent quelque avantage à ces progrès de la royauté. Tant par un effet de sa tutelle, devenue chaque jour plus efficace, que par les bienfaits de l'unité de loi et de gouvernement qui se substituait au morcellement des institutions féodales, elles y gagnèrent, dans une large mesure, l'ordre et la sécurité. Mais ces avantages furent cruellement achetés. A mesure que l'ordre et la paix s'étendirent dans le royaume, l'essor, la vitalité, diminuèrent dans les populations. L'originalité s'effaça et les caractères tombèrent. Ils tombèrent dans la bourgeoisie, qui perdit, avec les communes, la foi en soi, l'esprit des fortes et légitimes résistances; ils tombèrent dans l'aristocratie, qui, désormais sans réel pouvoir ni véritable rôle au sein de la société et

---

fit commun, et ce d'une manière obligatoire; et il n'y a pas si grand baron qui ne puisse être traîné en la cour du roi pour défaut de droit ou pour faux jugement. » (Beaumanoir, *Coutumes du Beauvaisis*, ch. XXXIV. Édit. *Soc. de l'hist. de Fr.*, t. II, p. 22.)

1. Notamment à l'école d'Orléans, où l'on expliquait le Digeste en français. C'est en effet dans le Digeste (Ulp., *Dig.*, l. I, tit. IV, frag. 1, in præmio) que se rencontre la phrase : « Quod principi placuit legis habet vigorem, » origine de l'adage : *Que veut le roi, si veut la loi.*

réduite à n'être plus qu'une classe privilégiée, se jeta dans l'intrigue et perdit, avec l'esprit chevaleresque, la fierté et l'initiative que donne l'indépendance. La royauté elle-même, ne rencontrant plus aucune barrière devant son autorité grandissante, et prenant de plus en plus son caprice ou son plaisir pour règle, s'abaissa à son tour; et, quand aux XIV° et XV° siècles éclatèrent les désastres de la guerre de Cent ans, ni la royauté, ni la noblesse, ni la bourgeoisie, ne furent en état de sauver la France.

Pendant que la royauté faisait son œuvre, l'Église, de son côté, accomplissait la sienne. Nous l'avons vue s'inquiéter de l'enseignement d'Abailard et du mouvement que cet enseignement provoquait dans les intelligences. Un moment, comme nous l'avons dit, elle se montra tolérante; mais, quand elle se vit tout à fait menacée par la hardiesse croissante des opinions, elle eut peur et commença de sévir. Se croyant, en vertu d'une institution divine, seule gardienne et interprète de la foi et douée par cela même du privilége surhumain de l'infaillibilité, elle déniait aux intelligences le droit de professer des doctrines autres que les siennes. A ses yeux, l'hérésie ne constituait pas seulement une erreur absolue de l'esprit, mais une désobéissance à la loi divine, une révolte contre Dieu, révolte qui, dans les idées du temps, devait être punie au delà de cette vie par les flammes éternelles : d'où cette conséquence, que le bûcher allumé ici-bas pour l'hérétique n'était qu'une anticipation sur la justice de Dieu [1]. Ce fut sur ces principes que l'Église basa tout à la fois son droit et son mode de sévir. Dans la seconde moitié du XIIe siècle, des hérétiques furent brûlés dans le Nivernais, en Bourgogne, en Champagne, en Flandre [2]. Mais ce n'était là, en quelque sorte, qu'un essai. La persécution ne devint systématique, décisive, absolue, que depuis l'avénement d'Innocent III en 1198. Ce pape sentit que le péril le plus redoutable pour l'Église était du côté des populations dissidentes du Midi, et, organisant une croisade contre les nouveaux infidèles, il lança la France du Nord sur le Languedoc. On sait ce que fut cette guerre des Albigeois, guerre de ruine, de sang et de feu. L'hérésie fut pacifiée, sinon totalement détruite. Mais à quel prix! Au prix de la mort de tout un peuple et de l'anéantissement d'une civilisation qui faisait alors du Languedoc la contrée la plus florissante de l'Europe.

Cette exécution terrible ne parut pas suffisante. Du sein des cendres et des ruines amoncelées, l'hérésie, à peine éteinte, pouvait se rallumer. Il fallait une institution qui l'empêchât de renaître et maintînt en ses effets la victoire de l'Église. De cette pensée sortirent les tribunaux de l'inquisition, chargés tout à la fois de rechercher et de juger les hérétiques. Insti-

---

1. *Hist. littér. de la France*, t. XXIV, p. 7.
2. Schmidt, ouvrage cité, t. I, p. 86-94.

tuée à l'occasion de la guerre des Albigeois, l'inquisition siégea d'abord dans le Midi, à Toulouse, à Carcassonne, à Albi, à Cahors, à Montpellier. Du Midi elle gagna le Nord; elle eut ses juges à Metz, à Amiens, à Tours, à Orléans, à Paris [1]. De la France enfin elle déborda sur l'Europe. Partout elle poursuivit, elle fureta, elle traqua l'hérésie. Un œil fut dès lors attentif, une fenêtre ouverte sur toute maison, sur tout foyer [2]. Pour n'être plus animée par les violences de la lutte, la cruauté dans le châtiment n'en continua pas moins à l'égard des hérétiques; elle devint une règle, une loi. Bien différent de sainte Hildegarde, un des hommes les plus éminents de l'Église au XIIIe siècle, saint Thomas d'Aquin, écrivait que les hérétiques « ne méritaient pas seulement d'être séparés de la communion des fidèles, mais d'être retranchés du monde par la mort [3]. » Pendant des siècles les bûchers s'allumèrent. Toutefois ce fut moins peut-être par les innombrables victimes humaines qu'en France et en Europe elle a livrées aux flammes que par une tyrannie sans mesure exercée sur la pensée, que l'inquisition a été l'institution la plus fatale qui ait jamais été établie dans le monde. Non-seulement dans le domaine de la foi, mais dans les choses même étrangères

---

1. *Hist. littér. de la France*, t. XXIV. *Discours sur l'état des lettres au XIVe siècle*, de J.-V. Leclerc, p. 6-8.
2. Michelet, *Hist. de Fr.*, t. VII, p. 152.
3. *Summa : secunda, secundæ*, II, 46, quæstio 10, art. 8.

à la religion, dans la philosophie, dans la science, on ne put, sous peine de mort, hasarder une opinion qui parût infirmer soit les dogmes et les symboles, soit même les décisions doctrinales de l'Église et les textes sacrés. Dès lors la raison se replia sur elle-même, la pensée se ferma et les bouches se turent.

Ainsi l'Église tua la liberté dans la sphère de l'intelligence, comme la royauté l'avait tuée dans celle des institutions. Les populations eurent dès lors l'unité de doctrine, comme elles avaient l'unité de gouvernement. Mais elles l'obtinrent au même prix. L'essor et la vitalité disparurent par degrés des esprits asservis. La foi, qui s'était traduite au XIIe siècle en aspirations si sincères et si vives, commença de décliner au lendemain de la guerre des Albigeois. Depuis ce moment elle alla diminuant, s'altérant de plus en plus, pour se perdre aux XIVe et XVe siècles dans l'incrédulité hypocrite, dans la sorcellerie, la magie et toutes les fantastiques ténèbres de la superstition. Mais, comme la royauté, l'Église se ressentit de son œuvre. On a remarqué avec raison qu'avant le grand concile de Latran, qui en 1215 consacra les résultats de la croisade contre les Albigeois, les conciles étaient généralement d'institution, de législation, tandis que ceux qui suivirent étaient de police, de menaces et de farouches pénalités. La fécondité sortit de l'Église en même temps qu'y entra le terrorisme. A être intolérante et cruelle, l'Église ne perdit pas seulement son génie; les caractères s'abaissèrent dans la société ecclésiastique, non moins que dans la société civile; et si jamais clergé fut bas, servile, prêt à trafiquer de sa foi et de lui-même, ce fut dans les temps néfastes qui s'écoulèrent de la mort de Philippe le Bel à celle de Jeanne d'Arc.

Dès le XIIIe siècle, l'architecture porta l'empreinte de ces altérations de la foi. On éleva encore des églises dont le style, au premier abord, semble ne pas manquer d'originalité; mais, quand on y regarde de près, on s'aperçoit que le changement n'affecte que les détails; au fond, c'est le style du XIIe siècle que l'artiste a repris et modifié. Incapable de s'élever à une conception nouvelle, l'art demeure sur ses premières conceptions, dont il exagère ou épuise les effets. Cette tendance fut surtout visible au XIVe siècle. On conserva les plans primitifs, mais l'ancienne simplicité fit place à l'afféterie; l'ornementation fut prodiguée à outrance; on tourmenta, on creusa la pierre; par mille efforts subtils, elle fut dentelée, déchiquetée. Il semblait que l'art, désireux de vivre et manquant d'aliment, se dévorât lui-même. Un phénomène tout semblable se produisit dans la poésie. Cette vie, ce naturel, cette richesse d'imagination, que nous ont offerts les épopées du XIIe siècle, ne se rencontrent plus dans celles des XIIIe et XIVe siècles. Les personnages, immobiles, pour ainsi dire, et tout d'une pièce, s'y ressemblent tous. La convention, la formule, succèdent à l'originalité. Au XIIe siècle, les héros de nos épopées aiment, souffrent, pleurent; ce sont des hommes. Dans les poëmes des âges postérieurs, les chevaliers, toujours roides et guindés sous leur pesante armure, ne savent que porter des coups sans que rien trahisse en eux les mouvements de l'âme humaine. Là aussi les nouveaux sujets manquent à l'inspiration; on fait comme en architecture, on reprend, on travaille les anciennes conceptions. La première chanson d'Ogier contenait trois mille cent vers; reprise au XIIIe siècle et remaniée, elle en contient huit mille. Plus on va, plus on délaye, plus se développent et prospèrent l'amplification et l'étalage de mots; et tel poëme qui, au XIIe siècle, avait de deux à trois mille vers, en a vingt ou trente mille au XVe [1].

Dans l'enseignement, dans les écoles, mêmes symptômes, même décadence. Le libre examen et les droits de la raison une fois proscrits, les notions furent immobilisées. On vécut, on s'agita dans le cercle étroit d'un savoir convenu. Un livre, un auteur, choisi dans le petit nombre de ceux qu'on possédait, représenta pour chaque matière le *summum* de la science. A cet auteur, à ce livre déclaré infaillible, s'attachait dans les écoles l'effort de la pensée, non pour en discuter les idées, mais pour en saisir le texte. Ce texte, on le commentait sans fin, sans repos. On s'égarait,

---

[1]. L. Gautier, *les Epopées françaises*.

on se perdait dans les subtilités ; on subdivisait les questions, dont il ne restait plus qu'une poudre impalpable. En un mot, dans les choses du savoir comme dans la poésie, comme dans l'architecture, on subtilisa, on creusa les données primitives, les formules adoptées, et finalement on trouva le vide [1].

Ainsi avorta la renaissance du XII° siècle ; ainsi fut arrêté, avec ce souffle de liberté qui commençait d'animer nos diverses institutions, un des plus brillants éveils intellectuels qu'ait jamais vus l'histoire. Qu'on ne croie pas néanmoins qu'en parlant des entraves apportées par la royauté et l'Église à ce merveilleux mouvement, nous prétendions en faire retomber la faute sur quelques individualités. Une telle opinion serait aussi éloignée de la vérité que contraire à la raison. Si, au XII° siècle, la papauté entendit des voix éloquentes conseiller l'indulgence à l'égard des hérétiques, un bien plus grand nombre autour d'elle en demandaient le châtiment ; et ce fut avec une pieuse colère que les hommes du nord de la France se précipitèrent, à l'appel d'Innocent III, dans une croisade contre les Albigeois [2]. Nos rois ren-

---

1. Voy. sur ce sujet et pour quelques-unes des considérations qui précèdent, l'introduction de Michelet au tome VII de son *Histoire de France*, p. 19, 32, 50, 150, 152.

2. Une colère de ce genre, mêlée d'une sorte de transport enthousiaste, anime d'un bout à l'autre la chronique du moine de Vaulx-Cernay, qui a raconté les incidents de la croisade. Voy. cette chronique dans le tome XIV de la *Collect. des mém. sur l'hist. de France*,

contrèrent de même plus d'un encouragement à leurs empiétements et à leurs usurpations [1]; et, si les seigneurs applaudirent à la chute des communes, la bourgeoisie n'applaudit pas moins de son côté à l'affaiblissement de la féodalité. Mais quel qu'ait pu être le degré des responsabilités, quelle qu'ait pu être aussi, à côté des volontés égoïstes ou malfaisantes, la part de l'erreur et de l'aveuglement, un coup fatal fut porté à la civilisation, et les conséquences s'en firent bientôt sentir jusque dans les profondeurs de la société.

édit. Guizot, et notamment la lettre que le chroniqueur a adressée à Innocent III et placée en tête de son récit.

1. Ces empiétements eux-mêmes ne furent pas toujours l'œuvre de l'ambition. Ainsi, à ne citer qu'un fait, il est impossible d'attribuer à un mobile de ce genre les empiétements de saint Louis sur les communes et la féodalité, quand on voit ce prince rendre au roi d'Angleterre, par scrupule de conscience, les provinces françaises dont Philippe-Auguste avait dépouillé Jean sans Terre. En revanche, on ne peut que justement flétrir la mémoire d'un Philippe le Bel ne reculant devant aucun moyen, si coupable ou si vil qu'il soit, pour aggrandir son pouvoir.

LA FRANCE AUX XIVᵉ ET XVᵉ SIÈCLES

De la mort de Philippe le Bel à l'avénement de François Iᵉʳ
(1314—1515)

Ce n'est pas impunément que l'on comprime chez un peuple les divers ressorts auxquels il doit sa vitalité. L'affaissement et la démoralisation qui succédèrent à la renaissance du xııᵉ siècle ne tardèrent pas à se traduire par une totale désorganisation de l'état social. La royauté et l'Église, l'aristocratie et la bourgeoisie, ayant chacune leur forme propre et leur indépendance, jouant chacune leur rôle dans le gouvernement du pays, tels étaient les éléments constitutifs de la société au moyen âge. Portée à élargir de plus en plus le cadre de son autorité, la royauté ne se contenta pas de miner par degrés la puissance des barons et d'abattre les communes. Dès le temps de Philippe-

Auguste, elle entreprenait une lutte sourde contre la papauté, qui prétendait, comme au XIe siècle, régner encore sur les princes. Continuée par saint Louis en une certaine mesure, cette lutte éclata dans toute sa force sous son petit-fils Philippe le Bel. En présence des délégués du clergé, de la noblesse et de la bourgeoisie, réunis dans l'une de ces assemblées qui furent l'origine de nos états généraux, ce prince osa lancer contre Boniface VIII un des plus odieux réquisitoires qu'ait jamais inventés une politique sans honneur. Peu après, le père commun des fidèles était capturé, dans son palais d'Agnani, par les agents du roi de France. Dès ce moment la papauté fut subjuguée et l'Église avec elle. Ainsi tomba le dernier pouvoir resté debout devant la royauté. Mais la papauté n'était pas seulement un pouvoir, c'était un principe, et, si affaibli qu'il fût, le plus grand de ceux qui eussent régné jusqu'alors sur les intelligences. Considéré à ce double point de vue, l'attentat d'Agnani fut, on peut le dire, le dernier coup porté à la société ébranlée. Bien que l'avenir appartînt à la royauté, qui survivait seule aux institutions du moyen âge, elle n'avait encore ni la force ni le prestige nécessaires pour s'imposer aux imaginations et dominer les événements. Dès la mort de Philippe le Bel, se manifestèrent les premiers symptômes d'une anarchie qui devait se prolonger en s'aggravant pendant toute la suite du XIVe siècle et la première moitié du XVe, anarchie où s'abîma la vieille France féodale et qui rappelait en plus d'un point celle des ix° et x° siècles où s'abîma la France carlovingienne. Comme à cette époque, on vit le pays, en proie aux divisions intestines et foulé par l'étranger, douter de lui-même et désespérer de l'avenir; comme à cette époque aussi, on le vit reprendre foi en lui-même et revenir à la vie. C'est de cette anarchie que nous allons esquisser les traits. Nous la chercherons d'abord dans les pouvoirs politiques, puis nous en suivrons les effets dans l'ensemble du pays, après quoi nous montrerons la France reconstituant son état social et se préparant à recevoir les clartés fécondes d'une seconde renaissance.

I

Lorsque l'on considère l'état de la France à la mort de Philippe le Bel, on est étonné des changements qu'en moins d'un siècle avait subis son organisation politique. Au sein d'une société que ses mœurs et ses institutions rattachaient encore au régime féodal, ce prince avait tenté d'asseoir une monarchie qui s'éloignait de toutes les idées, de toutes les formes du moyen âge. La voie avait sans doute été déjà tracée par Philippe-Auguste et saint Louis; mais Philippe le Bel s'y était engagé après eux avec une hardiesse qui avait précipité le résultat de ces premiers efforts. Renouvelant, à la faveur du droit romain, exhumé depuis peu, les traditions du gouvernement des Césars, il avait envahi à la fois tous les pouvoirs : législation, justice, administration, finances, il avait tout attiré dans sa main. Il avait dépouillé les barons de leurs plus importants priviléges, brisé l'omnipotence de l'Église, abattu ce qui restait encore des vieilles forces communales. Accomplie aux dépens de la liberté, l'œuvre de ce prince — quels qu'en fussent les mobiles — préparait cette unité des temps modernes où la noblesse, le clergé, la bourgeoisie, oubliant leur ancienne indépendance pour n'être plus que les trois ordres de la nation, allaient se grouper autour de la royauté, devenue elle-même un grand pouvoir public. Une image de cette unité naissante avait apparu dans ces états généraux récemment convoqués par Philippe le Bel. Ce n'était là toutefois qu'une image trompeuse : la docilité des états devant la royauté venait moins du consentement des esprits que de l'abaissement des caractères et de l'impuissance des volontés. L'aristocratie était plus amoindrie que soumise, et, dans l'année même où mourut Philippe le Bel, elle s'était liguée contre la royauté pour recouvrer ses priviléges. La bourgeoisie, si amollie qu'elle fût par la privation de ses libertés, n'était pas sans partager les ressentiments de l'aristocratie [1].

1. Voy. dans Michelet, *Hist. de Fr.*, t. III, p. 231-233, le texte de

D'ailleurs, imbue de cet esprit de localité qu'avait développé en elle la vie communale, elle n'avait point encore l'intelligence du rôle auquel l'appelaient les événements, et ne représentait que de nom ce qui devint plus tard le tiers état. L'Église, déchue de son antique prépondérance, semblait avoir renoncé à posséder la société laïque; mais, outragée dans la personne de Boniface VIII, asservie dans celle de Clément V, qui, pour complaire à la royauté, avait transféré de Rome à Avignon le siége pontifical, elle ne pouvait, à moins d'abdiquer tout à fait, demeurer toujours dans la situation effacée où la relégua sa faiblesse. Quant à la royauté, seule debout en apparence sur les ruines de la féodalité, des communes et de la théocratie, elle avait rompu trop brusquement avec ses propres traditions pour être autre chose encore qu'un pouvoir artificiel. Elle-même n'avait pas conscience de la transformation qu'elle subissait. Dans l'œuvre qu'il avait entreprise, Philippe le Bel n'avait obéi à nul principe supérieur, à nulle idée générale. Le goût égoïste d'une autorité sans limite avait seul inspiré sa conduite. Il n'avait triomphé d'ailleurs que par la violence, l'hypocrisie et la fraude. Loin de revêtir pour les esprits le caractère d'un grand pouvoir public, d'une sorte de magistrature suprême, la

---

l'acte de confédération par lequel, en 1314, « li nobles et li communs » du nord et de l'est de la France se liguèrent contre Philippe.

royauté apparaissait alors comme une autorité envahissante, usurpatrice et perfide.

A la mort de Philippe le Bel, en 1314, les quatre éléments constitutifs de la société au moyen âge, la royauté, la noblesse, la bourgeoisie, l'Église, ne se trouvaient donc plus dans les conditions où les avaient placés les mœurs féodales. Jetés violemment hors de leur sphère, modifiés dans leur forme primitive, non-seulement ils n'avaient en soi rien de stable ni de déterminé, mais la confusion, la lutte, allaient inévitablement caractériser leurs rapports et précéder, durant une période plus ou moins longue, leur arrangement définitif.

Cette lutte ne se manifesta pas d'abord par l'agitation simultanée de tous les éléments sociaux. Pendant près d'un demi-siècle, la royauté et l'aristocratie se montrèrent seules aux prises. Dès son avénement à la couronne, le fils aîné de Philippe le Bel, Louis le Hutin, s'était vu en butte aux récriminations des nobles, qui réclamaient, les uns pour leurs domaines, les autres pour leurs juridictions, et tous reprochaient à la royauté ses empiétements iniques [1]. Forcée à des concessions, la royauté essaya d'en borner l'étendue,

---

1. La demande commune des barons était que le roi n'intervînt plus comme juge entre eux et leurs vassaux. Quelques-uns lui contestaient en outre le droit de les mener à la guerre hors de leur province; d'autres demandaient le rétablissement du combat judiciaire; d'autres requéraient qu'il leur fût permis de « guerroyer » entre eux et à leur guise comme par le passé, etc.

en flattant, chez ces barons rebelles, tantôt leur avidité [1] et tantôt leurs rancunes. On la vit, sous plusieurs règnes successifs, se déshonorer par l'immolation de ces légistes, de ces chevaliers ès lois [2], que haïssaient les seigneurs, et dont le principal tort avait été de servir trop fidèlement, sous l'apparence du droit, les convoitises royales. Enguerrand de Marigny, principal conseiller de Philippe le Bel, fut la plus célèbre des victimes jetées ainsi en pâture au parti féodal [3]. Mais, avec ces concessions, la royauté dut en faire de plus graves. Sans céder totalement au vœu des barons, qui eussent voulu la réduire à l'autorité limitée qu'elle avait sous saint Louis, et régner, comme leurs aïeux, sur leurs propres domaines, elle

---

1. Philippe VI de Valois et Jean, à leur avènement (1328 et 1350), dispensèrent gracieusement les nobles de payer leurs dettes. (*Ordonnances des rois de France*, t. II, p. 59 et 391.)

2. Ces légistes, qu'on peut regarder comme la souche de notre noblesse de robe, sortaient, comme on sait, de la bourgeoisie, où, par une politique qui se perpétua sous les successeurs de Philippe le Bel, la royauté aimait à prendre ses principaux conseillers. Outre qu'ils étaient plus au courant des affaires que ne l'étaient les hauts barons, ils se trouvaient, par leur condition même, des alliés naturels de la royauté contre l'aristocratie. Voyez d'ailleurs ce que nous avons dit des légistes dans l'étude précédente.

3. En même temps qu'il faisait pendre Marigny, Louis le Hutin livrait à la torture Raoul de Presles, un des légistes de son père. Philippe le Long, de son côté, révoqua les dons faits par Philippe le Bel à Pierre Flotte, Nogaret, Plasian et quelques autres. Charles IV le Bel fit mourir Gérard Guette, principal ministre de Philippe le Long. Enfin Philippe de Valois livra au gibet Pierre Remy, le trésorier de Charles le Bel, et Jean fit décapiter le connétable Raoul de Presles, ministre de son père Philippe.

dut leur restituer, en une certaine mesure, la vieille indépendance féodale avec ses priviléges et sa licence. Elle eut soin, il est vrai, de restreindre dans l'application l'effet de ses complaisances, et se conforma, autant que faire se pouvait, aux traditions de Philippe le Bel. Tout en sacrifiant à la haine du parti féodal quelques-uns de ses légistes, elle ne laissa pas de prendre parmi eux ses habituels conseillers, au lieu de les choisir dans l'aristocratie. Elle maintint de même à son profit ce terme vague et élastique de *cas royaux*, qui permettait aux juges du roi d'évoquer à eux toutes les affaires qu'ils voulaient, et se garda bien, en dépit des instances réitérées des barons, de le jamais définir [1]. Enfin elle ne négligea pas de faire acte de prépondérance en convoquant, à diverses reprises, les états généraux. Il est vrai que, réunies à des dates irrégulières et d'une composition le plus souvent arbitraire, ces assemblées — où la noblesse et le clergé paraissaient peu, ne venaient du moins qu'avec indifférence, où la bourgeoisie ne se rendait de même qu'avec contrainte — n'eurent guère d'autre objet, jusqu'au règne du roi Jean, que de voter des subsides en faveur de monarques be-

---

1. Aux nobles de Champagne qui lui demandaient de définir les cas royaux, Louis le Hutin répondit : « Nous les avons éclaircis en cette manière, c'est à savoir que Notre Majesté royale est entendue pour tous les cas de droit qui appartiennent au roi. »

soigneux ou prodigues [1]. Dans ces conditions, les états généraux donnèrent sans doute à la royauté une consécration nominale de sa suprématie, mais nul appui réel. En somme, si on observe, peu avant l'année 1356, date de la bataille de Poitiers, les résultats du conflit engagé entre la royauté et l'aristocratie, on reconnaît que celle-là était très-affaiblie, sans que celle-ci eût néanmoins recouvré toute sa force, et que ni l'une ni l'autre n'avaient réussi à dominer la société.

Un événement fortuit, l'incertitude de la succession au trône, était venu dans l'intervalle aggraver les divisions. Louis le Hutin n'ayant laissé qu'une fille, Philippe V le Long s'était emparé de la couronne au nom d'une vieille coutume des Francs Saliens, de laquelle, hors les légistes royaux, personne ne se souvenait. Cet acte de surprise, qui, par ses résultats, était assurément profitable au pays, n'en constituait pas moins une violation du droit féodal, d'après lequel les femmes étaient admises à succéder. De là un nouveau grief de la part des barons, qui,

---

[1]. Voy. Guizot, *Hist. de la civilis. en Europe*, p. 307, 308; Michelet, *Hist. de Fr.*, t. III, p. 363-365. Les états qui, au nom d'une prétendue loi salique, aidèrent Philippe le Long à s'emparer de la couronne — états convoqués en hâte et où dominaient les bourgeois de Paris, favorables à Philippe — ne méritent pas le nom d'états généraux dont ce prince les qualifia. On peut en dire autant de la plupart des assemblées que Philippe de Valois et Jean convoquèrent par besoin d'argent.

dissimulant, à l'exemple de Philippe, des motifs intéressés sous le respect du droit, auraient voulu que la couronne, traitée comme fief féminin, passât par mariage à diverses familles et demeurât faible contre l'aristocratie. Cette infraction aux coutumes féodales, réitérée à la mort de Philippe le Long et à celle de Charles IV le Bel, qui ni l'un ni l'autre ne laissaient d'enfant mâle, eut une autre conséquence : elle servit de prétexte à l'invasion anglaise. Édouard III, roi d'Angleterre, se prétendit, par sa mère[1], le légitime héritier du trône à la place de Philippe VI de Valois. Le motif dont le prince anglais couvrit son agression lui rallia une portion de l'aristocratie. Il devint le refuge naturel de tous les ressentiments du parti féodal. Sans le secours qu'elle trouva de ce côté, l'invation étrangère, à son origine du moins, ou n'eût pas eu lieu, ou aurait abouti peut-être à une issue différente. Néanmoins la majorité de la noblesse française était demeurée fidèle à la royauté au moment du péril. Elles combattirent ensemble et succombèrent dans les journées de Crécy et de Poitiers[2]. A une époque où, par suite de la submersion de tous les principes sociaux, les faits seuls avaient autorité, où les hommes et les choses ne valaient que par leur force effective,

---

1. Isabelle de France, fille de Philippe le Bel.
2. On sait que ces journées néfastes eurent lieu à dix ans d'intervalle : celle de Crécy en 1346, sous Philippe de Valois, et celle de Poitiers en 1356, sous le roi Jean.

ces deux journées ruinèrent pour un temps l'ascendant de la royauté et de la noblesse, disparu avec elles dans la défaite.

Le désastre de Poitiers marque l'heure où la bourgeoisie apparaît à son tour sur la scène. Forte de l'humiliation que venaient de subir la royauté et l'aristocratie, voyant que l'une et l'autre, également impuissantes à établir dans le royaume un ordre régulier, n'avaient pas même su le préserver de l'invasion, elle conçut la pensée de diriger le pays. C'est en effet la bourgeoisie qui domine dans les états célèbres qui suivirent la défaite de Poitiers. Les seigneurs, la plupart prisonniers, n'y vinrent guère que par procureurs. Il en fut de même des évêques. Toute l'influence demeura aux députés des villes, surtout à ceux de Paris, qui, sous l'impulsion d'Étienne Marcel, prévôt des marchands, avaient pris l'initiative du mouvement. A quelque jugement qu'on s'arrête sur la conduite d'Étienne Marcel, on ne saurait méconnaître le mérite de plusieurs des réformes qu'il voulait introduire [1]. En demandant que les états généraux pussent désormais s'assembler d'eux-mêmes à des époques fixes et rapprochées; que toutes les affaires d'intérêt général, les questions de guerre ou de paix, fussent laissées à leur initiative ou déférées à leur

---

1. Voy. l'énoncé de ces réformes dans la grande ordonnance du mois de mars 1357, que le dauphin, depuis Charles V, se vit obligé de signer. (*Ordonnances des rois de France*, t. III, p. 121-145.)

assentiment; que les impôts votés par eux devinssent seuls obligatoires; que les hommes préposés au maniement des finances fussent tenus envers eux à rendre compte de leur gestion; qu'enfin la royauté, représentée alors par le dauphin qui fut depuis Charles V, ne gouvernât dorénavant qu'avec le concours de commissaires pris en nombre égal dans les élus des trois ordres, il annulait en fait la royauté, livrait le pays aux égarements ou aux violences d'une assemblée sans contre-poids, mais il introduisait certains principes utiles, tels que le droit pour la nation de voter ses impôts, de prendre une part sérieuse à la direction de ses affaires, d'imposer une responsabilité aux agents du pouvoir. Cette entreprise de la bourgeoisie avorta, comme c'était inévitable. Elle supposait entre les trois ordres une unité, une entente que contredisaient tous les faits, entente qui n'existait pas même au sein de la bourgeoisie; enfin, elle imprimait à la royauté un effacement systématique qui n'était ni dans les idées, ni dans les mœurs du temps.

Dans le demi-siècle que nous venons de parcourir, l'Église, restée en dehors des luttes politiques, semblait de plus en plus avoir abandonné toute pensée de retour à son ancien empire sur la société. Mais si, de ce côté, elle ne paraissait pas concourir au désordre, elle le fomentait par une autre voie. Les attaques de Philippe le Bel contre la papauté avaient porté une atteinte grave à la foi religieuse; la complaisance de Clément V acheva ce qu'avait commencé la politique astucieuse et violente de ce prince. En venant demeurer dans Avignon, la papauté attesta au monde sa trop réelle servitude. Cette abjection de la papauté rejaillit sur l'Église. Aggravée par le caractère personnel de quelques-uns des successeurs de Clément V, elle jeta de plus en plus le doute dans les esprits, tourna les imaginations vers les égarements du mysticisme ou de la superstition, et, laissant, à une époque où la foi et la morale étaient unes, les consciences sans règle, hâta cette dépravation qui a fait du XIV° siècle un des âges les plus honteux de notre histoire.

Dans la désorganisation où, au lendemain du désastre de Poitiers, et après la vaine tentative des états de 1357, semblaient être tombés les divers éléments de la société française, la royauté fut la première à se relever. C'était à elle, en somme, qu'appartenait l'avenir, et, si atteinte qu'elle fût par les événements, elle n'en demeurait pas moins l'idée dominante qui eût encore action sur les esprits. Un fait considérable, auquel aida la fortune, mais que sut préparer Charles V par l'épée et par les négociations, concourut à relever alors l'ascendant de la royauté. Les Anglais, auxquels le traité de Brétigny, en 1360, avait livré près du tiers du royaume [1], ne possédaient plus, sur

---

1. Aux termes de ce traité, la Guienne, le Bigorre, l'Agénois, le Quercy, le Périgord, le Limousin, le Poitou, la Saintonge et l'Aunis

la fin de ce règne, que quelques villes du littoral. Les qualités particulières de ce prince eurent également part à cette restauration de la royauté. Aussi prudent que ses prédécesseurs avaient été inconsidérés, il évita les grandes batailles qui livraient au hasard des armes le sort entier du pays, et, dans les petits combats qu'il laissa s'engager, et qui ne furent pas tous heureux, il évita de paraître, afin de ne pas compromettre par la défaite le prestige de sa personne. Il ne négligea pas d'ailleurs les moyens ordinaires par lesquels la royauté avait jusque-là augmenté ou maintenu son influence. Il laissa la bourgeoisie privée de ses libertés, mais il se l'attacha par des faveurs, des distinctions particulières [1]. Gouvernant, comme ses devanciers, par le moyen des légistes, il tint la haute noblesse éloignée du pouvoir, et choisit même parmi d'humbles gentilshommes, tels que les du Guesclin, les Boucicaut, les Clisson, les capitaines dont il avait besoin. Respectueux envers l'Église jusque dans son abaissement, il sut amener le clergé à servir la couronne, en lui inspirant de soulever à son profit les provinces du Midi soumises à l'étranger [2]. Mais quand,

---

étaient livrés en toute souveraineté aux Anglais, et le roi Jean, prisonnier depuis la bataille de Poitiers, payait sa liberté de l'énorme somme de trois millions d'écus d'or.

1. Notamment par la concession de lettres d'anoblissement, ce qui était en même temps un coup porté à l'aristocratie.

2. Il avait fait placer par le pape des évêques à lui dans toutes les provinces anglaises.

sur la fin de son règne, éclata le schisme d'Occident, et qu'au lieu d'un pape, il y en eut deux, l'un à Avignon et l'autre à Rome, se bravant, s'excommuniant l'un l'autre, sa prudence s'égara. Il crut utile de retenir auprès de la royauté un pape dont elle pût disposer, et contribua à une situation qui, en aggravant le trouble des consciences, augmenta par cela même celui de la société.

Ce rétablissement de la royauté était toutefois plus apparent que solide. Sous la forme nouvelle qu'elle persistait à prendre, elle n'était point encore, en dépit de ses succès, un principe général qui s'imposât aux convictions, ni un pouvoir incontesté qui ralliât les intérêts. La mort prématurée de Charles V, en 1380, suffit à réveiller des dissensions qu'avait contenues son ascendant. Elles retombèrent de tout leur poids sur le règne de son successeur. L'Église ne prit point part à ces dissensions renaissantes; absorbée par ses propres discordes, qui, loin de s'apaiser, s'envenimèrent davantage, elle demeura, comme par le passé, en dehors des conflits.

Une insurrection générale de la bourgeoisie contre la noblesse [1] marqua la minorité de Charles VI, laquelle, suspendant temporairement l'action de la royauté, laissait en présence ces deux partis rivaux.

---

1. Cette insurrection, qui éclata à Paris sous le nom d'émeute des *maillotins*, se propagea en un moment à Rouen, à Reims, à Châlons, à Troyes, à Orléans.

« L'on craignait, dit Froissart, que toute gentillesse ne périt. » Mais nulle idée d'ordre politique ne semble avoir présidé à cette insurrection; elle ne paraît guère avoir été autre chose que l'explosion d'un ressentiment amassé de longue date contre une classe oppressive. Toujours impuissante à s'unir, la bourgeoisie se vit dominée sans peine par un adversaire plus habile à se concerter, et qui, dans une occasion si favorable à ses propres sentiments, ne ménagea pas les rigueurs. Terrifiée par de sanglantes exécutions, elle n'osa de longtemps se montrer sur la scène [1]. En 1388, Charles VI sortit de tutelle et gouverna par lui-même. Il reprit la politique de ses prédécesseurs. Congédiant les princes qui, pendant sa minorité, avaient administré le royaume, il rappela les hommes d'humble condition ou, comme on disait, les *marmousets*, qui avaient été les conseillers de son père. Le parti aristocratique, dont l'influence s'était un moment relevée, la vit de nouveau menacée par les procédés de la royauté, et il commençait de reprendre ses manœuvres traditionnelles, quand éclata la démence de Charles VI [2].

Cet événement fut un coup de fortune pour l'aris-

---

[1]. Ces exécutions eurent lieu à Paris et dans les diverses villes du royaume, après la défaite des communes flamandes (bataille de Roosebeke, 27 nov. 1382) par les ducs de Bourgogne et de Berry, oncles et tuteurs du jeune roi. A Paris seulement, trois cents bourgeois furent les uns pendus, les autres décapités, les autres jetés à l'eau.

[2]. Août 1392.

tocratie. Entre une royauté qui n'allait plus être désormais qu'un fantôme, et une bourgeoisie encore meurtrie de sa récente défaite, elle ne pouvait tarder à dominer le pays. Devenue maîtresse du royaume, loin de réussir à replacer la société sous le type féodal, comme on eût pu s'y attendre, elle se montra incapable de la diriger dans un sens ou un autre. Cette impuissance de la noblesse, dans une conjoncture si favorable à ses vues, démontre bien que si l'adhésion des esprits à la royauté, sous la forme que lui avaient imprimée Philippe le Bel et ses successeurs, était encore incertaine, assurément les convictions n'étaient plus du côté du régime féodal. L'aristocratie elle-même, hésitante en ses desseins, oscillait entre des tendances opposées, qui la rapprochaient tantôt des vieux errements féodaux, tantôt des voies nouvelles où, d'une manière inconsciente, s'engageait la société. De là des déchirements auxquels vint s'ajouter encore l'effet de compétitions qui s'agitèrent autour de la couronne. Ces compétitions engendrèrent deux factions également désireuses de régner sous le nom du roi, et dirigées l'une par le duc d'Orléans, frère de Charles VI, l'autre par Jean sans Peur, duc de Bourgogne [1]. Loin de trancher le différend, l'assassinat du

---

1. On sait que, lorsque survint la démence de Charles VI, les ducs de Bourgogne et de Berry, oncles du roi, s'emparèrent de nouveau de la direction du royaume, pendant que le jeune duc d'Orléans, frère de ce prince, prétendait de son côté gouverner avec la reine Isabeau. Le

duc d'Orléans par son rival envenima les divisions. Atteinte par un événement qui compromettait l'inviolabilité seigneuriale, la noblesse grossit le parti du duc d'Orléans, et mit à sa tête un parent de la victime, le comte d'Armagnac. De son côté, le duc de Bourgogne, en cherchant un appui dans la bourgeoisie, suscita une nouvelle cause de discordes. De cette situation sortit la guerre civile, l'une des plus douloureuses dont notre histoire ait conservé le souvenir, et dans laquelle les deux factions de Bourgogne et d'Armagnac triomphèrent tour à tour, au détriment du royaume de plus en plus épuisé sous le poids de ces dissensions, jusqu'à ce qu'enfin, affaiblies par la mort de leurs chefs, qui périrent l'un et l'autre victimes des désordres qu'ils avaient fomentés, elles se virent enveloppées, avec le pays tout entier, dans la ruine générale.

Dans l'une des plus cruelles heures de la guerre civile, il arriva quelque chose d'analogue à ce qui s'était passé au lendemain de la bataille de Poitiers. En 1413, le duc de Bourgogne avait convoqué, au nom du roi, les états généraux à Paris, dans l'espoir de dominer, avec leur concours, une situation de plus en plus confuse. La France, découragée ou défiante, ne répondit

---

duc de Bourgogne étant venu à mourir en 1404, et le duc de Berry ayant alors soixante-quinze ans, les rivalités du pouvoir se concentrèrent entre le duc d'Orléans et le nouveau duc de Bourgogne, Jean sans Peur. En 1407, le duc d'Orléans était assassiné.

pas à cet appel. A défaut de la France, Paris prit la parole, et dans Paris, la bourgeoisie. Unie dans cette circonstance à l'Université, la bourgeoisie parisienne rédigea un programme de réformes [1] qu'elle fit déclarer obligatoires par le roi en un moment lucide. Dans ce programme, elle n'instituait rien de nouveau ; elle laissait intact le pouvoir royal et se bornait à lui tracer des règles administratives. Déchue de cette vigueur qu'elle avait montrée aux états de 1357, n'ayant plus foi en elle-même, elle n'osa pas aborder la question politique ; elle n'eut pas même la force d'imposer l'exécution des réformes administratives auxquelles s'étaient limités ses vœux. Devant les obstacles qu'opposait à cette exécution la situation du royaume, elle céda en quelque sorte d'elle-même, et la tentative de la bourgeoisie échoua en 1413 comme elle avait échoué en 1357.

Tandis que ce vain essai de réforme avait lieu dans l'État, un essai de même nature, et tout aussi stérile, avait lieu dans l'Église. En 1409, le concile de Pise avait voulu mettre un terme au schisme qui troublait la chrétienté. Le pape d'Avignon et celui de Rome furent déposés par l'assemblée, et un nouveau pape

---

1. Voy. ces réformes exposées tout au long dans l'ordonnance du 25 mai 1413. (*Ord.*, t. X, p. 71-134. 79 pages in-folio.) On sait au milieu de quels désordres fut rendue cette ordonnance. Les maîtres bouchers, qui obéissaient à un chef nommé Caboche, et qui s'allièrent dans cette circonstance à la bourgeoisie, dominaient Paris. De là le nom de *cabochienne* donné à l'ordonnance de 1413.

fut élu. Le schisme persista ; au lieu de deux papes, il y en eut trois. En 1414, un concile plus considérable, celui de Constance, se proposa une mission plus grave que de créer un nouveau pape : il entreprit la réforme générale de l'Église. Cette entreprise avorta comme avait avorté la première ; et telle était la scission des esprits, que bientôt, de même qu'il y avait eu deux papes, il se forma deux conciles.

Ainsi, ni du côté de l'Église, ni du côté de l'État, la France ne rencontrait la stabilité. Royauté, noblesse, clergé, bourgeoisie, tous les éléments de l'ordre social, comme entraînés par une impulsion fatale, se mouvaient dans une agitation croissante et toujours vaine. A travers cet excès de confusion se jeta de nouveau l'invasion anglaise. Comme au XIVe siècle, elle trouva un appui dans les discordes qui ébranlaient le pays. Tour à tour, le parti des Armagnacs et celui des Bourguignons, dans l'espoir de triompher de la faction rivale, avaient appelé l'étranger. A la fin, il vainquit. La journée d'Azincourt [1] fut plus désastreuse encore que ne l'avait été celle de Poitiers ; et de même que la défaite de Poitiers avait été suivie du traité de Brétigny, celle d'Azincourt fut suivie du traité de Troyes [2]. Mais le premier n'avait

---

1. 25 octobre 1415.

2. 21 mai 1420. Ce traité assurait la couronne de France, après la mort de Charles VI, à Henri V d'Angleterre, le vainqueur d'Azincourt, et, en attendant, le nommait régent du royaume.

livré à l'ennemi que le tiers du royaume; le second déshérita la race de nos rois au profit des princes d'Angleterre; et à la mort de Charles VI, en 1422, date qui marqua comme l'heure suprême de l'anarchie commencée au temps de Philippe le Bel, la France se vit enfin la proie de l'étranger.

II

Pour avoir une notion plus complète de l'état de la France à l'époque que nous envisageons, il convient de considérer en quelques-uns de ses effets l'anarchie dont nous venons de rechercher les causes. Ce conflit persistant entre les divers principes qui se disputèrent l'empire de la société, et en particulier entre la royauté et l'aristocratie, se traduisit nécessairement par un trouble croissant dans la vie générale. L'objet de la lutte engagée dès le début par les barons était, en somme, d'exercer sur leurs domaines les mêmes pouvoirs que la royauté prétendait exercer sur toute l'étendue du territoire. Comme elle, ils voulaient légiférer, administrer, taxer, juger, battre monnaie, et ce qu'ils voulaient ils l'obtinrent, en partie du moins, de la royauté, qu'intimidèrent leurs menaces. D'ailleurs, d'un côté comme de l'autre, nulle règle, nulle moralité dans les prétentions respectives. C'était moins un conflit d'attributions qu'une rivalité d'empiétements et de mutuelles convoitises. Pressées entre ces ambitions rivales, les populations se trouvaient de l'une et de l'autre part en butte à l'arbitraire.

L'un des droits auxquels l'aristocratie se montrait le plus attachée, était le droit de guerre privée, dont saint Louis avait essayé de tempérer les violences et que Philippe le Bel avait, en une certaine mesure, réussi à supprimer [1]. Dès l'avénement de Louis le Hutin elle le revendiqua. Les nobles de l'Amiénois, en particulier, requirent sans détour que « tous les gentilshommes pussent chevaucher, aller, venir, guerroyer et forfaire les uns aux autres, » comme bon leur semblerait. Ces guerres privées furent l'un des maux qui pesèrent le plus sur les populations. Un autre mal de ce temps fut la dureté des impôts et le trouble des monnaies. La nécessité de mouvoir cette immense machine du gouvernement royal qui se substituait aux rouages multipliés du système féodal avait, dès l'origine, créé à la royauté un énorme besoin d'argent. En vue d'y satisfaire, Philippe le Bel avait renouvelé les violences de l'ancienne fiscalité romaine [2]. Son grand conseil, son parlement, sa chambre des comptes, que remplissaient ses légistes, n'eurent pas

---

[1]. E. Boutaric, *la France sous Philippe le Bel*. Paris, Plon, in-8°, 1861, p. 46-50.

[2]. Voy. dans Michelet, *Hist. de Fr.*, t. III, le chapitre intitulé : *L'or, le fisc, les Templiers*.

seulement pour mission de concentrer en sa main tous les pouvoirs, mais de soutirer à son profit tout l'argent du pays. C'était dans ce but qu'il avait revendiqué pour la royauté seule le droit de créer l'impôt et de battre monnaie. Pour avoir davantage, il n'avait pas craint d'altérer les espèces. Telle fut la témérité de ses exactions, que l'appauvrissement du pays put, non sans raison, servir de prétexte aux premières ligues de l'aristocratie contre la royauté[1]. Le genre de nécessité qui s'était imposé à ce prince s'imposa de même à ses successeurs, et tous, jusqu'au règne de Charles V, résolurent par les mêmes moyens leurs difficultés financières. De leur côté, les barons, en recouvrant le droit de battre monnaie qui leur avait été ôté, ne se firent faute d'imiter les procédés de la royauté. Ils fabriquèrent de la fausse monnaie en grand et en inondèrent le royaume[2].

Ces premiers effets de l'anarchie devinrent surtout sensibles sous les règnes de Philippe de Valois et de Jean, par une conséquence inévitable de l'invasion anglaise. L'indépendance des nobles, ou, pour mieux dire, leur licence, s'accrut nécessairement dans la proportion des troubles dont cette invasion fut la cause. Les guerres privées des seigneurs, rendues

---

1. L'acte de confédération de 1314, dont nous avons parlé ci-dessus, mentionne en effet les « exactions et changement de monnoyes... par quoi li nobles et li communs ont été moult grevés et appauvris. »
2. *Ord.*, t. I, p. 609 et suiv.

plus faciles, devinrent par cela même plus fréquentes, et l'urgence d'y mettre un terme fut l'un des points sur lesquels les états bourgeois de 1357 insistèrent le plus énergiquement[1]. La même cause nuisit au cours de la justice. Dans le programme des réformes que rédigèrent ces états, le grand conseil, le parlement, la chambre des comptes, étaient accusés de négligence. On s'y plaignait que des arrêts qui auraient dû depuis vingt ans être rendus fussent encore à rendre[2]. La fiscalité devint aussi plus vexatoire, car il fallut bien subvenir aux dépenses nécessitées par la guerre. Dans les quatre dernières années du règne de Philippe de Valois, la livre tournois changea dix fois de valeur, et, sur ce point, la hardiesse du roi Jean dépassa de beaucoup celle de Philippe le Bel et de Philippe de Valois. Après avoir payé la guerre, il fallut acheter la paix. Au lendemain de la bataille de Poitiers, on dut, avec la rançon du roi, trouver celle de tous les seigneurs faits prisonniers avec lui, et pressurer encore les populations. A tout cela vinrent s'ajouter les maux nés de la guerre même. Si de nos jours, en pleine civilisation, la dévastation, le pillage et l'incendie accompagnent la conquête, combien plus, en ces temps éloignés, les mêmes maux

---

1. Voy. l'ordonnance de 1357 déjà citée.
2. *Ibid.*, art. 31. Voyez ci-après, dans l'étude intitulée *le Parlement au quatorzième siècle*, de curieux détails sur le fonctionnement de la justice à cette époque.

ne devaient-ils pas sévir sur les contrées que parcouraient les armées? La défaite de Crécy fut précédée par des ravages qui s'étendirent, à travers nos provinces du Nord, jusque sous les murs de Paris. La défaite de Poitiers, dix ans après, fut de même précédée par la désolation de nos provinces du Midi. D'ailleurs la guerre, finie sous une face, se continuait sous une autre. Les troupes mercenaires, qu'à cette époque on commençait d'adjoindre aux armées féodales, ne se faisaient faute, une fois licenciées, de vivre sur le pays. De hauts barons servaient parfois de guides à ces bandes dévastatrices et profitaient de leurs rapines. Affolé de haine et de misère, le paysan, principale victime de toutes ces violences, se jetait à son tour dans le pillage, attaquait les nobles, forçait les châteaux, et, répandant la terreur et la mort, ajoutait d'autres désolations à celles qui avaient causé sa fureur. Au milieu de ces épreuves se produisirent, à diverses reprises, d'effroyables mortalités. En ces âges d'incurie, les épidémies étaient la suite ordinaire des guerres. En 1347, un an après la bataille de Crécy, la peste noire enleva dans Paris, dit-on, quatre-vingt mille personnes. Une épidémie non moins terrible décima les populations dans les temps qui suivirent la bataille de Poitiers. Les dernières années du règne de Jean, si on considère les maux de toute sorte qui affligèrent alors notre pays, ne sont comparables qu'aux dernières années du règne de Charles VI. Ce fut, de l'aveu même des contemporains, comme une première image de la mort de la France[1].

Le règne de Charles V apporta une trêve à ces souffrances. Ce prince, qui, par sa prudence, avait, en une certaine mesure, dominé l'anarchie, sut aussi en contenir les effets. Il réussit à faire écouler vers l'Espagne, théâtre d'autres rivalités, les compagnies mercenaires[2], fit démolir nombre de châteaux, sous prétexte qu'ils servaient de refuge aux Anglais, et, après avoir remis quelque police dans le royaume, s'efforça de rétablir le cours de la justice en même temps que de ramener la règle dans les finances. Enfin, en expulsant les Anglais de l'intérieur du pays et en les rejetant sur le littoral, il sembla mettre un terme à l'une des principales causes de désordre. Mais des plaies profondes demeuraient cachées sous cette apparente guérison; elles se rouvrirent, à la mort de ce prince, avec l'anarchie qui les avait produites.

Sous le règne de Charles VI, on vit se renouveler par degrés les mêmes troubles, les mêmes maux dont la sagesse de Charles V avait pendant seize années interrompu ou modéré le cours. De même que les désordres des époques antérieures avaient pris une

---

[1]. Michelet, *Hist. de Fr.*, t. III, p. 341.

[2]. Elles furent conduites par du Guesclin au delà des Pyrénées dans le but apparent de soutenir don Enrique de Transtamare contre son frère, don Pédro le Cruel.

extension subite par l'explosion imprévue des guerres anglaises, un événement non moins funeste, et également inattendu, la démence de Charles VI, précipita ceux qui marquèrent ce triste règne. Des intervalles de lucidité, qui permirent au roi de retenir pendant quelques années dans ses mains une autorité de plus en plus défaillante, et une croisade contre les Turcs, qui occupa loin du royaume la turbulence féodale [1], suspendirent encore les éléments de désorganisation. Ils s'abattirent enfin sur la France; et, depuis l'année 1407, où périt le duc d'Orléans, leur action n'eut plus de relâche. La guerre civile, que ce meurtre détermina, devint le prétexte ou la cause de toutes les licences et de toutes les iniquités. Paris, où elle fut à plusieurs reprises l'occasion de déplorables massacres, ne fut pas le seul lieu où elle étendit ses violences. D'une extrémité à l'autre, le pays se vit traversé par des bandes indisciplinées qui, sous les noms de Bourguignons ou d'Armagnacs, se livrèrent à tous les excès, et rendirent en peu de temps tout commerce, toute culture, toute communication impossibles. Si, aux états généraux de 1413, la France laissa Paris prendre seul la parole, ce ne fut pas uniquement par lassitude et découragement de l'ave-

---

[1]. Une nombreuse noblesse (on y comptait quatorze cents chevaliers), ayant à sa tête le duc de Nevers, fils du duc de Bourgogne, était partie de France en 1395 pour combattre Bajazet. L'armée tout entière périt devant Nicopolis. (Michaud, *Hist. des croisades*, t. V, p. 279-281. Paris, 1826, in-8º.)

nir, mais par impossibilité de voyager sur les routes infestées d'aventuriers. Telle était déjà la perturbation introduite par les événements dans les intelligences, que, doutant des moyens ordinaires de la prudence humaine, on s'adressait aux visionnaires, aux prophètes éphémères que suscitait, dans l'infortune publique, l'exaltation des esprits. Dans cette même année où s'assemblèrent, sans profit pour la France, les états généraux, l'Université de Paris, pour démêler quelque chose à la situation du royaume, avait fait appel à la lucidité de tout ce qui possédait le don de prophétie parmi les « personnes dévotes et de vie contemplative.[1] »

La désorganisation du pays, déjà si grande, fut portée au comble quand aux maux de la guerre civile vinrent s'ajouter de nouveau ceux de la guerre étrangère. Les années qui suivirent la défaite d'Azincourt dépassèrent en infortune les temps si douloureux qui avaient suivi la défaite de Poitiers[2]. Dans le torrent grossissant du désordre sombra toute sécurité, toute justice; il n'y eut plus de gouvernement. L'état social redevint ce qu'il avait été aux IXe et Xe siècles[3], où

---

1. J. Quicherat, *Aperçus sur l'histoire de Jeanne d'Arc*, p. 72-73. Paris, Renouard, 1850, in-8°.

2. C'est dans l'une de ces années, en 1418, qu'eut lieu à Paris cet horrible massacre où, du dimanche matin 12 juin au lundi matin 13, seize cents personnes furent égorgées. Les enfants, dans les rues, jouaient avec les cadavres. (Michelet, t. IV, p. 338.)

3. J. Quicherat, *ibid.*, p. 20.

le pays, en proie aux dissensions intérieures, et mal défendu par une monarchie qui s'effondrait de toutes parts, se voyait harcelé par les incursions incessantes des Normands, des Sarrasins, des Hongrois. Selon le mot d'un contemporain [1], la France devint « comme la mer, où chacun a tant de seigneurie comme il a de force. » La mort du comte d'Armagnac et du duc de Bourgogne, chefs des deux factions rivales qui désolaient le pays de leurs inimitiés, n'apporta nul répit aux malheurs publics. De même que, sous le poids de la souffrance, on avait jadis adhéré au traité de Brétigny, qui livrait à l'étranger le tiers du royaume, on accueillit alors avec joie, à Paris du moins et dans tout le nord de la France, le traité de Troyes, qui livrait enfin le royaume tout entier. On crut que l'avènement d'une nouvelle dynastie, en mettant fin à l'invasion, saurait aussi terminer les discordes. Mais la mort de Charles VI, après laquelle le vainqueur, déjà maître du gouvernement, devait, aux termes du traité, prendre le titre de roi, eut un effet qui trompa ce vain espoir d'apaisement. Les provinces du Midi, non encore soumises à l'étranger, reconnurent pour héritier de la couronne le fils de Charles VI. Dès lors, comme il y avait eu deux partis, il y eut deux royautés en France, celle de Henri VI d'Angleterre et celle de Charles VII ; et, jusqu'à ce que l'une

---

[1] Alain Chartier, mort vers le milieu du XVe siècle. Voy. ci-après ce que nous disons de ses ouvrages.

de ces royautés eût enfin triomphé de l'autre, les maux qui déchiraient le pays allaient se prolonger encore.

Cependant rien ne manquait à l'infortune de la France. Dans la fureur où tout était en proie, les gens de guerre en étaient venus à ravager systématiquement le territoire qu'ils prétendaient défendre, brûlant les maisons et les champs, rançonnant et tuant les habitants. « Houspilleurs, tondeurs, écorcheurs, » ainsi étaient désignés par la voix populaire ces misérables, armés en apparence pour la cause nationale [1]. Tandis que l'incendie et le meurtre dépeuplaient les campagnes, la famine et la peste, ajoutant leurs horreurs à l'effet de tant de luttes homicides, dépeuplaient les villes [2]. A Paris, on comptait par milliers les maisons qu'avait vidées la mort [3]. On conçoit l'égarement qui, dans cette succession ininterrompue de calamités, s'empara enfin des imaginations. De même

---

1. Voy. ci-après notre étude sur *les Écorcheurs*.
2. De 1418 à 1422, la dépopulation fut effroyable. Les épidémies rappelèrent par leur violence celles qui s'abattirent au lendemain des défaites de Crécy et de Poitiers. Les loups, la nuit, pénétraient dans Paris. « Dans ces années lugubres, dit Michelet, c'est comme un cercle meurtrier ; la guerre mène à la famine, et la famine à la peste ; et celle-ci ramène la famine à son tour. » Voy. la sombre description que donne de ces dernières années le *Journal d'un bourgeois de Paris*, p. 657-675, dans la *Collect. des mém. pour servir à l'hist. de France*, 1836, in-4º, 1re série, t. II.
3. Voy. la curieuse ordonnance de Charles VII du 21 avril 1438 enjoignant de démolir ou de réparer les maisons de Paris qui étaient tombées en ruine. (Isambert, *Rec. des anc. lois fr.*, t. IX.)

qu'au xe siècle, on cherchait un asile dans les monastères, le nombre infini des copies de l'*Imitation* qui se répandirent en France vers la mort de Charles VI [1] atteste que bien des âmes troublées cherchèrent alors un refuge dans les solitudes mystiques de la piété intérieure. Mais ce genre de consolations dépassait l'esprit de la foule. Se détournant de Dieu, dont la providence semblait s'être éloignée, on voyait ces malheureux invoquer le génie du mal et se livrer à sa puissance [2].

S'il est permis de dire que la fin du règne de Jean fut comme une première image de la mort de la France, on peut dire, avec non moins de raison, qu'à la fin du règne de Charles VI, cette mort fut consommée. En devenant anglaise, la France conservait son territoire, son nom peut-être, mais elle renonçait à ses traditions, modifiait son génie, cessait, en un mot, d'être elle-même. Or, qui pouvait empêcher la France de devenir anglaise? L'étranger avait pour lui l'autorité de la victoire et des traités. Paris, l'Ile-de-France, presque toutes les provinces au nord de la Loire, et la Guienne, au sud de ce fleuve, obéissaient à ses armes. En outre, la reine Isabeau, veuve de Charles VI, le premier prince du sang, Philippe le Bon, duc de

---

1. Michelet, *Hist. de Fr.*, t. V, p. 2.
2. « Ne nous chaut (importe) que nous devenions; autant vaut faire du pis qu'on peut... Il nous faut renier femmes et enfants et fuir aux bois avec les bêtes fauves... mettons tout en la main du diable. » (*Journal d'un bourgeois de Paris. Ibid.*, p. 670.)

Bourgogne, l'Université de Paris et le parlement avaient expressément reconnu le nouveau roi. Le parlement, mettant la justice au service du vainqueur, avait même rendu un arrêt de bannissement contre le fils de Charles VI. A la vérité, celui-ci semblait avoir dans ses intérêts les provinces du centre et du Midi; mais, épuisées, ruinées par l'effet des événements, elles paraissaient une proie facile pour un ennemi victorieux. Deux défaites successives essuyées par les soldats de Charles VII[1] achevèrent de déconcerter ses partisans; et lorsque les Anglais vinrent, en 1428, assiéger Orléans, dont la prise devait leur ouvrir le Midi, ce prince désespérait à ce point de sa fortune, qu'il se disposait à chercher une retraite en Écosse ou en Castille.

Dans cette mort apparente où elle était descendue, la France se retrouva pourtant et reprit possession d'elle-même. Que fallait-il donc pour la délivrer de tant de maux sous lesquels elle succombait? Il fallait mettre un terme à l'anarchie séculaire qui les avait rendus possibles, et dont l'invasion étrangère n'était elle-même qu'une conséquence. Mais ce travail réparateur n'exigeait pas seulement la fin des divisions et la pacification des partis; il fallait rassembler dans une même pensée de désintéressement les esprits apaisés, amener les partis à oublier leurs vœux en

---

1. L'une à Crevant, près d'Auxerre, en 1423; l'autre à Verneuil non loin d'Évreux, en 1424.

même temps que leurs rancunes, à préférer la France à eux-mêmes, à placer le salut et la dignité du pays au-dessus du triomphe de leurs propres idées. Les forces de la nation ainsi recomposées et unies dans un dessein commun de patriotisme, il fallait en outre les grouper autour du seul pouvoir qui, dans l'anéantissement de tous les autres pouvoirs, eût encore action sur les intelligences, autour de la royauté. Il fallait enfin que la royauté, comme la nation, reprît foi en elle-même, eût la conscience de sa mission, et devînt, au lieu de cette puissance usurpatrice et perfide qu'elle avait représentée dans le passé, le grand pouvoir public et tutélaire que voulaient tout à la fois le cours des événements et le besoin des esprits. Ainsi corrigée dans ses passions et redressée dans ses idées, la France pouvait mettre un terme à ses maux et ouvrir l'ère des réformes.

Ces éléments d'une réparation intérieure existaient, et il ne s'agissait que de les mettre en œuvre. A plusieurs reprises, des tendances de réconciliation s'étaient manifestées. Avant la bataille d'Azincourt, on avait fait à Paris des processions publiques pour obtenir du ciel l'esprit de concorde et de paix. Plus tard, Alain Chartier, dans un écrit inspiré des malheurs du temps [1], conjurait les partis d'oublier leurs

---

1. Dans le *Quadrilogue invectif* (Œuvres, Paris, 1617, in-4º), sorte de dialogue à quatre personnages, où la France, le Chevalier (la noblesse), le Clergé et le Peuple s'entretiennent des malheurs du

dissentiments et de s'unir pour délivrer la France. En même temps, des preuves non équivoques de patriotisme avaient été données. Déjà sous le règne de Jean, les provinces cédées à l'Anglais par le traité de Brétigny avaient murmuré contre le joug qu'elles subissaient¹. Lors du traité de Troyes, des protestations de même sorte se firent entendre jusque dans le parti du duc de Bourgogne, le plus dévoué en apparence à la cause de l'étranger. En 1428, quand les Anglais investirent Orléans, il arriva même une chose qu'on n'avait pas vue encore. Toutes les villes voisines s'intéressèrent au sort de la ville assiégée. Angers, Tours, Bourges, lui envoyèrent des vivres; Poitiers et la Rochelle, de l'argent; le Bourbonnais, l'Auvergne, le Languedoc, du salpêtre, du soufre et de l'acier. Un sentiment nouveau, sentiment de solidarité dans l'infortune, commençait d'émouvoir les populations. Enfin la royauté, si déchue qu'elle semblât comme pouvoir, avait grandi comme principe. Malgré ses vices et malgré ses malheurs, — et peut-être même en raison de ses malheurs, — elle s'imposait de plus en

---

pays et des moyens de le sauver. Avant le *Quadrilogue invectif*, il fit le *Livre des quatre dames*, où il suppose que quatre dames, par des fortunes diverses, ont chacune perdu leur *amy* à la journée d'Azincourt : l'un y est mort avec courage; l'autre a été pris; un troisième a disparu; le quatrième a fui lâchement. Le poëte montre que le plus grand deuil est pour la dernière.

1. « Nous aouerons les Anglois des lèvres, mais les cuers ne s'en mouvront jà. » (Froissart, ch. CCCCXLI, p. 229.)

plus aux imaginations. Dans l'ombre où la relégua la démence de Charles VI, elle garda son prestige. C'était la signature inconsciente de ce prince infortuné qui seule donnait valeur aux ordonnances que lui imposait son entourage ; et si, dans leurs projets de réformes, les états généraux de 1413 avaient laissé l'autorité royale en son intégrité, c'était autant par l'effet d'une adhésion de plus en plus marquée pour la royauté, que par défaut de vigueur et d'initiative politique.

Le mérite de la mission de Jeanne d'Arc fut de rassembler ces éléments épars et de les diriger, en les fortifiant, vers le salut du pays. Par l'enthousiasme qu'elle excita, elle tira de leur abattement les âmes découragées ; par le dévouement, par l'abnégation dont sa courte vie offrit le modèle, elle les rassembla dans un sentiment commun de patriotisme et de désintéressement. A toutes elle communiqua cette grande « pitié » qu'elle ressentait « pour le royaume de France. » Ne séparant point dans son cœur les intérêts du pays de ceux de ce jeune roi renié par sa mère et proscrit par ses propres sujets, elle rallia, par son exemple, autour de la royauté, les dévouements qu'elle sut inspirer. Enfin, par ses victoires, par le caractère prodigieux de son intervention, par sa confiance persistante jusque dans les supplices aux destins de la France et à ceux de la royauté, elle rendit au pays, comme à la royauté, cette foi en l'avenir, sans laquelle il n'est de vie en ce monde ni pour les individus ni pour les peuples. Cette foi elle-même était fortifiée de religion. Si Charles VII et les seigneurs de son entourage doutaient des promesses de l'héroïne qui se disait « envoyée de par Dieu, » le peuple, lui, croyait à sa parole. Les habitants d'Orléans l'accueillirent avec le même transport que « s'ils eussent vu Dieu descendre parmi eux [1]. » On lui dressa des statues dans les églises; des oraisons furent composées, des messes chantées en son honneur; on la mit au-dessus de tous les saints, on lui rendit un culte comme à la vierge Marie [2]. Associée ainsi à des élans de piété que depuis longtemps les âmes ne connaissaient plus, on peut dire que l'intervention de Jeanne d'Arc fut au xve siècle ce qu'avait été au xie l'explosion de la croisade.

III

Si courte qu'ait été la mission de Jeanne d'Arc, et si contestée qu'elle ait pu être quand le succès ne l'accompagna plus, l'élan était donné, et, après la mort de l'héroïne, les sentiments dont elle fut l'inspiratrice ne laissèrent pas, tout en perdant de leur

---

1. Vallet de Viriville, *Histoire de Charles VII*, t. II, p. 67. — *Journal du siége d'Orléans*, p. 153.
2. Quicherat, ouvrage cité, p. 155.

première vivacité, de continuer leur effet. En dépit des passions et des inimitiés particulières, l'idée désintéressée du salut et de l'honneur du pays, personnifié dans la royauté, gagna peu à peu l'ensemble de la nation. Le duc de Bourgogne, qui était en France le plus puissant appui des Anglais, et dont le nom demeurait encore un ferment de guerre civile, céda au mouvement qui entraînait les esprits. Par le traité d'Arras, en 1435, il se rallia définitivement au parti de Charles VII. A cette réconciliation assista toute l'Europe, représentée par les ambassadeurs du pape, de l'Empereur, des rois de Castille, de Navarre, d'Aragon, de Portugal, de Sicile, de Naples, de Chypre, de Pologne et de Danemark. On n'avait pas encore vu l'Europe ainsi attentive aux destinées d'une nation. Ce fut un premier signe des voies nouvelles où entrait enfin la société. Tandis que, par cette solennelle adhésion à ses intérêts, confondus en cette circonstance avec ceux du pays, la royauté obtenait un ascendant tout nouveau, la France, prenant place dans la vie du continent, sortait de cet isolement, propre à tous les peuples du moyen âge, où elle avait été confinée jusque-là. C'est du XIe siècle que commencent en notre histoire ces relations internationales qui ont donné naissance à la diplomatie.

Privés de leur principal secours par la défection du duc de Bourgogne, les Anglais cédèrent par degrés aux armes de Charles VII. Un an après le traité d'Arras, ils évacuaient Paris, et, en 1453, ils ne possédaient plus en France que la seule ville de Calais. Bien avant cette date, qui marque dans nos annales la fin de la guerre de Cent ans, la défaite de l'étranger pouvait être regardée comme accomplie. L'assemblée d'Arras ayant cassé le traité de Troyes, qui déshéritait Charles VII, celui-ci, du jour où Paris se rendit, se trouva de droit et de fait le véritable roi. La guerre avec l'Angleterre ne fut plus dès lors qu'une guerre ordinaire, dont l'issue, à considérer l'état moral de la France, ne pouvait être douteuse. Quand, après vingt ans d'absence, Charles VII fit son entrée dans ce Paris qu'il revoyait pour la première fois depuis 1418, il put constater, par la joie qui l'accueillit et qui l'émut lui-même, le changement opéré dans les âmes françaises. Dès ce jour aussi, par un autre effet de la transformation des esprits, la royauté revêtit aux yeux du pays les divers caractères qui appartiennent à la royauté moderne. Aidée du concours de l'opinion, elle rassembla sans effort entre ses mains tous les pouvoirs publics. On la vit, appuyée sur l'assentiment général, et, tout en travaillant par ses armes à la délivrance du territoire, présider aux réformes intérieures, essayer de terminer dans les faits l'anarchie terminée dans les idées, et instituer enfin le régime nouveau dont elle était devenue la personnification.

Un des premiers actes de Charles VII fut de corriger les principaux abus introduits dans l'Église, et qui, en avilissant la religion, demeuraient une cause de trouble pour le pays. Tel fut l'objet de l'ordonnance de 1438, connue sous le nom de pragmatique sanction. Quelques années après, il complétait ce premier bienfait en concourant, par son intervention personnelle, à terminer le schisme d'Occident [1]. La pragmatique eut un autre résultat. Pour en rappeler les principaux articles, elle reconnaissait l'autorité des conciles supérieure à celle des papes, rétablissait la liberté des élections ecclésiastiques, limitait le droit d'appel au pape, n'admettait la publication en France des bulles pontificales qu'après l'approbation du roi ; établissait que nul ecclésiastique ne serait en France pourvu d'un bénéfice, s'il n'était natif du royaume et affectionné à la couronne [2]. Envisagées dans leur esprit, ces déclarations se réduisaient à deux points : elles mettaient décidément fin au pouvoir théocratique, qui, en fait, non en droit, avait renoncé à dominer la société, et elles constituaient un clergé national qui, tout en con-

---

1. Il durait depuis 1378.
2. Pour faire comprendre toute la portée de ces réformes, il convient de rappeler que, dès le milieu du XIII° siècle, par un effet du pouvoir absolu que la papauté était arrivée à exercer sur l'Église, toute l'ancienne constitution ecclésiastique avait été bouleversée. La papauté dominait les conciles, nommait directement à la plupart des dignités de l'Église, engendrait mille procès par l'abus des appels en cour de Rome, et donnait les bénéfices à des hommes qui, étrangers au pays où ils résidaient, en étaient par cela même plus attachés au saint-siége. (Voy. Baillet, *Hist. des démêlés de Boniface VIII avec Philippe le Bel*. Paris, in-12, 1718.)

servant des liens avec la cour de Rome, reconnaissait la royauté comme seule souveraine en France. Ainsi fut fixée à l'égard de l'Église une situation qui, depuis la mort de Philippe le Bel, était demeurée incertaine.

Dans la pragmatique, qui, reproduisant les décrets du concile de Bâle, réuni peu auparavant[1], en était, par cela même, plus solide en ses effets, Charles VII fut l'interprète, on peut le dire, de tout le clergé du royaume. Cinq archevêques, vingt-cinq évêques, avec une multitude d'abbés et de députés des universités et chapitres, avaient pris part, sous la présidence du roi, aux délibérations d'où était sortie cette ordonnance. Dans l'édit « sur les gens de guerre, » auquel donna lieu, l'année suivante, la réunion des états convoqués à Orléans, Charles VII fut l'interprète, non plus d'une portion du pays, mais de la nation entière, ainsi qu'il résulte des déclarations suivantes inscrites dans le préambule :

« Pour obvier, est-il dit, aux grands excès et pilleries commises par les gens de guerre, qui, depuis longtemps, ont vécu et vivent sur le peuple sans ordre de justice, ainsi que bien au long a été dit et remontré au

---

1. Le concile de Bâle, réuni en 1431-1437, et qui avait annoncé comme l'un des buts de sa réunion le dessein d'apaiser les États et de « pacifier les princes, » avait refusé de reconnaître le traité de Troyes et s'était déclaré pour Charles VII. En adhérant, sur les questions ecclésiastiques, aux décrets du concile, ce prince consolidait en même temps sa couronne; c'est ce qui explique comment, au lendemain du traité d'Arras, un de ses premiers actes fut de donner son attention aux affaires de l'Église.

roi par les gens des trois états de son royaume, présentement assemblés en cette ville d'Orléans, le roi, par l'avis et délibération des seigneurs de son sang, la reine de Sicile, de nos sieurs le duc de Bourbon, et Charles d'Anjou, les comtes de la Marche, d'Eu et de Vendôme, plusieurs prélats et autres seigneurs notables, barons et autres, gens d'Église, nobles et gens de bonnes villes, considérant la pauvreté, oppression et destruction de son peuple ainsi détruit et foulé par les dites pilleries, a fait, constitué et établi par loi et édit général, perpétuel et non révocable, les édits, lois, statuts et ordonnances qui ensuivent[1]. »

A ce langage, il serait difficile de méconnaître la phase nouvelle où est entrée la royauté. Il révèle un pouvoir législateur et déjà sûr de lui-même. Remarquable en son préambule, cette ordonnance ne l'est pas moins dans sa teneur. Elle défendait qu'aucun corps de troupes ne se formât sans permission royale, décidait qu'à l'avenir tout capitaine serait nommé directement par le roi, appointé par le roi, ne commanderait qu'à un nombre de soldats déterminé par le roi, et, demeurant envers lui responsable de leur conduite, irait avec ses hommes tenir garnison sur un point désigné par le roi, avec défense de s'éloigner sans autorisation. Ces mesures n'introduisaient pas seulement la discipline dans les forces militaires,

---

1. Isambert, t. IX, ordonnance du 2 nov. 1439.

elles créaient à la royauté une armée permanente. Ce fait, nouveau dans notre histoire, donne à l'édit de 1439 une importance considérable. Par des ordonnances subséquentes, Charles VII en développa l'application. Il institua quinze compagnies de cavalerie, qu'on nomma, à cause de leur origine, « compagnies d'ordonnance, » et qui furent réparties dans les villes fortes et places frontières où elles tinrent garnison. En outre, chacune des seize mille paroisses du royaume fut tenue d'avoir un archer toujours prêt à entrer en campagne sur l'injonction du roi[1].

Toutes les ordonnances de réorganisation que promulgua Charles VII offrent, comme les deux qui précèdent, un double caractère. D'une part, elles répriment des abus, et, d'une autre, créent des institutions qui fortifient ou grandissent la royauté. L'une des causes qui nuisaient le plus à la sécurité publique était que la police du territoire se trouvait localisée dans les diverses juridictions qui se partageaient le pays. En passant d'une juridiction dans une autre, les « larrons, meurtriers, espions, ravisseurs de femmes, faux monnoyeurs et violateurs d'églises » échappaient aux poursuites et déroutaient la répression. Charles VII concentra la police du royaume dans les mains du prévôt de Paris. Étendant les attributions de celui-ci en dehors du ressort spécial de la

---

1. Voy. E. Boutaric, *Institutions militaires de la France.* Paris, Plon, 1863, in-8°.

prévôté de ce nom, il lui conféra, avec le titre de « commissaire spécial et général réformateur, » le droit nouveau de poursuivre et d'arrêter les malfaiteurs sur toute l'étendue du territoire, sans tenir compte de la diversité des juridictions [1]. Dès ce moment, la police se fit partout en France au nom du roi.

Des innovations de même sorte eurent lieu dans les finances. De ce côté, les désordres à réparer n'étaient pas moins considérables. Atteinte par l'effet des événements, la royauté était elle-même sans ressources. Dès l'origine, les partisans de Charles VII, abusant de sa situation, l'avaient dépouillé des terres, seigneuries et revenus qui constituaient le domaine de la couronne. Si le roi avait donné, le plus souvent on avait pris. En 1438, comme il le déclarait lui-même dans une ordonnance rendue à ce sujet [2], il en était réduit à ce degré de pénurie, qu'il ne pouvait payer ses conseillers, ses serviteurs, pas même subvenir à ses propres dépenses, encore moins à celles des « grandes affaires que chaque jour il avait à supporter. » Quant aux impôts qu'en dehors de ses revenus particuliers, la royauté aurait pu prélever sur l'ensemble du territoire, ils ne lui étaient de nul secours. Non que ces impôts ne fussent effectivement

---

1. *Ord.*, t. XIII, p. 260.
2. Isambert, t. IX, ordonnance du 15 déc. 1438. — Voir aussi l'ordonnance du 12 août 1445.

perçus, — ils l'étaient, au contraire, malgré les événements, et avec une rigueur qui passait toute mesure, — mais le produit en demeurait aux mains qui le recueillaient, et le roi n'en touchait rien. Il advenait même que les seigneurs non-seulement retenaient le plus souvent pour eux les impôts prélevés au nom du roi, mais les doublaient, les triplaient, ce qui ne les empêchait pas de doubler, de tripler ceux que, dans leurs propres domaines, ils percevaient en leur nom, ni d'en créer de nouveaux[1]. A cette désorganisation dans les impôts s'ajoutait un égal désarroi dans les monnaies. Comme aux plus mauvais jours du XIV° siècle, les seigneurs avaient tous repris leur ancien droit de battre monnaie. A la vérité, par une sorte d'hommage à la prérogative royale, ils battaient monnaie à l'effigie du roi; mais la monnaie était altérée dans sa valeur, et de nouveau les espèces falsifiées inondaient le royaume[2].

Charles VII procéda sur tout cela à des enquêtes sévères[3]. Il reconstitua d'abord le domaine royal en son intégrité, indemnisant les détenteurs de bonne foi et contraignant les autres à des restitutions. En

---

1. Voy., dans Isambert, l'édit du 2 nov. 1439 sur les gens de guerre, art. 41-44.
2. Isambert, ordonnance du 31 déc. 1441.
3. Voy., pour ces enquêtes et les réformes qui les suivirent, Isambert : ordonnances des 15 déc. 1438 et 10 fév. 1444; 28 mars 1431, 28 fév. 1435, 31 déc. 1441, 25 sept. et 19 nov. 1443, 19 juin 1445 et déc. 1454.

même temps, des commissaires, envoyés sur les divers points du territoire, s'enquirent de tous les abus commis au sujet des impôts. On rétablit dans leurs fonctions les collecteurs royaux. La Cour des aides, à laquelle ressortissaient les procès élevés sur ce sujet, et dont la juridiction avait été jusqu'alors incertaine et contestée, eut ses pouvoirs définitivement fixés. Déjà, par divers articles de l'édit de 1439, Charles VII avait défendu, sous peine de confiscation de corps et de biens, et quelle que fût d'ailleurs la qualité ou condition du délinquant, de prélever aucune nouvelle taxe dans le royaume en dehors des tributs usuels, à moins de licence expresse conférée par lettres patentes du roi. C'était reconnaître à la royauté seule le droit de créer l'impôt. Depuis ce moment, par une hardiesse qu'elle empruntait aux circonstances, la royauté continua de percevoir de sa propre autorité, ou, pour user d'un terme consacré, rendit « perpétuels » certains subsides consentis par les états pour une durée limitée, ce qui sous cette forme encore assurait son pouvoir. Tandis que l'impôt était réorganisé, des améliorations étaient introduites dans la comptabilité, et la Chambre des comptes reçut un nouveau règlement. Enfin, sous la dénomination de « généraux-maîtres et réformateurs des monnaies, » des agents désignés par le roi eurent mission de parcourir le royaume et de s'informer de toutes les malversations ou illégalités commises en cette matière.

À la suite de cette enquête, une ordonnance fixa la monnaie qui aurait cours désormais. Déjà un édit spécial avait, de ce côté aussi, rappelé le droit du roi, en défendant à toute personne non autorisée par lettres royales « de s'entremettre d'affaires de monnaie, sous peine de crime de lèze-majesté. »

Étendant à toutes choses son pouvoir et ses idées de réforme, la royauté dirigea son attention vers l'instruction publique. A la faveur des troubles, et par un effet des priviléges excessifs qu'elle avait obtenus, l'Université de Paris était sortie de sa sphère naturelle pour intervenir dans les luttes politiques. Aux états de 1413, elle avait joué un rôle important, et telle était son influence ou sa témérité, qu'au dire d'un contemporain, partout où elle mettait la main, elle prétendait dominer, et voulait « se mêler du gouvernement du pape, du roi, et de toutes autres choses[1]. » A ces agitations, elle perdit le calme et la dignité de ses études. Dans les règlements qui avaient pu jusque-là modifier son organisation, l'Université avait relevé exclusivement du saint-siége. Il n'en fut pas de même de la nouvelle réforme. En adjoignant des commissaires royaux au légat chargé de la diriger, Charles VII fit intervenir pour la première fois la puissance sécu-

---

1. « L'Université avait grande puissance pour ce temps là (1408) à Paris, tellement que, quand ils mettaient la main en une besogne, il fallait qu'ils en vinssent à bout, et se voulaient mêler du gouvernement du pape, du roi et de toutes autres choses. » (Jacques Bouvier, *Chronique du roi Charles VII*.)

lière, qui agit de concert, en cette occasion, avec la puissance ecclésiastique. La direction des études, les conditions exigées pour l'obtention des grades, certaines règles imposées au personnel enseignant, devinrent l'objet d'utiles modifications. Les anciens privilèges, dont l'application abusive avait surtout attiré l'attention de Charles VII, reçurent des restrictions notables, et des censeurs spéciaux, sous l'appellation de « réformateurs perpétuels, » eurent désormais la surveillance de ce corps, sur lequel le Parlement obtint également un droit de contrôle [1]. De ce côté encore, tout en substituant au désordre une discipline salutaire, la royauté se fortifia ; depuis ce jour en effet, l'Université ne tarda pas à perdre toute influence politique.

Toutes ces importantes innovations avaient été accomplies par la royauté pendant que, par ses armes, elle chassait peu à peu l'ennemi du territoire. Quand enfin, en 1453, fut terminée cette désastreuse guerre de Cent ans, Charles VII entreprit une dernière réforme, celle des institutions judiciaires. Outre le parlement de Paris, qu'il réorganisa totalement par une ordonnance qui peut être considérée comme notre premier code de procédure, il créa un parlement à Toulouse pour la province du Languedoc, un autre à

---

1. Voy. *Ord.*, t. XIII, p. 457, lettres de Charles VII du 26 mars 1445, enjoignant au Parlement de connaître des causes, querelles et négoces (affaires) de l'Université.

Grenoble pour le Dauphiné, et jeta les fondements de celui de Bordeaux pour la Guienne [1]. Par ces parlements, comme par autant de voix puissantes, se fit dès lors entendre jusqu'aux confins de la France la justice du roi. Dans l'ordonnance qui réorganisait le parlement de Paris, Charles VII se montrait, non moins que dans l'édit de 1439, appuyé sur l'opinion du pays. « Considérant, disait-il, que les royaumes sans bon ordre de justice ne peuvent avoir durée ni fermeté, et voulant pourvoir nos sujets de bonne justice, nous, après longue et mûre délibération avec plusieurs seigneurs de notre sang et lignage, et plusieurs prélats, archevêques et évêques, barons et seigneurs de notre royaume, et les gens de notre grand conseil, et quelques-uns des présidents et autres gens de notre cour de parlement, et autres juges et prud'hommes de ce royaume, par nous sur ce assemblés, avons fait et faisons les ordonnances qui ensuivent [2]. »

La dernière partie de cette ordonnance consacrait une nouveauté considérable. Au moyen âge, — si on fait abstraction des édits royaux qui, en plusieurs matières, devinrent peu à peu applicables à l'ensemble du pays, — chaque province, chaque localité avait sa loi, sa coutume particulière, par laquelle étaient régis

1. Louis XI et Louis XII, complétant l'œuvre de Charles VII, établirent, le premier le parlement de Dijon pour la Bourgogne, le second celui de Rouen pour la Normandie et celui d'Aix pour la Provence.
2. Isambert, t. IX, p. 202.

ayant pitié de nostre peuple, avons, par l'aide de Dieu, nostre créateur, mis bon ordre en tous nos gens d'armes et ôté les pilleries et roberies qui estoient en nostre royaume; et après, par la grâce de Dieu tout puissant, avons conquis et réduit en nostre obéissance nos païs et duché de Normandie, païs du Maine et du Perche... païs et duché de Guienne, avec nostre bonne ville de Bordeaux, et en avons débouté nos dits ennemis les Anglois... et délivré nos dits païs et subjets de leur servitude... ce dont nous rendons hommage et grâce à Dieu nostre Créateur. »

Arrêtons-nous un moment sur ces ordonnances de Charles VII, qui caractérisent si vivement la phase nouvelle où entre la société française. Dans leur texte, elles débutent toutes à peu près par ces mots : « Comme, par l'occasion des guerres et divisions qui par longtemps ont été en notre royaume. » En d'autres termes, toutes portent un caractère d'amendement et de réparation, indice des maux qui avaient désolé le pays. Mais toutes présentent en même temps un caractère d'universalité propre au régime nouveau qui s'élève. C'est pour tout le royaume et au nom des intérêts communs qu'elles sont édictées, tandis que, dans le régime qui n'est plus, tout était local ou divisé, intérêts et pouvoirs. La royauté, qui les promulgue, participe de leur caractère. Elle sort des bornes étroites où l'avait confinée le moyen âge; par elle, et sous son nom, un grand gouvernement se fonde et s'organise. Elle possède enfin, et d'une manière définitive, tous ces divers pouvoirs que convoitait Philippe le Bel. Elle a de plus une armée, appui de ses volontés. Devant ces progrès de la royauté, les seigneurs s'émurent, et, à plusieurs reprises, tentèrent des soulèvements. Ces soulèvements n'eurent point de résultat sérieux. La *ligue du Bien public*, que, sous Louis XI, essayèrent les barons, ne fut qu'une vaine menace. Ce mot même de « bien public » était caractéristique. Bien qu'il couvrît des ambitions particulières, il attestait l'existence d'idées collectives, d'intérêts généraux, signe d'un âge nouveau. Des froissements, des murmures pouvaient naître encore au sein de l'aristocratie; mais il n'y avait plus de parti féodal : il n'y eut bientôt qu'une noblesse. Le clergé s'était, on l'a vu, rallié à la royauté, qui n'avait pas, à un moindre degré, les sympathies de la bourgeoisie. Le temps était venu où le clergé, la bourgeoisie, la noblesse, représentant, non plus trois pouvoirs séparés et rivaux, mais les trois ordres de la nation, allaient se grouper autour de la couronne et la soutenir de leur concours. Cette situation, visible aux états généraux de 1484, sous Charles VIII et à ceux de 1506, sous Louis XII, l'était déjà sous Charles VII. Ce prince n'avait pas seulement l'adhésion des trois classes de la nation, il avait celle du peuple, qui plus que le clergé et la noblesse, plus que la bourgeoisie, avait gagné à ses édits réparateurs. Sans cet assentiment du pays, aucune de ces ordonnances de réforme n'aurait eu de résultat, et leurs prescriptions fussent restées lettre morte. La royauté n'était même quelque chose que par cet assentiment. Elle emprunta peu de force aux qualités personnelles de Charles VII, homme d'esprit médiocre et de caractère incertain. Ce fut du sein même des populations, de leurs sympathies, de leurs convictions, qu'elle tira un ascendant désormais sans rival, ascendant qui permit de voir, en 1498 et en 1515, la couronne passer sans secousse à des familles collatérales dans la personne de Louis XII et celle de François Ier. Si même il y eut jamais en France une royauté nationale, ce fut à cette époque. Respectée en raison de ses victoires, aimée pour les services réels qu'elle avait rendus, elle s'embellit encore, aux yeux des populations, de cette auréole de religion et de poésie que lui avait imprimée l'intervention inattendue d'une jeune fille inspirée. En attachant son nom à la royauté ainsi transformée et devenue une magistrature suprême et incontestée, le centre et le lien de la nation, Charles VII eut la gloire de fermer la période anarchique commencée à la mort de Philippe le Bel, et d'ouvrir dans notre histoire l'ère des sociétés modernes.

A la vérité, dans cet élan de confiance qui entoura Charles VII et dont profitèrent ses successeurs, il y avait à craindre de préparer à la France les périls de la monarchie absolue. C'était là l'affaire de l'avenir.

Pour le moment, la royauté ne s'appuyait pas seulement sur l'adhésion du pays; ainsi qu'on l'a vu, elle gouvernait avec lui. Le pays lui-même était si pénétré de cette idée, que les députés du royaume rassemblés en 1484, lors de la minorité de Charles VIII, se considéraient comme souverains durant la vacance du trône[1]. D'ailleurs, en dehors des états généraux, les Cours de justice et de finances exerçaient sur les actes de la royauté un contrôle capable d'en prévenir les excès[2]. Enfin, en déclarant, par sa pragmatique sanction, les conciles supérieurs au saint-siége, en rétablissant l'élection dans la nomination aux dignités ecclésiastiques, sur lesquelles trop longtemps Rome avait eu la main, Charles VII dressait des barrières devant l'absolutisme papal et favorisait par cette voie les principes d'indépendance. On voit donc, au moins pour l'époque où nous sommes arrivés, qu'en se donnant à la royauté, la France ne se livrait pas tout entière. Que si à ces éléments de régénération sociale on ajoute les germes, prêts à éclore, d'une renaissance intellectuelle plus belle et plus vaste que la première; si on se représente la France sortant de ses foyers par les guerres d'Italie, se liant de nouveau à la vie des

---

1. C'était du moins l'opinion des députés de la bourgeoisie. (*Journal des états généraux de* 1484, rédigé par Jehan Masselin, député du bailliage de Rouen, p. 139, 141, 151. Publié par A. Bernier, 1835, in-4°. *Collection des documents inédits.*)

2. Voy. ci-après notre étude sur *la Chambre des comptes.*

nations, s'initiant avec elles à une civilisation supérieure, renouvelant ses arts et sa littérature, rentrant dans le domaine, si longtemps fermé, de la raison et de la science, pendant que, par l'étude de l'antiquité, elle renouait les chaînons brisés de l'histoire, voyant enfin son horizon s'élargir avec celui de l'humanité par la découverte de nouvelles terres, et empruntant bientôt au mouvement de la réforme le grand principe de la liberté de conscience, on aura une idée de l'avenir plein de promesses qui semblait se préparer pour la France, avenir qui souriait en même temps aux autres peuples de l'Europe et dont les premières réalisations faisaient dire à un contemporain : « O siècle! de toutes parts les esprits se réveillent; c'est une joie que de vivre! »

LA CHAMBRE DES COMPTES

RELATIONS DE LA ROYAUTÉ AVEC L'ANCIENNE MAGISTRATURE.

De l'avénement de François Ier à la révolution
(1515 — 1791)

Louis XII, ami du bien public, étouffant ses ressentiments personnels dans l'intérêt du pays, porté par une inclination naturelle à se montrer le père plutôt que le maître de ses sujets, est resté dans la mémoire de la postérité le type sympathique de cette royauté nouvelle qu'avait inaugurée Charles VII. Consacrée tout à la fois par la victoire et par l'infortune, restaurée par une sorte de miracle au moment où elle semblait périr, la royauté était alors quelque chose de plus qu'un grand pouvoir public, qu'une magistrature suprême : c'était un principe social, un symbole politique, s'imposant à l'esprit des peuples comme à la conscience des rois. Il y avait là assurément des éléments de force et de grandeur, qui se développèrent même par la suite avec un incontestable éclat. D'un autre côté, cette grande unité dans laquelle s'était fondue la nation, et qui était en partie l'ouvrage de la royauté, offrait des garanties précieuses d'ordre et de sécurité pour l'avenir du pays. Si à cela se fût ajouté le ressort des libertés politiques, la France se fût trouvée dans les meilleures conditions qu'on pût désirer pour son développement et sa vitalité. Est-ce à dire qu'au sein de cette unité, achetée par tant d'efforts, de luttes et de souffrances, toute liberté eût disparu? Non; la royauté, si forte qu'elle fût déjà, était encore limitée dans son pouvoir. Elle ne constituait pas seule le gouvernement; elle le partageait en une certaine mesure avec les états généraux et avec les Cours souveraines, telles que le Parlement et la Chambre des comptes. Malheureusement, entraînée sur cette pente fatale où, dès le début de son histoire, elle s'était laissée glisser, elle reprit sous d'autres formes l'œuvre de Philippe Auguste et de Philippe le Bel. Elle abattit par degrés les barrières placées devant son autorité et se dirigea ostensiblement vers la monarchie absolue.

Dès la fin du XVe siècle, la royauté manifesta ces funestes tendances. Les états généraux de 1484, que composaient deux cent quarante-six députés des trois ordres, avaient demandé la périodicité des états, condition naturelle du pouvoir accordé à ces assemblées et déjà vainement réclamée par Étienne Marcel en 1357. Cette requête demeura sans effet. Réunis en apparence au nom du bien public et dans l'intérêt du « pauvre peuple » de France, ils l'avaient été en réalité pour servir certaines ambitions particulières qui n'osaient se produire ouvertement. On cherchait si peu leurs conseils, qu'on leur soumit des rôles de recettes et dépenses qui étaient manifestement faux [1], et l'on se fatigua bientôt de leur présence au point qu'on s'efforça de les chasser des salles de délibération [2]. Les états de 1506, qui eurent lieu sous Louis XII, n'eurent pas même l'importance nominale qu'avaient eue ceux de 1484. Convoqués à l'occasion d'un fait spécial et en vue d'une décision arrêtée d'avance dans l'esprit du roi, ils ne firent que prêter un concours dont ce prince avait besoin pour rompre le traité de Blois. Sous le règne de François Ier, il n'y eut point d'états généraux, mais seulement des assemblées de notables. Encore ce monarque, à l'exemple de Louis XII, ne réunit-il ces assemblées que pour se dégager du traité de Madrid, signé par lui alors qu'il

---

1. *Journal des états généraux de 1484*, rédigé par Jehan Masselin, député du bailliage de Rouen, p. 347. *Coll. des doc. inéd.*, 1835, in-4°.

2. *Ibid.*, p. 309. On avait enlevé des murs les tapisseries, dit Masselin, dépouillé les bancs et les chaires de leurs ornements, « preuve manifeste, venant d'ailleurs à l'appui de nos soupçons, que certains personnages étaient ennuyés de la longueur des états et qu'ils cherchaient à éluder leurs décisions. »

était captif de Charles-Quint. Henri II ne convoqua de même que des notables et ne fit appel à leur concours qu'à l'occasion de la défaite de Saint-Quentin. Dès le règne de François Ier, on saisit dans l'esprit de la royauté la volonté arrêtée de se passer des états généraux. Ils reparurent cependant sous les fils de Henri II dans le tumulte des guerres religieuses. Mais ces réunions ne furent en quelque sorte qu'un incident au milieu des luttes de partis. Quant aux états généraux de 1614, les derniers qui furent rassemblés avant 1789, on sait combien peu on prêta d'attention à leurs propositions de réformes; non-seulement on n'écouta point la bourgeoisie demandant la convocation d'une assemblée générale du royaume une fois tous les dix ans; mais, à l'exemple de ce qui s'était passé en 1484, on ferma le lieu de réunion des états sous prétexte qu'on avait besoin de la salle des séances pour donner un ballet [1].

Avec les Cours souveraines, la royauté n'eut pas une conduite différente. On connaît la résistance que, sous François Ier, opposa le Parlement à la promulga-

---

1. Le 24 février 1615, les députés du tiers, se rendant à la salle des délibérations, trouvèrent la porte fermée, la salle dégarnie et les bancs enlevés. « Que signifie cette porte fermée et ce déménagement hâtif, dirent quelques-uns, sinon un congé honteux qu'on nous donne? Ah! France, plus digne de servitude que de franchise, d'esclavage que de liberté! » (G. Picot, *Hist. des états généraux*, t. III, p. 404, 405. Paris, Hachette, in-8°, 1872.) On se rappelle qu'un fait analogue se passa en 1789. Ainsi, en 1484, en 1614 et en 1789, la royauté usait des mêmes procédés.

tion du concordat[1]. « On verra, avait dit ce prince à cette occasion, qu'il y a en France, non pas un sénat comme à Venise, mais un roi. » L'existence des Cours souveraines s'étant perpétuée jusqu'à la révolution, la lutte fut plus longue avec elles qu'avec les états généraux. C'est de cette lutte que nous allons suivre les phases. Nous les suivrons, non dans l'histoire du Parlement, mais dans les annales moins connues de la Chambre des comptes. Des documents mis au jour pour la première fois il y a moins d'une année, et provenant des archives particulières de la famille de Nicolay, dont les aînés ont occupé, de 1506 à 1791, les fonctions de premiers présidents, nous serviront de guide en cette étude[2]. Ces documents ont d'autant plus de prix, que, depuis l'incendie de 1871, qui détruisit, avec les bâtiments de la Cour des comptes, les anciens titres qui s'y trouvaient rassemblés, la correspondance des premiers présidents, jointe aux

---

1. On a vu ci-dessus, p. 156, dans une note sur la pragmatique sanction de Charles VII, qu'aux XIII° et XIV° siècles la papauté dominait les conciles et nommait aux siéges ecclésiastiques, tandis que, sous Charles VII, les élections furent rendues au clergé et la papauté déclarée inférieure aux conciles. Par le concordat, l'absolutisme papal et l'absolutisme monarchique eurent également leur compte : la papauté était de nouveau reconnue supérieure aux conciles et la royauté nommait elle-même aux siéges ecclésiastiques.

2. *Chambre des comptes de Paris. Pièces justificatives pour servir à l'histoire des premiers présidents* (1506-1791), publiées par M. A.-M. de Boislisle, sous les auspices de M. le marquis de Nicolay. Grand in-4° de 800 pages en caractères elzéviriens. Nogent-le-Rotrou, chez Gouverneur, décembre 1873.

papiers des Archives nationales, peut seule nous dire aujourd'hui ce que fut la Chambre des comptes de Paris.

I

D'après les usages qui régissent notre système politique, une loi proposée par le pouvoir exécutif n'obtient force obligatoire qu'après avoir été votée par le Corps législatif. Une institution analogue existait en France dès la fin du xv° siècle [1]. Les édits émanés de la royauté ne devenaient exécutoires qu'après avoir été *enregistrés* par les cours souveraines, parmi lesquelles le Parlement et la Chambre des comptes, rameaux détachés de l'ancien Conseil du roi [2], occupaient le premier rang. Cet enregistrement n'était point une simple formalité de conservation. A ne parler que de la Chambre des comptes, cette cour était dans l'usage d'examiner l'édit que le roi lui adressait par l'intermédiaire de quelqu'un des seigneurs de son entourage, ou, comme cela eut lieu plus tard, par l'entremise d'un de ses secrétaires

---

1. Voy. *Fragments sur l'origine et l'usage des remontrances*, par Daguesseau, Œuvres complètes, 1789, in-4°, t. XIII.

2. Cette origine, vraisemblable pour le Parlement, l'est moins pour la Chambre des comptes.

d'État. Si l'examen était favorable, la Chambre prononçait l'enregistrement, que le greffier consommait, par une inscription mise au bas de l'acte, lequel était ensuite retourné au secrétaire d'État ou au chancelier, pour être publié. Dans le cas où la cour n'en approuvait pas les dispositions, elle présentait au roi des *remontrances*. Le texte de ces remontrances était ordinairement préparé par le premier président. On les discutait en assemblée générale, et, après les avoir transcrites au plumitif ou au journal de la Chambre, on nommait une députation chargée d'en faire la lecture au roi. Celui-ci cédait quelquefois à ces représentations, mais le plus souvent il n'en voulait tenir compte. Si la cour persistait dans son opposition, elle renouvelait ses remontrances et traînait les choses en longueur, jusqu'à ce que des lettres de *jussion* la contraignissent à effectuer l'enregistrement « de l'exprès commandement du roi, » ou qu'un prince de sang vînt, au nom du souverain, le prononcer devant la Chambre assemblée. Les cours firent ainsi de l'enregistrement une *vérification*, faute de laquelle les lois demeuraient « inutiles, caduques et sans exécution. »

La royauté n'a pas manqué de partisans zélés qui considéraient le droit de remontrances comme attentatoire à l'autorité du prince. Au jugement de quelques-uns, les magistrats des cours souveraines auraient dû faire uniquement office de « tabellions, » ayant charge de grossoyer les minutes « sans connaissance des causes. » Mais ce droit important a rencontré d'illustres défenseurs parmi des hommes qui, tout en étant dévoués à la royauté, n'aimaient pas le pouvoir « plus que monarchique. » En dehors des états généraux, qui ne se réunissaient qu'à des dates irrégulières et dont le pouvoir était plus apparent que réel, ce droit de remontrances constituait, en effet, l'unique barrière élevée devant les excès de la puissance royale [1]. L'abus que les cours ont pu faire de ce droit n'enlève rien de l'excellence de son principe. D'ailleurs nos rois n'ont pas fait eux-mêmes un moindre abus des lettres de jussion. On conçoit l'intérêt que présenterait, pour l'histoire de nos mœurs politiques, un recueil général des remontrances. Une tentative de ce genre, qui n'a malheureusement pas abouti, a été faite pour le Parlement [2]. On n'aura plus lieu d'exprimer le même regret en ce qui regarde la Chambre des comptes. Les textes de remontrances forment une partie notable des documents empruntés aux archives de la famille de Nicolay et embrassent toute la période comprise entre le règne de Louis XII et la révolution.

Bien que les actes présentés à l'enregistrement de

---

1. Les états généraux, à diverses reprises, exprimèrent le vœu que la royauté ne pût contraindre les cours à l'enregistrement de ses édits.

2. Elle eut lieu vers l'an IX ou l'an X et est due à un homme de loi, J.-J.-M. Blondel, ancien bibliothécaire du duc de Penthièvre.

la Chambre des comptes pussent intéresser la législation générale et l'ordre public, au même titre que les actes présentés à l'enregistrement du Parlement, — fait qui s'explique par l'origine commune de l'une et de l'autre cour, — la Chambre des comptes était surtout appelée à *vérifier* ceux qui concernaient l'administration des finances et la conservation du domaine. Quant aux causes des difficultés qui s'élevaient entre la royauté et la Chambre, elles se devinent aisément. Pour se procurer de l'argent, dont elle ne faisait pas toujours un louable emploi, la royauté rendait des édits bursaux, aliénait des fragments du domaine, ou, abusant de la vénalité des charges, créait sans besoin de nouveaux offices qu'elle livrait au plus offrant; trop souvent aussi elle prodiguait les dons et les pensions pour satisfaire des favoris. C'étaient autant de points sur lesquels la Chambre, souveraine en matière de finances et gardienne suprême du domaine, soutenait avec la royauté une lutte où celle-ci ne fut pas toujours victorieuse.

Dans cette lutte, chaque roi, comme chaque époque, apparaît avec son caractère particulier. Les textes que nous examinons, en raison de la date où ils commencent, offrent peu de renseignements sur Louis XII. On doit croire toutefois qu'il tint à honneur de respecter l'autorité de la Chambre, car les magistrats le proposèrent souvent comme modèle à ses successeurs. Quant à François Ier, malgré des dispositions d'esprit toutes différentes, il semble avoir usé, à l'égard de la Chambre, de formes toujours courtoises. Les lettres qu'il lui adresse se terminent ordinairement par ces mots : « Et en ce faisant, vous nous ferez service et plaisir que j'aurai très-agréable. » Une fois cependant il montra de la vivacité. Au mois d'août 1521, se trouvant à Autun, il se plaignit au premier président, Aymard Nicolay, des lenteurs de la cour à vérifier un de ses édits; et, comme celui-ci cherchait une excuse, il dit « qu'il en avait écrit par plusieurs fois à la Chambre, laquelle ne tenait compte de ses lettres, qu'il ne voyait autres gens que ambassadeurs de la Chambre, qu'il voulait être obéi de tout ce qu'il commandait, et que, si on faisait le contraire, il donnerait à connaître qu'il était le maître et les en ferait repentir [1]. » Si l'on excepte cet incident, on peut dire que François Ier se montra modéré. Rarement il va jusqu'aux jussions; devant les observations que la Chambre lui présente, il cède ou transige. Dans l'entourage du roi, l'attitude était différente, surtout de la part de ceux que le monarque gratifiait de quelque don. Les uns disaient que « le roi était par-dessus les cours, et non les cours pardessus lui. » D'autres, à qui la Chambre objectait les ordonnances, répliquaient, avec une colère mal dissi-

---

[1]. *Pièces justificatives*, p. 17, 18. Nous avertissons le lecteur, une fois pour toutes, que, dans nos citations, nous reproduisons intégralement les textes publiés par M. de Boislisle, en modifiant uniquement l'orthographe.

mulée, « que le roi les avait faites et y pouvait contrevenir[1]. » L'évêque de Senlis alla un jour jusqu'à dire que la résistance aux volontés royales était une « sorte de sacrilége[2]. »

Sous Henri II, la royauté parle plus haut et commence à se montrer impérieuse. En 1554, Michel de l'Hôpital avait été nommé par ce prince à l'office de chef et premier président de la Chambre. Quels que fussent les mérites personnels du nouveau titulaire, la faveur dont il était l'objet n'en constituait pas moins une injustice à l'égard d'Antoine Nicolay, pourvu déjà des mêmes fonctions; et, bien que celui-ci eût déclaré qu'il n'opposerait point de résistance aux injonctions du roi, les magistrats, regardant sa cause comme la leur, adressèrent des remontrances. Ils représentèrent que, leur premier président n'ayant en rien forfait dans ses fonctions, on ne pouvait, sans violer l'équité, lui porter préjudice, et que, si la nomination était enregistrée, il n'y aurait plus désormais « état en ce royaume, tant grand ou petit, » qui fût assuré. « J'ai ouï et entendu vos remontrances, répondit le roi d'un ton bref; quant à l'édit, c'est un édit que j'ai fait pour

---

1. Voir notamment ce qui se passa à l'occasion des dons faits par le roi à son écuyer Pithon et à la marquise de Saluces. Offensée des résistances de la Chambre, celle-ci disait: « Qui sera maître, le roi ou la Chambre? » L'écuyer du roi, plus vif dans son langage, « jurait par le ventredieu qu'il voudrait que les gens des comptes fussent damnés. » (*Pièces justificatives*, p. 30, 31 ; 42, 43.)

2. *Pièces justificatives*, p. 14, n° 17.

bonnes causes; vous passerez outre pour ce coup [1]. »
La Chambre céda.

Si disposée qu'elle fût déjà aux procédés arbitraires, la royauté usait encore de ménagements. Charles IX, au début de son règne, parut même vouloir se concilier les sympathies des magistrats en rapportant l'édit qui avait nommé l'Hôpital [2], et en promettant de réduire le nombre des offices [3]. Pendant les quatorze ans qu'il garda la couronne, on ne le voit point user, avec la Chambre, de cette roideur qu'avait montrée Henri II. Loin de s'irriter des remontrances, il les écoute volontiers, et, tout en maintenant le plus souvent ses résolutions, promet qu'à l'avenir il « prendra garde, » sera moins prompt à se décider sur les questions dont l'importance émeut les magistrats [4]. Parfois il cède de bonne grâce aux représentations, ainsi qu'il arriva à l'occasion d'un « certain personnage » qu'il avait nommé receveur général des finances à Limoges et qui n'avait pas dix-neuf ans. Les magistrats lui ayant fait observer qu'une charge de cette nature demandait plus d'âge et d'expérience, il les autorisa à ne recevoir le serment du titulaire que

---

1. Pour les détails de cette affaire, voy. *Pièces justificatives*, p. 72-85.
2. Cet édit fut rapporté le 24 septembre 1563.
3. Par un édit rendu à Orléans au mois de janvier 1560, il déclara l'intention de supprimer tous les offices de judicature et de finances créés depuis Louis XII et qui viendraient à vaquer par mort ou forfaiture.
4. *Pièces justificatives*, p. 112 (n° 136), 117 (n° 142), 121 (n° 145).

lorsqu'il aurait atteint sa vingt-cinquième année[1]. Il y a plus : à diverses reprises il révoqua de lui-même certains édits auxquels la Chambre s'était d'abord opposée et dont il avait exigé la vérification[2].

Avec Henri III, la situation de la Chambre devint plus difficile. Capricieux et despote, n'écoutant nulle raison, ce prince supportait impatiemment les résistances d'une compagnie qu'il n'osait ou ne pouvait briser. « Que je n'entende plus parler de ceci, écrivait-il un jour à la Chambre ; je ne trouve pas bon qu'il se trouve difficulté sur ce que j'ai fort à cœur. Je suis votre roi, qui vous le commande[3]. » Les remontrances étaient fréquentes ; car nul monarque n'abusa au même degré des créations d'offices. Dans une circonstance où la Chambre se plaignait de ce « nombre effréné » d'officiers qui ne servait qu'à introduire la confusion dans les finances, en même temps qu'il surchargeait le trésor des gages nouveaux qu'il fallait payer aux titulaires : « Je veux être obéi, répondit-il. Je suis votre roi. C'est à moi à faire, défaire les officiers, mettre et démettre, créer et supprimer ainsi qu'il me plaît. » Et comme le président s'apprêtait à répliquer, il reprit : « Savez-vous qu'il y a? Je ne veux plus avoir la tête rompue de ceci. Je ne vous donne délai que jusques à la Chandeleur prochain ; si

---

1. *Pièces justificatives*, p. 120, 121.
2. *Pièces justificatives*, p. 101, note 1 ; et p. 103, n° 123.
3. *Pièces justificatives*, p. 141, n° 177.

dedans ce temps vous ne m'avez obéi, je ferai en votre compagnie ce qu'on ne vit jamais[1]. » Dans la même circonstance, il lui arriva de dire aux magistrats : « De la façon que vous usez, il faudrait que nous fussions deux têtes en un chaperon, et que vous fussiez roi avec moi. C'est à vous à obéir, sans vous opposer à ma volonté. » A ses yeux, la Chambre était un rouage aussi embarrassant qu'inutile. « Vous ne voyez pas plus loin que la longueur de votre nez, disait-il au président Tambonneau, et ne savez en quel état sont mes affaires, auxquelles vous ne servez que d'empêcher, faisant les difficultés que vous faites[2]. » Jaloux de tout ce qui semblait porter atteinte à son autorité, il s'irritait des formules que la Chambre avait coutume d'inscrire sur les édits pour attester qu'elle cédait malgré elle aux injonctions du roi[3]. « Mettez dans vos registres tout ce que vous voudrez, disait-il, mais je ne veux point que ces mots demeurent à la vue du peuple. » Il envoya un jour le comte de Soissons faire enregistrer d'office dix-huit édits d'un seul coup. La compagnie résista. N'osant passer outre, le comte de Soissons en référa au roi, lequel, pris de colère,

---

1. *Pièces justificatives*, p. 163, n° 199.
2. *Pièces justificatives*, p. 155, n° 188.
3. Ces formules étaient celles-ci : *Du très-exprès commandement du roi*, ou encore : *De l'exprès commandement du roi par plusieurs fois réitéré*. Dans la circonstance qui motiva l'impatience de Henri III, la Chambre avait ajouté à cette dernière phrase les mots : *pour lui obéir*. (*Pièces justificatives*, p. 166, n° 200.) Voir aussi p. 130.

suspendit aussitôt les magistrats de leurs fonctions. Il est vrai que, moins d'un mois après, craignant le mauvais effet de cette mesure, il les réintégrait[1]. En dépit de ses violences, Henri III dut céder plus d'une fois devant la fermeté de la Chambre. Celle-ci, par un langage toujours digne, savait faire impression sur la conscience de ce prince. Un jour qu'informé de l'opposition de quelques magistrats, il avait dit qu'il les voulait connaître, qu'il les ferait châtier, « qu'un particulier trouvait bien les moyens de se venger et qu'il saurait bien en faire davantage comme roi, » le président Bailly osa lui répondre que, « comme roi et chef de la justice, il pouvait assister et présider aux délibérations de toutes cours et conseils, et en connaître et entendre les opinions, mais qu'il était indigne de Sa Majesté de s'enquérir à part des opinions des particuliers ayant opiné en son absence en toute liberté de conscience[2]. » Dans une autre circonstance, la Chambre montra plus fortement encore à quel point elle était pénétrée de la gravité de sa mission. Au mois de mars 1578, Henri III lui adressait un édit de création d'offices et faisait dire par le cardinal de Bourbon qu'il refusait d'avance toutes remontrances, les tenant « pour faites et entendues. » Le président Tambonneau répondit au cardinal « que le roi était le maître de faire tout ce qu'il voulait,

---

1. *Pièces justificatives*, p. 170-178
2. *Pièces justificatives*, p. 153.

mais que la Chambre aussi était tenue de lui faire entendre quel préjudice résultait de chaque nouvelle création. » Dès le lendemain, des remontrances étaient présentées au roi. Après lui avoir rappelé, en termes respectueux, qu'aux états de Blois de 1576 il s'était engagé solennellement à réduire le nombre « infini » des officiers de finances, et qu'en les voulant augmenter encore il manquait à une promesse dont le peuple avait le droit d'attendre les effets, le même président démontrait l'abus qui avait été fait, sous les règnes précédents, des créations d'offices, l'inutilité de ceux qu'on voulait encore instituer, et terminait par ces belles paroles :

« Nous avons fait serment à Dieu et à vous de ne vérifier rien qui soit contre votre service, à la foule et oppression de votre peuple. Nous ferions faute grande, de laquelle vous et vos successeurs à jamais nous pourriez blâmer, et l'ire de Dieu, qui venge et châtie les parjures, ne partirait de dessus nos têtes, si nous vérifiions un édit de telle et si grande importance. Nos consciences en seraient chargées, lesquelles Dieu s'est à lui seul réservées, pour lui être rendues par nous pures, nettes et saintes, telles qu'il les a départies à un chacun de nous quand il nous a mis sur terre[1]. »

Sous Henri IV, les relations de la magistrature avec

---

1. *Pièces justificatives*, 137-140.

la royauté offrent un intérêt particulier, qu'elles empruntent au caractère de ce prince non moins qu'aux événements de son règne. Le lecteur s'en rendra compte par les détails où nous allons entrer, et qui, limités à une époque restreinte, nous permettront de mettre davantage en lumière le genre d'influence dont disposait la Chambre [1].

II

On sait l'état de la France à la mort de Henri III. Déchirée par la guerre civile, elle était en outre menacée par les Espagnols. Henri IV, lors de son avénement, n'avait pour lui que la sixième partie du pays. Il ne lui fallait pas seulement conquérir son royaume par les armes, mais le racheter pièce à pièce [2]. Or, les troupes manquaient à Henri, et l'argent encore plus. Le Béarnais était si pauvre, qu'il écrivait à Rosny, depuis duc de Sully : « Je n'ai quasi pas un cheval sur lequel je puisse combattre, ni un harnois complet

1. Dans un discours prononcé à la rentrée de la Cour des comptes en 1873, M. Petitjean, procureur général, empruntant son sujet aux documents que M. de Boislisle allait un mois après livrer à la publicité, a donné du règne de Henri IV un court aperçu qu'on trouvera dans le *Journal officiel* du 8 novembre 1873.
2. Les chefs de la Ligue ne cédèrent que moyennant des sommes énormes les places ou les provinces qui étaient entre leurs mains.

11.

que je puisse endosser; mes chemises sont toutes déchirées, mes pourpoints troués aux coudes; ma marmite est souvent renversée, et, depuis deux jours, je dîne et soupe chez les uns et les autres. » Pour faire face à des nécessités qui se prolongèrent pendant toute la première moitié de son règne, il agit comme ses prédécesseurs; il eut recours aux créations d'offices, aux aliénations du domaine, aux affaires extraordinaires[1], et le fit tout aussi irrégulièrement qu'eux : de là également des difficultés entre lui et la Chambre, mais qui, par l'esprit de patriotisme et les qualités personnelles qu'y apporta ce prince, se présentent avec un caractère qu'elles n'eurent pas sous les Valois.

Il n'était pas encore maître de Paris que ces difficultés commençaient. N'ayant pas de quoi payer son armée et voyant les Suisses prêts à plier bagage, il voulut, faute de mieux, prendre sur le domaine et faire argent de quelques baronnies. La Chambre, qui se trouvait à Tours, où ce prince s'était retiré après avoir tenté sans résultat un coup de main sur Paris, lui adressa des représentations. Henri écouta avec patience les magistrats et parut même un moment se rendre à leurs observations. Il insista néanmoins, disant que, de deux maux, il fallait choisir le moindre; que si, faute de gens de guerre, il venait à échouer dans une bataille, il ne perdrait pas seulement deux

---

1. Voy. dans l'étude suivante, intitulée *la Misère sous Louis XIV*, ce qu'on doit entendre par ce mot d'« affaires extraordinaires. »

ou trois baronnies, mais la monarchie tout entière; que la situation critique où il se trouvait n'était pas son ouvrage; qu'il avait trouvé l'État « engagé de toutes parts, plein de tumulte, de feu et d'armes; » que, pour le rétablir, il avait donné sa personne, ses biens, son patrimoine de Navarre, et que, ne possédant plus rien, on devait le laisser prendre sur le domaine les ressources dont il avait besoin, d'autant qu'on savait bien qu'il ne les consommerait pas en libéralités superflues[1].

Tant que ses affaires furent embarrassées, il employa les moyens de persuasion, lesquels convenaient d'ailleurs à sa nature ouverte et cordiale. Peu après la prise de Paris, il écrivait à la Chambre, qui tardait à enregistrer un édit dont il attendait de nouveaux secours :

« Si le sujet de mes édits était pour employer à quelques folles dépenses, la rigueur et la longueur dont vous usez aurait quelque apparence de justice; mais, étant pour le bien du royaume, vouloir plutôt donner l'État et la couronne à l'Espagnol que de secourir et par ce moyen garder votre roi et l'État de périr, cela est sans excuse et contre toute raison et justice. Obéissez donc et conservez, en ce faisant, votre roi, son royaume et ses bonnes grâces tout ensemble[2]. »

---

1. *Pièces justificatives*, p. 202. C'était en 1593 que le roi tenait ce langage.

2. Lettre du roi au premier président, 30 juin 1594. (*Pièces justificatives*, p. 211.)

La Chambre obéit en effet, avec lenteur toutefois, car l'édit ne fut enregistré que trois mois après. Mais, à propos d'autres édits, les remontrances se renouvelèrent. De son côté, le roi, que le meilleur état de ses affaires rendait plus libre avec les magistrats, prit un ton plus impérieux. Au moment d'aller en Bourgogne combattre les Espagnols, Henri voulut établir, dans plusieurs provinces, des offices de receveurs, en vue de se procurer des ressources par la vente de ces charges. Le premier président, Jean Nicolay, lui représenta[1] que tous édits nouveaux étaient « reçus de mauvais œil » par les Compagnies, et en particulier les édits de création d'offices ; car, « pour un secours de deniers bien petit et souvent imaginaire, » le roi s'obligeait à payer des gages excessifs qui chargeaient son trésor, et, par cette augmentation constante du nombre des officiers, n'arrivait en somme qu'à être plus mal servi. L'un des maux de la vénalité des charges, ajoutait le premier président, était qu'on n'avait plus égard « aux facultés des poursuivants, mais seulement au prix qu'ils en offraient. » Malgré ces considérations, disait-il, la Chambre n'avait pas laissé, depuis six mois, de vérifier plusieurs édits « assez extraordinaires, » espérant, d'après les assurances données par le Conseil du roi, qu'on n'aurait plus besoin de recourir à de semblables moyens ; mais

---

1. Les remontrances eurent lieu le 23 février 1595.

il était temps d'arrêter le cours de ces irrégularités et de renoncer à des expédients dont l'effet le plus certain était de « consommer la substance du peuple et les plus clairs deniers du roi. »

« Messieurs, répondit Henri au premier président et aux députés qui l'accompagnaient, je reçois de bonne part vos remontrances. Je sais bien que tous édits nouveaux sont toujours odieux ; je l'ai fait avec autant de regret que vous en avez, et, sans la nécessité de mes affaires, vous ne seriez en peine de m'en venir faire des remontrances, que je reçois bien. Mais, quand vous avez su ma volonté, vous deviez passer outre et ne vous arrêter aux formalités que pourriez faire en autre temps. J'ai, depuis quelques années, fait vivre ma gendarmerie presque miraculeusement, sans argent, à la foule et ruine toutefois de mon peuple, qui n'a plus aucun moyen. Il faut donc que j'aie recours aux moyens qui me restent. Cet édit a été vu en mon Conseil et par moi, qui avons assez de jugement pour connaître ce qui est pour le bien de cet État. Nous trouvons qu'il se doit faire et que j'en tirerai un grand secours, sans lequel je ne puis m'acheminer en mon voyage de Lyon, où il est nécessité que j'aille promptement pour faire tête à mes ennemis, sur lesquels j'espère remporter la victoire, et après établir meilleur ordre en mes affaires que par le passé. »

Puis, ajoutant à ces graves réflexions des remarques empreintes de cette raillerie mordante qui était l'un des traits de son caractère :

« Vous m'avez dit la charge qu'apporte cet édit en mes finances, et que vous connaissez ma nécessité ; mais vous ne m'apportez point de remède pour m'en tirer et moyen pour faire vivre mes armées. Si vous me faisiez offre de 2 à 3000 écus chacun, ou me donniez avis de prendre vos gages ou ceux des trésoriers de France, ce serait un moyen pour ne point faire des édits. Mais vous voulez être bien payés, et pensez avoir beaucoup fait quand vous m'avez fait des remontrances pleines de beaux discours et de belles paroles, et puis vous allez vous chauffer et faire tout à votre commodité. Car, si seulement il y a vacation, vous ne la voulez perdre, quelque affaire pressée que ce soit, et dites : *nous avons accoutumé vaquer toujours ce jour-là*[1]. »

Mise en demeure de s'exécuter, la Chambre persista dans son opposition et n'enregistra l'édit que sur de nouvelles injonctions du roi. Impatient de ces résistances, Henri disait quelquefois « qu'il semblait que les officiers de sa Chambre prissent plaisir à refuser tout ce qu'il y envoyait, » et que pourtant on savait bien qu'il ne faisait point de « folles et inutiles dépenses » comme ses prédécesseurs et « ne jetait rien par les fenêtres[2]. » Vous gâtez toutes mes affaires,

---

1. *Pièces justificatives*, p. 213-216.
2. *Pièces justificatives*, p. 216, note 1.

disait-il un jour aux magistrats qui s'opposaient à une nouvelle aliénation du domaine[1]. Animé alors du seul désir du bien public, Henri eût voulu voir la Chambre plus docile à ses vues. « Vous devez travailler pour moi, disait-il, comme moi pour mes sujets[2]. » La Chambre pouvait avoir tort, en certains cas, de ne pas adhérer plus promptement à des sacrifices que motivaient les circonstances. Toutefois on doit dire à son excuse que, si le plus souvent elle ne voulait obéir que sur des lettres de jussion, ce n'était pas qu'elle méconnût les louables intentions du roi et refusât d'y souscrire, mais elle tenait à dégager sa propre responsabilité aux yeux du pays dont elle gardait les intérêts. Au reste, tout en montrant ces brusqueries, Henri savait gré à ses gens des comptes du soin qu'ils prenaient de la conservation de ses finances. Il avait par moments regret de ses vivacités. « Vous ne savez pas mes affaires, leur disait-il, et le tourment et travail que j'ai en l'esprit qui me cause quelquefois d'user de rudes paroles[3]. »

Naturellement rebelle à toute création d'offices, la Chambre, on le conçoit, l'était davantage quand il s'agissait d'introduire de nouveaux magistrats dans son sein. Le fait se présenta au mois de mai 1597. Le moment était critique. Les Espagnols, qui venaient

---

1. *Pièces justificatives*, p. 220, n° 283.
2. *Pièces justificatives*, p. 218.
3. *Pièces justificatives*, ibid.

de s'emparer d'Amiens, n'étaient qu'à deux jours de marche de Paris. Henri se disposa à faire tête à l'ennemi ; mais, pour assurer la solde de son armée, il lui fallait 600 000 écus. La ville de Paris lui en donna 120 000. Pour parfaire le reste de la somme, il demanda des secours à d'autres villes ; il se résolut en outre à créer de nouveaux officiers dans plusieurs de ses cours. Dans la Chambre des comptes en particulier, il voulait ajouter deux présidents, huit maîtres, deux correcteurs et quatre auditeurs.

Loin d'approuver cette mesure, la Chambre était d'avis qu'il eût fallu bien plutôt réduire le nombre des anciens officiers. Henri avait déjà subi les remontrances des autres cours. Il disait, non sans raison, que ce qu'il lui fallait à cette heure, c'était une compagnie de gens de guerre, tandis que, s'il venait à se perdre faute de troupes, la Chambre et les autres compagnies ne lui serviraient de rien. Les pourparlers entre lui et la Chambre se prolongèrent pendant plus d'un mois. Dans l'une des dernières entrevues qu'il eut à cette occasion avec le premier président, le roi, entouré de tous les membres de son Conseil, se plaignit avec sa vivacité habituelle des lenteurs de la Chambre. Il dit qu'il eût volontiers donné 100 000 écus pour que l'édit eût été vérifié huit jours plus tôt, tant le secours qu'il en attendait était urgent, et qu'en ce moment il ferait plus avec 10 000 hommes pour la reprise d'Amiens, que plus tard avec 40 000, quand l'ennemi se serait rendu plus fort. Il ajouta que pour sauver l'État, il était disposé à « mettre tout son peuple en chemise et lui pareillement; » que, dans deux jours, il partait pour Amiens; que, connaissant mieux que personne la nécessité de ses affaires, il voulait être obéi; qu'il avait commencé « par ceux du bonnet rond, » et continuerait par « ceux d'épée. » Sur de nouvelles observations du premier président, il répliqua n'être point d'humeur à souffrir qu'on fît de lui un roi d'Yvetot et ordonna que le jour même l'édit fût vérifié, sans quoi il enverrait le lendemain un prince l'exiger en son nom devant la Chambre assemblée. Il termina en menaçant de suspendre les magistrats opposants. Malgré ces injonctions pressantes, la Chambre n'enregistra l'édit que le 23 juin suivant; encore Henri avait-il dû transiger et réduire le nombre des nouveaux officiers [1].

En invoquant l'intérêt du pays, Henri trouvait quelquefois un langage digne d'être conservé par l'histoire. L'édit dont nous avons parlé était à peine vérifié, que le roi, parti pour assiéger Amiens, envoyait monsieur de Caumartin, président en son Grand Conseil, demander à la Chambre d'en vérifier un autre. Dans le discours qu'il adressa aux magistrats,

---

1. Il se contenta de quatre maîtres, deux correcteurs et quatre auditeurs; de cette création, ainsi réduite, il tira 90 000 écus. Pour les détails de cette affaire, voir *Pièces justificatives*, p. 229-234.

l'envoyé du roi ne se fit pas seulement l'interprète des sentiments de son maître, il transmit les paroles mêmes qu'il avait entendues de sa bouche et que reproduisait en partie une lettre adressée par ce prince au premier président[1]. Le roi, disait le sieur de Caumartin, est maintenant « logé à la portée du canon. » La Chambre ne peut égaler le dévouement d'un prince qui hasarde sa vie pour notre défense; elle peut du moins lui prouver son affection en l'aidant de quelque secours. Après l'avoir fidèlement servi jusqu'à cette heure, ses sujets ne doivent point le délaisser dans cette nécessité, la plus grave qui fût jamais. « L'ennemi est dans nos entrailles; » il n'est qu'à deux journées de la ville capitale et tient une des clefs de la France. Dieu nous met entre les mains les moyens de le chasser sans retour et d'obtenir la paix que nous souhaitons. Mais, pour y parvenir, il faut

---

[1] M. Petitjean a cité cette lettre dans son discours. Dans cette lettre, le roi disait au premier président : « Vous en savez autant que personne sur l'état de mes affaires. Je ne puis sans moyens extraordinaires soutenir ce fardeau si pesant, et sans user de violence, chose que je ne ferai jamais à l'endroit de mes sujets. Je n'en ai point trouvé de plus expédient, que par la création de nouveaux offices... dont j'envoie mon édit en ma Chambre des comptes, pour être vérifié. A quoi je vous prie tenir la main... Je vous y convie par votre devoir, par le service que vous me devez, et par le service de mon royaume, qui semble aujourd'hui être attaché au bon ou mauvais succès de cette entreprise. Faites-le aussi pour l'amour de moi, qui suis en ce péril pour sauver l'État et pour chercher le repos de mes sujets au hasard de ma vie, exposée à tous moments à ce danger... » (Lettre écrite du camp devant Amiens, le 29 juillet 1597.)

tenter un dernier effort, il faut, comme on dit, « jeter l'ancre sacrée. » L'ennemi nous menace du joug que supportent les habitants d'Amiens et qui serait pire que « mille morts. » Pour détourner ce malheur, le roi « vous prie, vous exhorte, vous conjure, par la fidélité que vous lui devez, par l'affection qu'il vous porte, par le désir qu'il a de vous conserver plus que sa propre vie, de le secourir par le prêt de quelque notable somme de deniers dont il puisse supporter les frais de son armée, puisque les autres moyens lui manquent, et donner sujet par votre exemple à tous les autres de n'épargner point ce que l'on doit mépriser pour maintenir sa liberté, pour la défense de sa patrie et pour demeurer Français. » Comment la Chambre eût-elle été insensible au patriotisme ardent que respirait ce langage? Elle enregistra l'édit, à la charge toutefois « que les deniers ne pourraient être employés que pour le payement des gens de guerre [1]. »

Une chose dont se louaient les magistrats, au retour de leurs entrevues avec le roi, était le ton familier de son accueil et le manque absolu d'apprêt dans ses rapports. Il pouvait, à l'occasion, s'irriter de leurs résistances; mais, la première colère passée, il les traitait amicalement, les invitait à « visiter les agréments » de sa demeure, les interrogeait sur eux, sur

---

[1] *Pièces justificatives*, p. 235-237.

leurs familles, et semblait se plaire à leur donner des marques de sa sollicitude. Nous trouvons quelques traits de cette affectueuse familiarité dans les entrevues qu'amenèrent entre lui et les magistrats certaines mesures relatives à l'exécution de l'édit de Nantes. Le 17 mars 1599, le premier président et plusieurs officiers de la Compagnie avaient été mandés par le roi à Conflans. Ils arrivèrent dans l'après-midi et montèrent à la chambre du roi, qu'ils trouvèrent sommeillant sur son lit. Près de lui, Rosny et quelques seigneurs tenaient conseil. Rosny s'avança vers le premier président et lui expliqua de quoi il s'agissait. Il l'informa que sous peu la Chambre recevrait un édit aux termes duquel les officiers de l'une et l'autre religion devaient être admis indifféremment à siéger dans la Cour, et qu'un édit semblable avait été envoyé à toutes les compagnies souveraines. Le roi, se réveillant à ce moment, confirma le dire de Rosny; puis, attirant à part les magistrats dans un cabinet, il leur déclara qu'il les avait appelés pour leur répéter les mêmes choses qu'il avait dites à son Parlement, à savoir « qu'il avait eu envie de faire deux mariages en France, le premier de sa sœur unique[1], le second de ses sujets les uns avec les autres; qu'il avait fait l'un et l'autre, et ne restait qu'à faire vérifier l'édit qu'il avait fait pour

---

1. Catherine de Bourbon, mariée en 1599 au duc de Bar.

l'union de ses sujets; que son Parlement y avait satisfait, et espérait le même de la Chambre et de la Cour des aides. » Il ajouta que, s'ils avaient quelques remontrances à faire, il les recevrait de bonne part.

Quelques jours après, la Chambre ayant jugé qu'il y avait en effet lieu à des remontrances, le premier président, accompagné de deux conseillers maîtres, arriva au château de Fontainebleau, vers sept heures du matin. Le roi, qui était allé entendre la messe à Saint-Mathurin, où il avait sa chapelle, ne rentra que sur les cinq heures du soir. Comme il montait le perron, les magistrats le saluèrent et lui apprirent le motif de leur visite. A quoi le prince répondit qu'ils étaient les bienvenus, mais que, pour le moment, il souffrait d'un mal de tête qui le mettait hors d'état de les entendre, et que le lendemain, s'il n'était empêché d'une médecine qu'il avait à prendre, il les ferait appeler dès le matin. Il leur demanda ensuite « s'ils avaient vu sa maison, et autres propos de bonne réception. » Revenus le lendemain à huit heures du matin, les magistrats apprirent qu'on refusait l'entrée de la chambre du roi « pour la douleur de sa médecine. » Mais, vers midi, ce prince, informé de leur présence, les fit introduire dans la chambre où il était couché. Invité à s'expliquer, le premier président dit au roi que la Compagnie ne s'opposait point à ses volontés, qu'elle avait même fait diligence pour le satisfaire, tout en ayant éprouvé de la lecture d l'édit une impression de tristesse ; mais qu'elle ne voyait pas sans appréhension un si grand nombre d'offices, et surtout les offices de finances, devenir accessibles à ses sujets de la religion réformée ; car, s'ils entraient aux recettes générales et particulières, « tous les deniers de France » iraient aux mains de leur parti, et « ce seraient autant de trésors assemblés pour fournir aux dépenses de la guerre et se rendre maîtres des places et des hommes. » Le roi répondit « qu'il n'y avait point de parti en France ; qu'il empêcherait bien que de son vivant il y en eût d'autres ; qu'il voulait que la Chambre et tout son peuple connût et sût assurément qu'il était de la religion catholique, apostolique et romaine, et qu'il y voulait vivre et mourir. » Et comme le premier président essayait de nouvelles représentations, il reprit que la Chambre ne gagnerait rien à différer la vérification de l'édit, « qu'il fallait qu'il fût exécuté pour le bien de l'État, repos et tranquillité de ses sujets, et qu'on eût à le passer purement et simplement » selon son intention. « Sur ce, à cause des inquiétudes que le roi recevait de sa médecine, se serait levé ; et se levant, leur aurait donné congé, avec le témoignage d'un bon visage et du bonheur de ces bonnes nouvelles [1]. »

Dans les divers faits que nous avons rapportés,

---

[1]. *Pièces justificatives*, p. 244-249.

nous avons vu Henri montrer un sincère amour du bien public, joint à des sentiments élevés de patriotisme. Nous allons le voir, dans une autre circonstance, révéler une véritable grandeur d'âme. Au commencement de l'année 1603, la Chambre avait reçu des lettres du roi qui octroyaient tous les biens du feu maréchal de Biron à son frère monsieur de Saint-Blancard. Le premier président vint lui dire qu'il n'était pas un seul officier de la Chambre qui n'eût ressenti un mouvement d'indignation à l'idée de voir les héritiers d'un homme qui avait trahi la couronne honorés de ce bienfait; que la loi romaine était si sévère pour le crime de trahison, que, non contente de frapper les coupables, elle étendait sa rigueur jusque sur les enfants, pour émouvoir les esprits par un plus éclatant exemple; et qu'il suppliait très-humblement Sa Majesté, au nom de toute la Compagnie, de revenir sur ses dispositions.

« A quoi aurait été répliqué par Sadite Majesté qu'elle louait leur zèle et l'affection qu'ils avaient à sa personne; que cette difficulté leur était bien séante, comme à lui d'user de grâce et de sa clémence accoutumée envers ceux qui ne l'avaient point offensé; que ledit sieur de Saint-Blancard était de cette qualité, duquel il se servirait aussi volontiers, et des autres parents dudit feu maréchal, comme il avait du regret à la faute qu'il avait commise; que chacun savait combien il avait désiré de le réduire et sauvre, s'il eût pu, sans faire tort à son État et à M. le dauphin, lequel il délibérait de faire nourrir avec un tel soin, et auprès de lui tant de jeunesses bien nées et conduites avec un si bon exemple, que ce serait une pépinière d'honneur et de vertus pour rétablir ce que la licence des guerres avait corrompu et dépravé en la plupart de ses sujets. Voulait et entendait que la Chambre vérifiât ledit don sans plus y apporter de difficulté. Qu'il ne voulait ressembler aux princes qui font mourir leurs sujets pour avoir leurs biens; qu'au contraire, il voulait donner de son bien pour conserver leur vie; que son cœur n'était pas de s'enrichir de telles dépouilles; pardonnait volontiers à ses ennemis selon les commandements de Dieu, et ne lui restait aucun esprit de vengeance, mais une affection paternelle envers son peuple, pour l'utilité duquel il reconnaissait que Dieu lui avait mis le sceptre en main [1]. »

Par respect pour la vérité historique, nous devons dire que Henri IV ne se montra pas toujours dans des dispositions aussi honorables pour sa mémoire, et que, dans les dernières années de son règne surtout, il se livra, envers la Chambre, à des colères injustifiables. Au mois d'août 1603, il avait pourvu un sieur Gobelin de l'office de président, vacant par la résignation et la mort du président de Charmeaux.

---

[1]. *Pièces justificatives*, p. 264-268.

Ce sieur Gobelin avait servi le roi pendant les troubles en qualité de comptable, et, conformément aux règlements, la Chambre devait examiner ses comptes avant de l'admettre en son sein. Le roi, qui n'ignorait pas cet usage, avait octroyé des dispenses à son protégé. La Chambre résista, et, au mois de décembre, l'affaire était encore pendante. Le roi, mandant au Louvre le premier président avec plusieurs autres magistrats, leur demanda avec emportement la raison de leur résistance. Il leur dit qu'il savait que, dans la Chambre, il était des officiers qui haïssaient Gobelin ; que MM. des comptes « faisaient les rois et les ordonnateurs ; mais qu'il avait l'avantage sur eux, pour ce qu'il les pouvait casser s'ils n'obéissaient à ses commandements, » et qu'il voulait que le sieur Gobelin fût reçu sans autres formalités. « Si c'était pour vos parents, vous n'useriez de tant de remises, » ajouta-t-il. Puis il reprit : « Ne vaudrait-il pas mieux que vous me contentiez tout d'un coup, que d'attendre tant de jussions et de commandements, puisqu'il faut qu'il soit reçu. Je le veux, je vous le commande, et qu'il n'en soit plus parlé ! » La Chambre consentit à enregistrer la dispense ; mais l'affaire, pour cela, ne fut pas terminée. Forte de son droit, la Compagnie commit six auditeurs à l'examen des comptes du sieur Gobelin. Le défaut de certaines pièces nécessaires à cet examen occasionna de nouveaux retards, et, malgré des jussions réitérées, le président Gobelin ne fut admis à prêter serment que le 6 avril 1604 [1].

Un dernier trait que nous citerons, et plus fâcheux encore pour la mémoire de Henri IV, fournit à la Chambre l'occasion de s'honorer par sa résistance. Au mois de mars 1604, on envoya à la Cour un édit qui supprimait les six offices de payeurs des rentes de l'Hôtel de ville, institués dix ans auparavant malgré l'opposion de la Compagnie [2]. Le dessein du roi était de réunir leurs fonctions entre les mains d'un traitant mal famé, du nom de Moisset-Montauban, ancien tailleur de la cour et parvenu, par l'intrigue, au poste de trésorier de l'argenterie. Le premier président, Jean Nicolay, accompagné de divers députés de la Chambre, alla au Louvre présenter les remontrances. Il déclara au roi que les principaux habitants de Paris ne dissimulaient pas leur mécontentement de voir leurs intérêts confiés à un ancien artisan qui semblait « plus propre à quelque manufacture qu'à manier les

---

1. *Pièces justificatives*, p. 268 (n° 336), 271 et 272 (n° 340).
2. Déjà, en janvier 1599, le roi, ayant besoin de 50 000 écus pour les frais de noces de sa sœur, Catherine de Bourbon avait voulu supprimer les officiers du sel créés par lui quelques années auparavant, et réunir leurs attributions au profit d'un sieur Josse. « Sire, lui dit à cette occasion Jean Nicolay, faire la loi est une marque de puissance souveraine, mais l'observer soi-même est l'effet d'une royale justice et magnanimité. Votre Majesté a créé durant les troubles les officiers du sel par édits solennels, qui ont été vérifiés en votre Chambre des comptes. D'enfreindre à présent cette loi par une autre contraire, au dommage de ceux qui ont, de bonne foi, contracté avec vous, serait les priver de ce qu'ils possèdent à juste titre, et, n'ayant point forfait, les rendre sans honneur. » (*Pièces justificatives*, p. 242-244.)

deniers publics. » Il défendit en même temps avec force la cause des officiers supprimés, disant que, d'après les lois de l'État, des officiers ne pouvaient perdre leurs charges que dans trois cas : mort, forfaiture ou résignation. Développant cette idée, il ajoutait :

« Il vous a plu, sire, en l'année 1594, créer six receveurs des rentes de votre ville de Paris, qui ont été reçus en votre Chambre et joui paisiblement de leurs offices, sans avoir jamais été accusés ni repris en justice, qui est le seul cas auquel vos ordonnances permettent de les destituer. Car, de les vouloir rembourser contre leur gré, sans un édit dûment vérifié, par menaces et intimidations, saisie de leurs biens et emprisonnement de leurs personnes, à l'appétit et poursuite de quelque particulier désireux d'entrer en leur place, c'est une voie, sire, qui n'a point encore été tenue en ce royaume..... Ce n'est pas que nous les voulions excuser, s'ils ont failli et malversé en leurs charges : la justice est toujours ouverte et les juges disposés à recevoir les plaintes. Mais, de commencer par l'exécution avant la condamnation, destituer des officiers avant qu'ils soient accusés, les supprimer, non pour éteindre leurs charges, mais les réunir en un seul office, lequel pourra tomber en main de personne peu expérimentée en un si grand maniement... c'est faire une plaie autant dommageable à Votre Majesté qu'elle sera honteuse aux officiers

qui seront destitués sous l'appui de votre autorité...
Ne permettez donc, s'il vous plaît, sire, que l'on dise
qu'au temps où il a plu à Dieu vous donner sa paix
et faire la grâce à Votre Majesté rétablir les désordres
que les troubles passés avaient apportés en ce
royaume, qu'au temps que les lois sont en honneur,
vos règlements en vigueur... il se lise en nos registres des officiers avoir été destitués et honteusement dépossédés de leurs offices sans aucune forme
de procès, au profit d'un particulier incapable d'une
si grande charge et qui a déjà rendu ses actions sus-
pectes par des compositions et contre-lettres illicites
et réprouvées par vos ordonnances..... »

A des représentations si justes et empreintes d'un
si vif sentiment de loyauté, le roi répondit par des
insinuations malveillantes et des menaces :

« Vous dites que les anciennes ordonnances portent
que les officiers ne peuvent être destitués, sinon en
trois cas : de mort, forfaiture ou résignation. Mais
c'était au temps que l'on donnait les offices et que les
hommes y étaient appelés par leurs mérites et vertus.
A présent qu'on les achète, en les remboursant, je les
puis renvoyer en leurs maisons, même des officiers
de la qualité des receveurs de la ville, à la création
desquels vous avez tant résisté; et à présent que je
les veux supprimer pour leurs malversations, vous
vous opposez à ma volonté et défendez leur cause
comme si vous étiez leurs protecteurs ! Ils vous ont

donné de l'argent pour les défendre et vous payent vos rentes par avance et faveur, et ne voulez que cela ne soit vu ni su. »

Les protestations du premier président ne firent qu'augmenter l'irritation du roi : « Vous ne vous souvenez plus, s'écria-t-il, du temps auquel vous étiez tous réfugiés et écartés en plusieurs lieux, bannis de vos maisons, où je vous ai remis. Les rois, mes prédécesseurs, vous ont donné trop d'autorité; je la rabaisserai... Si lundi matin vous ne satisfaites à mon commandement, je vous ferai connaître que je suis votre roi, et mardi je vous suspendrai tous et commettrai en vos places. » La Chambre était disposée, malgré ces menaces, à persister dans son opposition. Mais, le lendemain, Sully vint dire que si l'affaire ne se terminait sur-le-champ, le roi tomberait malade de ressentiment. La Chambre céda, et Montauban fut admis à prêter serment, en se soumettant toutefois à la perte de ses offices, si l'on trouvait qu'il eût jamais été « entaché de fausseté [1] ».

Les différends des dernières années n'altérèrent point l'affection qui n'avait cessé d'unir la Chambre à Henri. Elle donna une nouvelle preuve de ces sentiments lors de la mort de ce prince. L'annonce de cet

---

1. *Pièces justificatives*, p. 273-278. Sous la régence de Marie de Médicis, la Chambre put faire justice de l'homme dont la présence était un déshonneur pour elle. Elle le fit mettre en prison, et on saisit tous ses biens.

événement était parvenue à la Chambre peu après l'attentat, entre cinq et six heures du soir. Le premier président, s'adjoignant aussitôt les magistrats présents, se dirigea vers le Louvre, dont les abords étaient garnis de troupes qu'on avait rassemblées en hâte par mesure de précaution. Introduits auprès de la reine, les magistrats se prosternèrent à ses pieds :

« Madame, lui dit le premier président après que la reine l'eut invité à se relever, ce petit nombre d'officiers qui s'est rallié en votre Chambre pour vous venir représenter le corps et le cœur de toute notre Compagnie, vous apporte ses larmes, vous offre ses biens et est prêt d'exposer sa vie jusqu'au dernier soupir pour le service du roi votre fils et celui de Votre Majesté. C'est peu ce que nous vous offrons, au regard de la perte très-grande que vous avez faite et nous aussi... Nous avons perdu notre père, notre maître et notre bon roi. Les deux dernières qualités sont communes à tous les princes souverains ; mais la première est due singulièrement au feu roi, puisque tant de fois il nous a sauvés du naufrage et relevé la France au péril de sa vie... Nous vous offrons derechef, au nom de tous les officiers de votre Chambre absents, une affection si fidèle et si entière au service du roi et de Votre Majesté, que la vie nous manquera plutôt à tous, qu'un seul défaille à son devoir[1]. »

---

1. *Pièces justificatives*, p. 287-290.

III

Sous Henri IV et même sous les Valois, la Chambre et les autres Cours souveraines avaient joui d'un pouvoir incontesté contre lequel la royauté, ainsi qu'on l'a vu, se heurtait parfois avec emportement, mais qu'elle ne laissait pas de respecter, au moins dans son principe, comme une des grandes institutions de l'État. A partir de l'année 1610, la Chambre et les autres Compagnies virent leur autorité sans cesse battue en brèche, et l'on ne suit pas sans tristesse, dans les textes du XVIIe siècle, le progrès rapide de leur affaiblissement [1]. On peut même établir que les qualités personnelles de Henri IV apportèrent seules un arrêt momentané aux tendances qui, depuis François Ier, entraînaient la monarchie vers le pouvoir absolu. Au lendemain même de la mort de Henri IV, la Chambre éprouva que la royauté ne voulait plus souffrir ni entrave ni contrôle. Ce prince avait, dans un dessein de prévoyance, amassé à la Bastille des sommes

---

1. Il est superflu de faire remarquer au lecteur le rapport qui existe entre cet affaiblissement des cours souveraines et la disparition des états généraux, qui eut lieu à la même époque.

considérables et défendu de les en tirer, « si ce n'était pour les affaires de la guerre très-importantes et en vertu de lettres patentes adressées à la Chambre et vérifiées par elle. » Au mois de février 1614, la régente Marie de Médicis, qui prodiguait sans mesure ni raison les deniers de l'épargne et livrait « dons, récompenses ou pensions à des gens qui n'avaient ni mérite ni qualité, » voulut prendre un million sur cette précieuse réserve. Les magistrats, après quelques représentations, accordèrent la somme qu'elle demandait. Au bout de trois mois, elle réclamait encore 1 500 000 livres. La Chambre résista et ne se rendit que sur des lettres de jussion. Mais un an ne s'était pas écoulé que la régente exigeait de nouveau 1 200 000 livres. Cette fois, la Chambre refusa net, et, à cinq reprises différentes, malgré les jussions ou les ordres donnés de vive voix, persista dans son refus. Irritée de cette résistance, la reine mère usa d'un moyen violent. Elle se transporta avec le jeune roi au château de la Bastille et fit procéder devant elle à l'extraction des caisses[1]. Ce n'était là que le début d'usurpations plus graves.

Jusqu'alors les rois n'avaient envoyé à la Chambre un prince du sang prononcer l'enregistrement d'un édit qu'à la dernière extrémité et quand, de part et d'autre, on avait épuisé les ordres et les remontrances. Depuis le tragique événement par lequel Louis XIII

---

1. *Pièces justificatives*, p. 298-300, 305 et 306.

inaugura son pouvoir, on trouva plus expéditif d'employer ce moyen d'abord et sans autres formalités. En trois ans, du 30 avril 1619 au 19 mars 1622, la royauté eut recours cinq fois à ce procédé sommaire[1]; cinq fois, elle envoya à la Chambre un prince du sang, tantôt le comte de Soissons, tantôt le prince de Condé, tantôt Monsieur, frère du roi, prononcer, séance tenante, l'enregistrement de ses édits[2]. En chaque occasion, le premier président protesta, au nom de la Compagnie, contre un acte qui faisait des officiers de la Chambre, non plus des « juges, » mais de simples « auditeurs » des ordres de la royauté, disant hautement que les édits des rois étaient « autant de contrats qu'ils passaient avec les peuples, » et que les Cours « qui les vérifiaient, après en avoir soigneusement examiné le mérite, étaient les pléges (garants) envers eux de la parole des princes[3] ».

1. L'influence d'Albert de Luynes (mort le 14 décembre 1621), qui gouvernait alors sous le nom de Louis XIII, ne fut pas étrangère au choix de ce moyen.
2. Voici les dates de ces séances : 1º Séance du comte de Soissons, 30 avril 1619. (*Pièces justificatives*, p. 325-327.) — 2º Séance du prince de Condé, 24 février 1620. (*Ibid.*, p. 332-334.) — 3º Séance du même, 5 avril 1621. (*Ibid.*, p. 335-338.) — 4º Séance du duc d'Anjou, frère du roi, 4 mai 1621. (*Ibid.*, p. 339-341.) — 5º Séance du prince de Condé, 19 mars 1622. (*Ibid.*, p. 346-348.)
3. A l'une de ces séances où était venu le prince de Condé, le 24 février 1620, le premier président commença son discours par ces mots : « Monsieur, voici la deuxième fois que le roi a été conseillé d'envoyer en cette Compagnie messieurs les princes de son sang pour y faire lire et publier des édits de son autorité absolue... Votre présence, au lieu de nous encourager à donner nos voix et nos suffrages à la

On pense bien que ce n'était pas avec Richelieu que la Chambre pouvait espérer de recouvrer ses priviléges. L'impérieux cardinal considérait l'opposition des Compagnies, dit Daguesseau, « comme une des croix les plus pesantes de son ministère. » Mais ce mot même atteste que la Chambre n'avait pas encore perdu toute influence [1]. Dans une assemblée de notables qui eut lieu au Louvre en présence du roi, le premier président ne craignit pas de s'élever avec force contre l'usage inconsidéré qu'on faisait des deniers de l'État, lesquels, destinés en apparence à de graves nécessités, ne servaient en réalité qu'à gratifier de pensions des gens avides ou d'inutiles serviteurs. « Cette dépense de pensions excessives et continuelles, osait-il dire au roi, contraint aujourd'hui Votre Majesté d'avoir recours à plusieurs moyens extraordinaires qui chargent tellement votre État, que si

---

vérification de ces édits, nous impose un silence honteux à des juges et nous rend muets en nos places... » Et plus loin : « Que s'il vous plaît passer outre à la vérification de ces édits nouveaux, dont la substance nous a été célée jusques à présent, au moins que notre présence et notre silence ne nous soit imputé ci-après à aucun aveu et consentement, mais au seul respect et obéissance au roi, notre souverain. »

1. Ce reste d'influence est encore attesté par l'attitude du cardinal envers les magistrats. Loin de se montrer rude ou méprisant comme Colbert le fut plus tard, il leur témoignait beaucoup de politesse, les recevant « de bon visage, » leur faisant « de grands compliments, » remerciant la Chambre « de l'honneur qu'elle lui faisait. » (*Pièces justificatives*, p. 394, n° 486.) On vit même la Chambre refuser pendant deux ans la réception d'un officier que lui recommandait Richelieu. (*Ibid.*, p. 410, n° 503.)

Votre Majesté n'y pourvoit par un bon ordre et règlement, ou votre peuple secouera le joug (ce que Dieu ne veuille permettre), ou bien il fondra sous le faix de sa pauvreté[1]. » Il est vrai qu'on était en 1626, c'est-à-dire au début de l'administration de Richelieu. Dès lors on voit encore la royauté notifier ses édits et recevoir les remontrances, comme si la situation fût la même que par le passé. Mais les remontrances deviennent rares; les jussions ont lieu moins pour vaincre les résistances des magistrats que pour hâter les effets d'un consentement qui semble assuré d'avance. Que si l'on craint les lenteurs, on envoie un prince du sang ordonner l'enregistrement immédiat[2]. Il n'y a plus de la part de la royauté ces impatiences, ces colères, qui témoignaient que la Compagnie pouvait être un obstacle à son autorité. Les remontrances entendues, le roi dit ces mots : « Je le veux, » et c'est tout. On sent que la Chambre s'amoindrit et que la royauté est toute prête à se passer d'elle.

---

1. *Pièces justificatives*, p. 371-374.
2. Ainsi arriva-t-il pour une énorme création d'offices qui eut lieu en la Chambre, et dont l'édit fut enregistré par exprès commandement en présence du duc d'Orléans, savoir : huit maîtres, sept correcteurs, dix auditeurs, un contrôleur héréditaire des greffes, un premier huissier du semestre de juillet, deux nouveaux contrôleurs généraux des restes, trois relieurs, quatre huissiers, et enfin une chancellerie composée d'un audiencier, un contrôleur, un chauffe-cire et un clerc d'audience, le tout créé pour subvenir, par la vente de ces offices, aux besoins du Trésor. (*Pièces justificatives*, p. 394, n° 486.) Voir *Ibid.*, p. 383-386, deux séances du comte de Soissons, l'une du 10 février 1631 et l'autre du 12 avril 1633.

Au sortir des dix-huit années du ministère de Richelieu, la Chambre semble retrouver une partie de son ancien ascendant. Affaiblie par une nouvelle minorité, la royauté ménage les magistrats, cherche même à se les concilier par les distinctions et les faveurs. Une ordonnance de janvier 1645 conféra la noblesse aux « présidents, maîtres ordinaires, correcteurs et auditeurs, avocats et procureurs généraux et greffier en chef » de la compagnie [1]. Mais ces honneurs n'empêchaient pas la Chambre de ressentir vivement les blessures qui pouvaient encore être faites à son autorité, et, dans une séance du 28 avril 1648, où le duc d'Orléans était venu faire enregistrer des édits sans vérification, le premier président, Antoine Nicolay, prononça un discours dont nous extrayons ce remarquable passage :

« Monsieur, la joie que cette compagnie reçoit de votre présence est beaucoup diminuée, lorsqu'elle considère que l'on se sert d'une voie si fréquente, afin de lui ôter les marques d'honneur et d'autorité qui lui ont été données par nos rois. On nous ferme la bouche, on nous ôte la parole… Cette puissance absolue avec laquelle on nous veut enlever la liberté de nos sentiments a toujours été réprouvée par la plus

---

1. Ce fut aussi une manière de tirer de l'argent de la Compagnie. Cette ordonnance fut révoquée en 1664 par Louis XIV en haine des Cours souveraines; le besoin d'argent la lui fit renouveler et confirmer en 1704.

juste et la plus saine politique. Et de fait, c'est renverser les fondements de cet État, c'est rompre le lien qui unit la souveraine puissance avec les sujets... Plus l'autorité est souveraine et absolue, plus elle a d'intérêt de conserver la dignité des puissances souveraines : car les volontés des rois ne sont jamais mieux reçues par leurs peuples que lorsqu'elles passent par les suffrages de ces augustes compagnies. Ainsi, monsieur, il ne sera pas dit qu'en présence d'une si illustre et si honorable assemblée, d'un si glorieux prince, aux yeux de mes enfants et de mes neveux, j'ai déguisé mes sentiments et dégénéré de la vertu de mes ancêtres, et particulièrement de quatre dont je porte le nom et qui ont occupé la même place que je tiens aujourd'hui... »

Puis, après avoir parlé du bouleversement des finances, visible alors pour tous les yeux, et flétri, dans un langage énergique, les « crimes et brigandages » que commettaient contre la fortune publique les ministres d'un gouvernement chargé de les réprimer, il ajoutait :

« Il y a longtemps que tous ces désordres ont commencé, et néanmoins on ne veut pas laisser au misérable la liberté de se plaindre ; l'on ne veut pas même souffrir que les compagnies souveraines, qui sont les protecteurs des peuples, représentent leurs maux... Que si nos bouches sont fermées et si nos mains sont liées, à tout le moins nous sera-t-il permis de dire que notre silence n'est point un aveu ni un consentement aux édits qu'on vous fait apporter aujourd'hui, afin que tout le monde sache que nous n'avons jamais favorisé les voleries et les déréglements de l'État [1]. »

On était alors à la veille des troubles de la Fronde, et le langage du premier président se ressentait de l'émotion des esprits [2]. Durant ces troubles, où l'entraînèrent d'abord une juste indignation contre de scandaleux abus et le désir sincère d'apporter des réformes, la Chambre se mit comme les autres Cours en opposition avec la royauté, sortit de ses attributions et outrepassa ses pouvoirs [3]. A la vérité, moins engagée dans la lutte que ne l'était le Parlement, elle se retourna vers la royauté dès qu'elle reconnut que ces agitations, soulevées en apparence au nom du bien public, dégénéraient en intrigues et ne servaient qu'à masquer

1. *Pièces justificatives*, p. 422-425.
2. Le 13 mai 1648, les cours souveraines rassemblées au Palais de justice s'unissaient « pour servir le public et le particulier et réformer les abus de l'État. » Trois mois après, avait lieu la journée des Barricades.
3. Le 17 mai 1651, elle déclarait de nul effet des lettres patentes enregistrées par elle dix ans auparavant (déc. 1641), en vertu desquelles le roi, « ne pouvant rien refuser aux sollicitations de son premier ministre, qui voulait faire sentir à messieurs du clergé les effets de son souverain crédit, » s'était démis du droit de régale en faveur des évêques; « lesquelles lettres furent expédiées au dit ministre et la vérification poursuivie et violemment emportée par brigues et sollicitations continuelles et lettres de jussion, sans avoir égard aux arrêts de refus, raisons et remontrances verbales qui à diverses fois furent faites. » (*Pièces justificatives*, p. 442, 443.)

des ambitions particulières[1]. Malgré les preuves qu'elle donna de ce retour, elle se vit enveloppée dans le ressentiment dont la royauté, une fois maîtresse de la situation, poursuivit le Parlement et toutes les Cours souveraines. Dès le mois de décembre 1652, des lettres patentes cassaient un arrêt de la Chambre, qu'elles déclaraient « un attentat sans exemple sur l'autorité royale[2]. » En outre, depuis ce moment jusqu'à la mort de Mazarin, on coupa court à tout essai de remontrances en envoyant le frère même du roi, le duc d'Anjou, présider d'office à l'enregistrement des édits[3]. Après la mort de Mazarin, les rigueurs redou-

1. En présence du duc d'Orléans et du prince de Condé qui venaient d'arborer le drapeau de la rébellion, le premier président osa dire « qu'on ne saurait donner atteinte à l'autorité du roi, que les princes n'en reçussent en même temps le contre-coup, » et qu'en souffrant le mépris de cette autorité un prince « instruisait les peuples au mépris de lui-même. » (Séance des princes, 22 avril 1652. *Pièces justificatives*, p. 447-449.) Dans un autre discours où il déplorait les discordes qui désolaient la France : « Malheureux, s'écriait-il, sont les peuples consommés par les flambeaux de la guerre civile, mais plus malheureux ceux qui les peuvent éteindre et ne le veulent pas. » (Discours préparé par le premier président pour répondre au message des princes, juillet 1652. *Ibid.*, 450-451.)

2. *Pièces justificatives*, p. 446. Ces lettres furent apportées le 17 décembre par le duc d'Anjou, frère du roi. On possède à la bibliothèque nationale deux minutes de ces lettres auxquelles est jointe une instruction intitulée : *Mémoire contre la Chambre des comptes de Paris, qui voulait régler le revenu du roi à sa fantaisie et l'empêcher de disposer de son revenu selon son bon plaisir.*

3. Outre les lettres patentes dont nous parlons ci-dessus, le duc d'Anjou fit enregistrer un certain nombre d'édits : les 9 mars 1654, 20 mars 1655 et 4 avril 1659. A la séance du 4 avril 1659, il apportait dix-neuf édits ou déclarations. Dans cette séance, le premier

blèrent. En 1661, c'est-à-dire l'année même où Louis XIV prenait les rênes du pouvoir, on déférait un maître des comptes à la chambre de justice instituée contre les financiers, malgré les protestations de la Compagnie, qui déclarait qu'à elle seule appartenait le droit de juger l'un de ses membres et qu'on violait ses priviléges [1].

Quelques années après, en 1668, on suspendait de ses fonctions le premier président pour refus d'enregistrement d'un édit [2]. Loin de trouver un protecteur dans Colbert, la Chambre éprouva de sa part une hostilité que n'avait jamais montrée Richelieu [3]. Les derniers coups furent enfin portés par l'ordonnance du mois de février 1673, qui prescrivit à toutes les Cours l'enregistrement *immédiat* des actes de la royauté, en ne leur laissant que la faculté dérisoire de présenter

président fit un discours « tant sur l'obéissance et fidélité des officiers de la Chambre au roi, que sur la liberté des suffrages qui leur étoit ôtée au jugement des édits par les voies extraordinaires de la publication et enregistrement d'iceux. » (*Pièces justificatives*, p. 473, 475, 485.)

1. *Pièces justificatives*, p. 492.
2. *Pièces justificatives*, p. 509-515. Cette suspension fut maintenue pendant quatre ans.
3. Colbert affectait même à l'égard des magistrats une sorte de mépris. Se présentaient-ils pour le voir, il leur faisait répondre « par son portier qu'il était enfermé et ne voulait voir personne. » (*Pièces justificatives*, p. 507.) Parlant de deux membres de la Compagnie admis à faire partie de la chambre de justice de 1661 : « Deux grosses bêtes, disait-il, deux vrais maîtres des comptes. » Il eut une grande part à l'ordonnance de 1673. Voy. *Lettres, instructions et mémoires de Colbert*, par P. Clément, in-8º. Paris, 1859-1870.

des observations *dans la huitaine qui suivrait l'enregistrement*[1].

Dès lors, et pendant près d'un demi-siècle, les remontrances furent abolies. Le mot même de remontrances n'avait pas été prononcé dans l'ordonnance de 1673, et, ce qui n'était pas moins significatif, les Cours y étaient appelées non plus *souveraines*, mais *supérieures*[2]. Ainsi que l'avaient demandé plus d'une fois les trop zélés partisans de la royauté, les Compagnies remplirent à partir de ce moment l'unique office de tabellions. Si la Chambre se voit encore admise à élever la voix en présence du monarque, c'est pour adresser des compliments ou des harangues en des circonstances solennelles qui intéressent la famille royale ou l'éclat de la couronne[3]. Il est vrai qu'à la mort de Louis XIV la situation parut se modifier. Pour complaire au Parlement, qui avait cassé en sa faveur le testament du feu roi, le régent restitua aux Compa-

---

1. Voy. cette ordonnance dans Isambert, *Recueil des anciennes lois françaises*, t. XIX, 70-73. Daguesseau dit que les remontrances célèbres présentées par le Parlement à cette occasion « furent regardées comme le dernier cri de la liberté mourante. » A partir de ce moment jusqu'à la mort du roi, ajoute-t-il, « c'est-à-dire pendant quarante-deux ans, l'enregistrement de tous les édits et de toutes les déclarations devint tellement de style, que les conseillers au Parlement ne prenaient pas même la peine d'opiner sur ce sujet. (*Œuvres*, t. XIII, p. 545.)

2. Selon quelques écrivains, cette appellation de *Cours souveraines* aurait cessé d'être en usage dès 1665; mais on la voit subsister dans les actes publics jusqu'en l'année 1671, et ce ne fut qu'en 1672 qu'on lui substitua celle de *Cours supérieures*.

3. *Pièces justificatives*, p. 520, 534, 543, 567, 570.

gnies leur ancien droit de remontrances[1]. Mais on ne tarda pas à revenir sur cette concession. Au mois d'août 1718, une ordonnance décidait que, faute de remontrances présentées dans la huitaine qui suivrait la notification des actes à vérifier, ceux-ci seraient considérés comme enregistrés; que le roi se réservait la faculté de recevoir par écrit les observations des magistrats; que, les remontrances reçues ou entendues, si le roi persistait à ordonner l'enregistrement, on devait y procéder sans délai; qu'enfin les remontrances ne seraient admises que sur les actes adressés aux Compagnies[2]. C'était vouloir annuler dans l'application le droit qu'on avait rendu en principe. Le gouvernement montra bientôt que telles étaient ses intentions. En 1722, il rétablissait des impôts au mépris d'édits antérieurs qui les avaient supprimés et que la Chambre avait enregistrés. Vainement le premier président déclarait-il que « ces façons d'agir étaient contre toutes les règles et lois fondamentales du royaume, qui n'admettaient point d'impositions ou établissement de droits sur les peuples qu'en vertu d'édits, déclarations ou lettres patentes bien et dûment registrés dans les Compagnies[3]. »

Le gouvernement persista dans « ces façons d'agir, » sans souci des réclamations qu'elles pouvaient sus-

---

1. Ce droit fut rendu au Parlement par une déclaration du 15 septembre 1715 et à la Chambre des comptes le 15 octobre suivant.
2. Isambert, *ibid.*, t. XXI, p. 159-162.
3. *Pièces justificatives*, p. 585.

citer. On eût même dit, à ses procédés, qu'il oubliait l'existence de la Chambre. L'ordonnance de 1715, qui rétablissait le droit de remontrances, n'avait été faite que pour le Parlement, et le Régent n'avait étendu que par complaisance cette faveur à la Chambre[1]. Jusque vers le milieu du siècle, le rôle de la Compagnie paraît presque aussi effacé qu'il l'avait été à l'époque de Louis XIV[2]. En 1741, elle « suppliait très-humblement le roi de lui notifier sa volonté par lettres patentes sur les impositions[3]. » Cependant, quand elle vit, dans les parlements comme au sein de l'opinion, l'opposition éclater de toutes parts contre la royauté, elle retrouva sa hardiesse[4]. Le gouvernement usa dès lors à son égard des mêmes moyens dont il s'était déjà servi. Le 22 septem-

---

1. « Ce jour (25 septembre 1715), les bureaux assemblés, le premier président a dit que, le roi ayant accordé par une déclaration la permission au Parlement de faire ses remontrances sur les édits, déclarations et lettres patentes qui y seront envoyés par Sa Majesté, il croyait que la Chambre devait demander la même permission; qu'en ayant déjà parlé à M. le Régent, il lui avait promis de faire expédier une pareille déclaration pour la Chambre, mais qu'il était nécessaire de faire suivre cette affaire, qui, sans cela, traînerait en longueur. » (*Pièces justificatives*, p. 574.) L'ordonnance du mois d'août 1718 fut de même promulguée uniquement contre le Parlement.

2. Dans le *Journal de Barbier*, comme dans les *Mémoires du marquis d'Argenson*, il est souvent question du Parlement et de ses remontrances, tandis qu'il n'est fait mention de la Chambre qu'à l'occasion de l'incendie de 1737.

3. *Pièces justificatives*, p. 625.

4. Le 6 mai 1759, elle demanda que les dons et pensions au-dessus de 3000 livres fussent soumis à son enregistrement. (*Pièces justificatives*, p. 644-646.)

bre 1759, le duc d'Orléans se présentait devant les magistrats et faisait enregistrer d'office plusieurs édits. La Chambre ne se borna pas, dans cette occasion, à protester en présence du prince; elle fit parvenir au roi des remontrances ainsi conçues :

« Il sera représenté au roi que, dans toutes les monarchies, il est un corps de magistrats chargé de l'examen des lois; que les officiers admis à ces fonctions importantes sont les ministres essentiels de la chose publique; qu'il est indispensable pour le bien de l'État que l'autorité de nos rois ne soit jamais employée pour donner à des édits cette publicité qui doit toujours être précédée des délibérations libres des Cours; que s'écarter d'une forme aussi nécessaire, c'est anéantir la dignité de la magistrature; qu'en détruisant l'autorité des magistrats destinés à faire recevoir par les peuples les lois avec respect, c'est affaiblir la puissance même du dit seigneur roi; que les peuples supportent plus difficilement le poids des nouvelles charges, quand ils voient tant de contraintes exercées pour leur établissement;... que l'autorité du dit seigneur roi est même souvent compromise par l'impossibilité d'exécuter des édits dont il s'est mis hors d'état de connaître les inconvénients; que, dans des délibérations libres, ces inconvénients eussent été manifestés par l'expérience et les lumières des magistrats; que cette forme d'enregistrement est également contraire au bien de l'État et une des principales causes des malheurs publics; que, les magistrats étant témoins par eux-mêmes de la situation des peuples, ce ne sont point de vaines clameurs qu'ils portent au trône, quand ils annoncent les charges énormes des biens-fonds, l'arbitraire de la répartition des impositions, la rigueur du recouvrement, le désordre de la comptabilité, l'altération des formes, l'obscurité répandue sur l'emploi des finances, le dérangement de leur destination, leur dissipation même, d'où naissent le découragement de l'industrie et du commerce, la dépopulation des provinces et l'extinction du crédit de l'État[1]... »

Jamais les magistrats n'avaient parlé si haut. On tint si peu compte de leurs observations, que, le 31 juillet 1761, le duc d'Orléans faisait de nouveau procéder en sa présence à l'enregistrement d'autres édits. Cette fois, la Chambre déclara que, « fidèle aux maximes qui constituaient l'essence des compagnies souveraines, elle ne pouvait consentir à l'enregistrement d'édits qui ne lui avaient pas été communiqués pour en être par elle librement délibéré et sur lesquels elle se réservait de faire tout ce que lui dicterait son zèle pour le service du roi et le bien de ses peuples[2]. » Malgré la fierté de ce langage, elle ne suivit point le Parlement dans la vivacité de son opposition contre

---

1. *Pièces justificatives*, p. 650-653.
2. *Pièces justificatives*, p. 654-656.

le gouvernement[1]. Néanmoins, à partir de ce moment, elle cessa d'être ce qu'elle avait été, un appui pour la royauté en lui servant de contre-poids : le ressentiment, la défiance, à l'égard d'un pouvoir qui l'avait si longtemps asservie, se dissimulaient avec peine sous la forme respectueuse des remontrances. Elle n'était plus d'ailleurs ce corps uni qu'on avait vu jadis ; des dissentiments intérieurs la divisaient, image trop fidèle de ceux qui déchiraient de toutes parts le corps politique[2]. Offensée du peu d'action qu'on lui laissait sur les affaires publiques, elle élevait de fréquents conflits avec les autres Cours, auxquelles elle reprochait d'empiéter sur ses attributions[3]. Toutefois, quand elle vit, en 1771, le Parlement frappé de proscription, elle oublia ses querelles et s'éleva, en termes énergiques, contre les procédés arbitraires de la royauté[4]. Mais, en sortant par cela même de la sphère qui lui était propre pour se jeter dans la politique, elle aggrava les causes de dissolution qui minaient la monarchie. A l'avénement de Louis XVI, en 1774, les choses semblèrent prendre une autre voie. Le Parlement fut rappelé de son exil, et la Chambre conçut l'espoir de recouvrer ses an-

---

1. Voy. le texte des remontrances de la Chambre en 1765 et 1768. (*Pièces justificatives*, p. 667-673.)

2. *Pièces justificatives*, p. 640.

3. *Pièces justificatives*, p. 597, 624, 636.

4. *Pièces justificatives*, p. 683-686, 687-689.

ciennes prérogatives[1]. Mais on ne tarda pas à revoir les mêmes luttes, les mêmes désordres qui avaient signalé la fin du règne de Louis XV. La Chambre souleva de nouveau des conflits avec les autres Cours[2]; de nouveau elle sortit de ses attributions, s'engagea dans la politique, s'érigea en juge du gouvernement. La royauté, de son côté, continua de se montrer hostile, et envoya, à diverses reprises, un prince du sang imposer l'enregistrement de ses édits[3]. Le 8 mai 1788, le comte de Provence, se présentant au nom du roi, faisait enregistrer cinq lois, dont l'une suspendait les séances de la Chambre : « Monseigneur, dit le premier président, le voile impénétrable dont on se plaît à couvrir depuis si longtemps la destinée de la magistrature, la consternation qui s'étend du centre aux extrémités du royaume, le silence d'abattement qui règne dans cette enceinte, parle plus éloquemment que des paroles. Puisse cette assemblée, où va se déployer toute la puissance de l'autorité royale, ne point devenir l'époque tristement mémorable de la décadence et de la subversion des lois! » Coupable d'avoir confisqué des libertés qu'elle rendit ensuite sans les vouloir respecter, la royauté recueillit enfin le fruit de ce qu'elle avait semé. Emportées par la Révolution, la Chambre et la royauté disparurent à la

---

1. *Pièces justificatives*, p. 700.
2. *Pièces justificatives*, p. 709, 730, 734.
3. *Pièces justificatives*, p. 707, 732, 739.

fois. Par décret de l'Assemblée nationale du mois de juillet 1791, la Chambre des comptes fut supprimée. Le 19 septembre suivant, on avertit le dernier premier président, Aymard de Nicolay, que la loi allait recevoir son exécution. Ce magistrat avait vu de longue date se préparer la fin d'une institution où, depuis trois siècles, sa famille tenait une place qu'elle avait su honorer. Il écrivit à celui qui lui adressait cette notification : « Les portes de la Chambre des comptes sont ouvertes ; les préposés des nouvelles administrations peuvent dès aujourd'hui consommer notre anéantissement et se promener sur les débris de la magistrature[1]. » Trois ans après, au mois de juillet 1794, par un dernier rapprochement avec la royauté, le chef de l'ancienne Chambre des comptes subissait le sort qu'avait subi le chef de l'ancienne monarchie et portait, comme lui, sa tête sur l'échafaud.

1. *Pièces justificatives*, p. 762.

LA MISÈRE AU TEMPS DE LOUIS XIV

Depuis l'année 1614, où s'assemblèrent pour la dernière fois avant 1789 les états généraux, les Cours souveraines étaient l'unique barrière placée devant la royauté. Quand cette barrière tomba par l'ordonnance de février 1673, qui dépouilla les Cours souveraines de leur droit de remontrances et changea leur titre en celui de Cours supérieures, rien ne limita plus l'autorité royale. Ce droit de remontrances fut rétabli par le Régent au lendemain de la mort de Louis XIV. C'est donc entre l'année 1673 et l'année 1715 que se place l'époque de ce plein épanouissement du pouvoir absolu vers lequel, depuis des siècles, tendait la royauté. On ne peut nier l'éclat qui entoura la royauté devenue ainsi toute-puissante. Mais les maux qui dérivent d'une autorité sans limite, mal cachés sous cette splendeur, furent tels, que de cette période datent les premières causes des événements d'où devait sortir la Révolution. Toutes les libertés furent atteintes. En même temps que par l'ordonnance de février 1673 on supprimait ce qui restait des libertés politiques, par la révocation de l'édit de Nantes on détruisait la liberté de conscience. D'un autre côté, la récente publication des archives de la Bastille [1] témoigne à quel point était alors méconnue la liberté des personnes. Tandis que les diverses libertés étaient ainsi violées, les dépenses outrées de la royauté et le défaut de contrôle introduisaient un désordre croissant dans les finances. Que si on ajoute à cela les désastreux effets de trois guerres successives, — celle de Hollande, celle qui naquit de la ligue d'Augsbourg et celle qu'occasionna la succession à la couronne d'Espagne, — guerres imputables en partie à l'ambition ou à l'orgueil de Louis XIV, on pourra se faire une idée de ce que dut être l'état des populations durant ces quarante-deux années de pouvoir absolu. Cette situation, qui n'était jusqu'ici qu'imparfaitement connue, nous est aujourd'hui révélée, dans toute sa vérité, par des documents de la plus grande importance et sur lesquels il convient, avant d'aller plus loin, de donner quelques indications.

---

1. *Archives de la Bastille*, par Fr. Ravaisson. 6 vol. in-8º (règne de Louis XIV, années 1659 à 1681). Paris, Durand, 1866-1873.

On sait quelles étaient les attributions du contrôle général au temps où l'illustra Colbert. Il embrassait les différents services répartis actuellement entre nos ministères des finances, de l'intérieur, du commerce, de l'agriculture et des travaux publics. Colbert avait senti l'utilité de conserver, dans le double intérêt de l'administration et de l'histoire, les papiers de son vaste ministère. Ses successeurs immédiats, Le Peletier, Pontchartrain, Chamillart et surtout Desmaretz, réalisèrent une pensée qu'il n'avait guère pu qu'indiquer. En 1715, on transportait de Versailles à Paris la collection à peu près complète de tous les dossiers du contrôle général compris entre l'année 1683, date de la mort de Colbert, et la fin du règne de Louis XIV. Malheureusement, depuis cette époque jusqu'à la Révolution[1], chacune des nombreuses sections du contrôle général garda ses archives particulières au lieu de les réunir à ce premier dépôt. Celles-ci, arrivées par fragments à notre établissement central des Archives nationales, se trouvent aujourd'hui mêlées à d'autres fonds, et il serait difficile, sinon impossible, de les reconstituer. A l'égard des documents plus anciens rassemblés après la mort de Colbert, un décret rendu au mois d'août 1790 en avait ordonné la translation à la Bibliothèque du roi. Ils y restèrent à peu près abandonnés jusqu'à ces dernières années, et telle-

---

1. Le contrôle général fut supprimé en 1791.

ment ignorés [1], que l'illustre auteur de *l'Ancien régime et la Révolution*, M. de Tocqueville, n'en connut l'existence que quelques mois avant sa mort. Des circonstances particulières ayant éveillé l'attention sur ces papiers, on les porta, en 1862, aux Archives nationales, où le ministère des finances les fit examiner. Il ne s'agissait pas moins de cinq cent cinquante mille pièces. Dès qu'une première mise en ordre eut révélé l'importance de ces documents, on se décida à en publier la portion la plus intéressante. Il fut convenu qu'un premier volume serait consacré à la période comprise entre l'avénement de Le Peletier au contrôle général et la retraite de Pontchartrain (1683-1699), et qu'un deuxième terminerait le règne de Louis XIV avec les ministères de Chamillart et de Desmaretz (1700-1715). Le premier de ces volumes vient d'être livré à la publicité [2]. Le nombre des pièces qu'il contient, reproduites intégralement ou par extraits, ne s'élève pas à moins de huit à neuf mille. En

---

1. De là une lacune dans toutes les publications de notre temps qui se rattachent à l'histoire financière et administrative du règne de Louis XIV. C'est ainsi que, dans les quatre volumes de M. Depping (*Correspondance administrative sous le règne de Louis XIV.* 4 vol. in-4°. Paris, Imprimerie nationale, 1850-1855), on ne trouve, pour les trente-deux dernières années de ce règne, que trente-cinq lettres émanées des contrôleurs généraux, et rien des intendants.

2. *Correspondance des contrôleurs généraux des finances avec les intendants des provinces*, publiée par ordre du ministre des finances, d'après les documents conservés aux Archives nationales, par M. A. de Boislisle. Gr. in-4° à 2 col. Paris, Imp. nat., 1874 (695 pages).

recherchant parmi ces pièces celles qui intéressent plus particulièrement l'état des populations, il est donc possible de se rendre compte des effets du pouvoir absolu sur la vie générale du pays, pour la période de seize années qui s'étend de 1683 à 1699. Tel sera l'objet de l'étude qui va suivre. On y verra que si l'on connaît les splendeurs du règne de Louis XIV, on n'en connaît pas encore toutes les misères.

I

Les dernières années de Colbert avaient été consacrées à d'inutiles efforts pour relever nos finances. L'apparente prospérité qui avait suivi en France son avènement au contrôle général avait été tout d'un coup compromise, en 1672, par la guerre que Louis XIV avait déclarée à la Hollande, et dans laquelle une partie de l'Europe s'était liguée contre nous [1]. Pour subvenir aux dépenses de cette guerre impolitique, Colbert avait dû rompre l'équilibre des finances maintenu jusque-là par ses soins; il avait dû, reniant ses principes et abjurant toutes ses inclinations, augmen-

---

1. Dans les divers ouvrages que M. Pierre Clément a publiés sur le ministère de Colbert et notamment dans *la Police sous Louis XIV*, on trouvera des renseignements sur les souffrances des populations pendant la guerre de Hollande.

ter les impôts, contracter des emprunts, créer de nouvelles taxes, trafiquer des offices publics, livrer la France aux recors et aux traitants.[1]. Vainement, au lendemain du traité de Nimègue (1678-1679), il supplia le roi d'entrer dans la voie des économies et lui représenta les souffrances qui pesaient sur les populations. Forcé, entraîné par Louis XIV, qui, en pleine paix, poursuivait ses conquêtes, tandis que, pour lui plaire, s'élevaient les splendides constructions de Versailles, de Trianon, de Marly, il ne put que diminuer le chiffre des déficits sans ramener les finances à leur premier équilibre. Il mourait enfin le 6 septembre 1683, emportant avec lui — en retour d'un immense labeur et d'éclatants services — la disgrâce du souverain, que depuis longtemps fatiguaient ses remontrances, et la haine du peuple, qui lui reprochait tous ses maux.

Le Peletier, qui succédait à Colbert et conserva le contrôle général jusqu'en 1689, était un honnête homme ; mais il n'avait ni la force de caractère suffisante pour s'opposer aux dépenses inconsidérées de Louis XIV, ni le génie nécessaire pour en réparer les effets[2]. A peine Colbert avait-il fermé les yeux

---

1. Les dépenses de l'extraordinaire des guerres, de l'artillerie et des fortifications montèrent, pendant les sept années que dura la guerre de Hollande, à plus de cinquante millions de livres par année, et, en quelques-unes, à plus de soixante millions. (*Correspondance des contrôleurs généraux*, Appendice, p. 544.)

2. On trouvera l'histoire de l'administration de Le Peletier dans

que, des difficultés s'élevant avec l'Espagne, on augmentait les impôts. Ces difficultés s'aplanirent sans que les impôts fussent sensiblement diminués. Un mémoire rédigé en 1686 par Desmaretz, qui fut plus tard contrôleur général, nous montre ce que devenaient les ressources ainsi livrées par le pays. « Tout l'argent qu'on a tiré du dedans du royaume et qu'on en tire encore journellement, lisons-nous dans ce mémoire, est porté au dehors pour faire subsister les troupes qui sont en Allemagne, en Alsace, en Flandre, en Luxembourg, en Italie, dont il en revient peu en France et fort lentement[1]. » Tel était, au dire de Le Peletier lui-même, le fardeau des dépenses, que, durant les années 1685, 1686 et 1687, années d'une profonde paix, il avait fallu, en sus des revenus habituels, et qui déjà eux-mêmes étaient notablement augmentés, soixante-cinq millions de livres en recettes extraordinaires[2].

Pour sembler moins dure qu'elle ne l'avait été lors de la guerre de Hollande, la condition du peuple ne laissait pas d'être pénible. Dès 1684, la rigueur des impôts excitait dans les provinces des agitations qui

---

l'ouvrage de M. Pierre Clément intitulé : *le Gouvernement de Louis XIV de 1683 à 1689*. Paris, Guillaumin, 1848. Les documents publiés par M. de Boislisle sont un complément indispensable de cet ouvrage.

1. Voy. ce mémoire dans la *Corresp. des contr. gén.*, Appendice, p. 543-547.

2. *Corresp. des contr. gén.*, Appendice, p. 556.

se reproduisirent, en des mesures diverses, pendant toute la durée du ministère de Le Peletier. De l'aveu des intendants, les populations ne souffraient pas seulement de l'excès des impôts, mais des inégalités et des vexations de toute sorte auxquelles ils donnaient lieu. Ainsi, à ne parler que de la *taille* — dite *personnelle* ou *réelle*, selon qu'elle était établie sur les ressources apparentes des individus ou sur le revenu présumé des héritages, — on sait que les nobles et les ecclésiastiques s'en trouvaient exempts; les roturiers seuls y étaient assujettis; or, parmi les roturiers, ceux qui possédaient quelque bien avaient par cela même un moyen de s'y soustraire. « Il est constant, écrivait Desmaretz, que les plus riches et les plus aisés des paroisses, pour se mettre à couvert de la taille, achètent des emplois qui les exemptent, et que les plus pauvres demeurent surchargés[1]. » Ajoutons que, pour profiter de l'exemption, beaucoup se disaient nobles qui ne l'étaient pas en effet[2]. A Lyon, où la qualité de bourgeois conférait un privilége analogue, cette qualité était fréquemment usurpée[3]. En

---

1. *Corresp. des contr. gén.*, Appendice, p. 546.

2. La recherche des titres de noblesse, qui eût mis, ce semble, un terme à ces usurpations, n'était pas une petite affaire, vu le grand nombre de pièces qu'il fallait examiner. Cette opération avait d'autres inconvénients : « La recherche faite il y a dix-huit ou dix-neuf ans, lisons-nous dans une lettre datée de 1684, fit plus de nobles qu'il n'y en avait; le traitant, pour de l'argent, consentait à tout. » (*Corresp. des contr. gén.*, p. 36.)

3. Lettre de l'intendant de la généralité de Lyon, 26 déc. 1687.

dehors de ces inégalités, que de *mangeries* et de *malfaçons* on pourrait signaler, surtout dans les pays de taille personnelle, qui représentaient en somme les trois quarts du royaume! Au reste, de quelque nature que fût la taille, l'arbitraire, la corruption, la fraude, présidaient à sa répartition [1]. Les recouvrements dont étaient chargés les collecteurs ne s'opéraient pas avec une moindre improbité. L'intendant du Dauphiné écrivait en 1684 que « les plus riches des communautés, et par conséquent les plus hauts en cote, ne payaient presque jamais leur taille qu'à la dernière extrémité, parce que les collecteurs, qui craignaient toujours de se faire des affaires avec les coqs de paroisse, trouvaient moyen de leur épargner les frais de la brigade [2] en les faisant tomber fort injustement sur ceux qui n'y avaient pas donné lieu [3]. » Le petit

---

(*Corresp. des contr. gén.*, p. 132.) Voy. une lettre du contrôleur général du 14 déc. 1687 enjoignant aux intendants de procéder à une enquête sur les priviléges de leurs généralités. (*Ibid.*)

1. On sait comment se faisait cette répartition. Le conseil du roi arrêtait tous les ans l'état des tailles pour chaque généralité; l'intendant pour chaque élection, qui était un fragment de la généralité; et les *élus* pour chaque paroisse, puis pour chaque habitant de la paroisse. Voyez, sur les abus de la taille, le résumé des réflexions de Boisguillebert dans le livre intitulé : *Pierre de Boisguillebert*, par F. Cadet. Paris, Guillaumin, 1871, in-8°. Voy. aussi *la Dime royale* de Vauban.

2. Brigadiers et soldats logeant chez les contribuables non payants.

3. *Corresp. des contr. génér.*, p. 35. Le 8 avril 1688, l'intendant de Poitiers écrivait : « Le grand abus des tailles ne vient pas de l'inégalité des impositions sur les paroisses, mais des injustices que commettent les collecteurs. » (*Ibid.*, p. 147.)

contribuable, en revanche, n'était pas épargné. On l'accablait de frais de contrainte qui allaient souvent à plus du quart de la taille. En maintes localités, les prisons étaient pleines de malheureux qui n'avaient pu satisfaire aux exigences du fisc. Et quelles prisons ! Ici un cachot de moins de douze pieds carrés contenant entassés hommes, femmes, filles et jusqu'à des enfants ; là un puits sec et sans jour, au fond duquel on descendait au moyen d'une échelle. Laissés dans un complet dénûment, ces misérables fussent morts de faim s'ils n'eussent été secourus par la charité de quelques particuliers [1].

Ces exactions, ces inégalités, n'avaient pas lieu seulement à l'occasion de la taille, mais pour nombre d'impôts. Est-ce à dire qu'on trouve dans la correspondance des intendants une critique du système des contributions publiques, avec la dénonciation des abus dont les Vauban et les Boisguillebert parlèrent plus tard dans leurs écrits ? Non ; mais leurs déclarations suffisent à montrer les maux qui en résultaient pour les populations. « C'est une commune voix, écrivait Desmaretz, que la pauvreté des peuples, dans les provinces, est fort sensible. » Et il ajoutait : « Ce

---

[1]. Lettre de l'intendant de Soissons, du 24 octobre 1684. (*Corresp. des contr. gén.*, p. 32.) Voyez aussi, p. 46, une lettre de l'intendant de Poitiers du 26 mars 1685. Voyez enfin sur l'abus des emprisonnements une lettre du contrôleur général du 10 déc. 1687. (*Ibid.*, p. 131.)

n'est pas une chose nouvelle que d'entendre les plaintes de la misère. La plupart des gens sages deviennent peu à peu insensibles aux discours qu'on fait sur cela de tous côtés, par l'habitude d'entendre toujours la même chose; mais on peut dire qu'on n'a jamais parlé avec tant de raison de la misère des peuples[1]. »

Aux maux que nous signalons, la révocation de l'édit de Nantes (18 octobre 1685) vint tout d'un coup en ajouter de nouveaux. On trouvera dans les documents que nous analysons de douloureux détails sur les violences de toute sorte exercées contre les protestants; on y verra les temples rasés, les cimetières profanés, les confiscations, les emprisonnements, les supplices, et comment procédaient les dragons envoyés dans les provinces « pour inviter ceux de la Religion à songer à leur salut[2]. » Bien des faits néanmoins sont passés sous silence, et l'on ne pourrait, avec la seule correspondance des intendants, connaître toute l'horreur de ce drame. Peut-être leur coûtait-il de tout dire. Il en était des intendants comme du gouvernement, comme de la nation elle-même, qui s'émerveilla d'abord de la facilité apparente des premières conversions, après quoi l'on se vit entraîné plus loin qu'on ne l'avait cru. En re-

---

1. *Corresp. des contr. gén.*, Appendice, p. 545.
2. Lettre de l'intendant de Limoges. (*Corresp. des contr. gén.*, p. 54.)

vanche, les résultats économiques de l'édit de révocation sont signalés sans réticence. Dès les derniers mois de l'année 1685, les intendants montrent le commerce et l'industrie frappés et les religionnaires en fuite. « Trois des plus forts marchands de Saint-Quentin, lisons-nous à cette date dans une correspondance de Picardie, ont tiré de cette ville, tant en argent qu'en marchandises, pour plus de 200 000. livres; une bonne partie a pris le chemin de Cateau et de Cambrai. Comme notre commerce ne se fait, pour la meilleure partie, que par ceux qui se retirent, la ville en souffrira beaucoup, s'il n'y est pourvu [1]. » Peu après, on écrivait de la Bourgogne que les habitants du petit pays de Gex, tous religionnaires, avaient fui devant l'arrivée des dragons. « Cette désertion, disait l'auteur de la lettre, a été accompagnée de l'enlèvement de tout l'argent, meubles, grains, fourrages et bestiaux, qui ne furent que trop bien reçus à Genève et en Suisse [2]. » D'Amiens, de Caen, de Rouen, de Bordeaux, d'Angoulême, de toutes les villes commerçantes ou manufacturières, arrivaient des informations analogues. Jusqu'à la fin de l'année 1688, les intendants ne cessent de montrer l'émigration s'opérant de toutes parts en dépit des mesures prises pour l'empêcher. Dans l'intérêt de l'histoire, il eût été désirable que chacun des intendants eût dressé,

1. *Corresp. des contr. gén.*, p. 56.
2. *Ibid.*, p. 58.

pour sa généralité, un état des religionnaires fugitifs. L'intendant du Languedoc a seul donné quelques indications, qu'il y a lieu de croire inexactes [1]. On est donc obligé de s'en tenir au chiffre communément adopté de trois à quatre cent mille individus qui allèrent en Suisse, en Prusse, en Hollande, en Angleterre, enrichir l'étranger de leur industrie et grossir ses flottes et ses armées.

De cette émigration des citoyens les plus laborieux, de ces capitaux considérables portés hors du royaume [2], de ce ralentissement subit du commerce et de l'industrie, il arriva que le revenu des impôts fut sensiblement diminué, que le recouvrement en devint même impossible en plusieurs localités, et qu'il fallut non-seulement accorder de nombreuses surséances, mais répandre partout des secours en argent qui appauvrirent d'autant les finances de l'État. Louis XIV paraît avoir connu ces diverses conséquences dans toute leur gravité. Que ce fût un aveuglement de sa piété ou un orgueil de son caractère, il ne voulut point revenir sur ses résolutions. Il y a plus : il pensa à chasser les juifs, comme il avait chassé les protestants [3]. Déjà, dans la généralité de Bordeaux, un arrêt

1. A la date du 30 janvier 1688, il fit dresser un état des nouveaux catholiques sortis de la province, depuis la conversion générale; on y comptait : 1049 chefs de famille, 673 femmes, 2726 garçons, et 1233 filles. (*Corresp. des contr. gén.*, p. 101.)

2. Il y eut des marchands qui emportèrent jusqu'à 2 et 300 000 livres en or.

3. On trouve déjà des traces de cette pensée sous Colbert en 1681

14

du 20 novembre 1684 avait prononcé l'expulsion de quatre-vingt-treize familles juives. Le 6 mai 1688, le ministre Le Peletier écrivait à l'intendant de cette généralité :

« Le roy désire que vous examiniez ce qu'il y auroit présentement à faire pour accomplir le dessein que l'on a eu d'expulser tout à fait les juifs du royaume. Mais cela se doit faire avec d'autant plus de réserve et de précaution, que le commerce, qui est déjà beaucoup altéré par la retraite des huguenots, pourroit tomber dans une ruine entière, si l'on agissoit trop ouvertement contre les juifs[1]. »

Soit qu'on eût hésité au dernier moment devant le nouveau coup que cette mesure eût porté à nos finances, soit que l'attention du roi eût été détournée par l'idée de la guerre qui s'approchait, ce projet insensé ne fut pas mis à exécution.

Cependant les désastres causés par la révocation de l'édit de Nantes n'avaient point interrompu le cours des constructions fastueuses. En 1688, neuf millions avaient été dépensés à de gigantesques travaux exécutés en vue d'amener les eaux de l'Eure à Versailles. La guerre qui éclata cette année même arrêta ces travaux. Ils ne furent jamais repris. Il n'en resta que le souvenir des sommes énormes qu'ils avaient inuti-

---

et 1683. Voyez *Lettres, instructions et mémoires de Colbert*, publiés par M. P. Clément.

1. *Corresp. des contr. gén.*, p. 148.

lement coûtées et des milliers d'existences qu'on y avait sacrifiées [1].

II

Ce fut au mois de septembre 1688 qu'éclata cette nouvelle guerre, provoquée par l'orgueil de Louis XIV comme l'avait été la première, et dans laquelle les puissances signataires du traité de Nimègue se coalisèrent une seconde fois contre nous (ligue d'Augsbourg). Dans un pays déjà presque épuisé, où allait-on trouver des ressources pour la soutenir? Un mémoire adressé au roi par Le Peletier à sa sortie du ministère trahit les préoccupations dont il fut assiégé en présence de la nécessité que lui créaient les événements [2]. Il dut, malgré sa répugnance, augmenter les impôts. Il s'adressa en même temps au patriotisme de toutes les villes du royaume, leur demandant de concourir par des offrandes en argent à la défense du territoire. La demande était délicate, le roi voulant ne point paraître solliciter de secours et

1. On a parlé de dix mille hommes qui succombèrent aux fièvres pendant la durée des travaux. Voy. ce que dit à ce sujet M. Rousset dans son *Histoire de Louvois*, t. III, chap. VI. Paris, Didier, 1863. Voy. aussi *le Gouvernement de Louis XIV de 1683 à 1689*, par M. P. Clément.
2. Voy. ce mémoire dans la *Corresp. des contr. gén.*, Appendice, p. 554-557.

« que la chose semblât venir de l'entière liberté des habitants des villes[1]. » Les intendants employèrent toute leur habileté à représenter que « de l'effort qu'on feroit d'abord s'ensuivroit une bonne, ferme, sûre et durable paix[2]. » Les villes de Paris et de Toulouse furent les premières à s'exécuter : Paris donna 400 000 livres et Toulouse 300 000 ; Rouen et Dieppe offrirent ensemble 140 000 écus ; Reims, Châlons, Bordeaux, Bayonne, Clermont, Marseille, s'exécutèrent à leur tour[3]. En Bretagne — bien qu'on eût dit d'abord que la province était dans l'impossibilité de se montrer généreuse, — les principales villes furent amenées, « par des batteries adroites et secrètes de M. de Chaulnes, » à offrir des présents considérables[4]. Les cours supérieures du royaume (parlements, chambres des comptes) s'inscrivirent de leur côté pour des sommes importantes[5]. Tandis qu'on demandait aux populations ces libéralités, on exigeait d'elles des sacrifices d'une autre sorte. Le 24 novembre 1688, le président des états du Languedoc écrivait à Le Peletier :

---

1. Lettre du contrôleur général, du 14 avril 1689. (*Corresp. des contr. gén.*; p. 179.)

2. Voir notamment une lettre de l'intendant d'Orléans, lequel rappelait adroitement aux habitants les sacrifices faits par leurs aïeux à l'époque de Charles VII. (*Corresp. des contr. gén.*, p. 174.)

3. *Corresp. des contr. gén.*, p. 175, 176, 179 et suiv.

4. *Ibid.*, p. 177. Les villes de Nantes et de Saint-Malo donnèrent chacune 50 000 écus, et celles de Vannes et de Morlaix 100 000 liv.

5. Voyez une lettre du contrôleur général aux intendants sur ce sujet, 5 août 1689. (*Corresp. des contr. gén.*, p. 190.)

« Nous avons reçu des lettres de M. de Louvois pour ajouter cinq compagnies de dragons aux douze que nous avions déjà délibéré. C'est une dépense présente de 127 500 livres pour la levée et de 244 000 livres pour l'entretien, tant que la guerre durera. Jugez de la consternation de toute la province : c'est la dernière goutte d'eau qui fait le comble de la mesure[1]. »

Partout s'opéraient de semblables levées pour grossir, au besoin, l'effectif de nos armées, tandis qu'on procédait dans le même but à la mobilisation des milices. En vue de faciliter aux villes ces divers sacrifices, on autorisa les unes à contracter des emprunts, les autres à reculer le payement de leurs dettes, d'autres à hausser leurs octrois, en un mot à s'obérer encore. A tout cela on joignit la création de quelques offices, dont la vente produisit plusieurs millions, et trois émissions successives d'un demi-million de rentes, ce qui augmentait, — selon la juste remarque de Vauban, — les charges déjà si lourdes du Trésor, et par les gages qu'il fallait payer aux acquéreurs de ces offices, et par les dettes contractées à un taux onéreux envers les souscripteurs de rentes. Le Peletier s'engageait ainsi dans ces expédients ruineux qu'on désignait sous le nom d'*affaires extraordinaires*. Ces premières ressources, acquises tout ensemble aux dépens de l'État et des populations,

---

1. *Corresp. des contr. gén.*, p. 165.

furent promptement épuisées. Le Peletier n'osa faire davantage. Alléguant le mauvais état de sa santé, il offrit sa démission au roi et, le 20 septembre 1689, fut remplacé par Pontchartrain.

Courtisan zélé, esprit hardi et peu scrupuleux, le nouveau contrôleur général s'attacha à trouver de l'argent par tous les moyens possibles, sans souci du préjudice qui pourrait en résulter pour le pays. Non content de hausser les tailles, les impôts de toute nature, il entra tout de suite et de plain-pied dans la voie des *affaires extraordinaires* en procédant à de nouvelles émissions de rentes, encore plus onéreuses que les précédentes, et à d'innombrables créations d'offices. Ces créations d'offices méritent une mention particulière. Il en usa avec une témérité dont les plus mauvais temps des Valois avaient seuls offert un exemple [1]. Non-seulement il augmenta le nombre des officiers dans les cours supérieures [2], il pensa à en instituer de nouvelles, à étendre le nombre des généralités [3], ce qui impliquait du même coup quantité de charges importantes à créer et partant à négocier. Il établit des maires perpétuels dans plusieurs villes, voulut ériger en titre d'office les charges d'officiers

---

1. Voyez ci-dessus notre étude sur *la Chambre des comptes*.
2. On eut ainsi 500 000 livres du parlement de Rennes, plus de 800 000 de celui de Rouen, etc. Voyez la *Corresp. des contr. gén.*, p. 198 à 201, 213, 214 et 218.
3. *Corresp. des contr. gén.*, p. 209, 359.

de milice, qui étaient à la nomination des maires[1]. Il ne négligea pas les offices d'un rapport plus modeste. Avec des receveurs et contrôleurs de consignations, des enquêteurs et commissaires examinateurs dans les greniers à sel, des contrôleurs des actes notariés, des receveurs d'octrois, il institua des médecins et chirurgiens jurés, des courtiers en vin, des jaugeurs de vin, des jurés gourmets en boissons, des jurés vendeurs de sel à petite mesure, des jurés mouleurs de bois, des jurés crieurs d'enterrements, des greffiers des baptêmes, des marqueurs de chapeaux, etc.[2]. Pour tirer de ces créations le plus d'argent possible, il vendait le même office à deux, à trois personnes à la fois, qui l'exerçaient tour à tour[3]. La guerre dévorant au jour le jour le produit de ces

---

1. Il espérait 1 500 000 livres de cette dernière combinaison. (*Ibid.*, p. 286.)

2. Voy. ces diverses dénominations à la table analytique qui se trouve à la fin de la *Corresp. des contr. gén.*

3. C'était ce qu'on appelait l'*alternatif* et le *triennal*. Les intendants, chargés de négocier toutes ces affaires à la fois, en étaient surchargés. Le motif qui inspirait ces nouveautés ne trompait personne. Lorsqu'on imagina de créer un maire perpétuel dans chacune des six principales villes du Béarn — création dont le roi espérait 100 000 livres, — le duc de Gramont, gouverneur de Bayonne, écrivit à Pontchartrain : « J'entends assez bien votre français pour porter de ma part les particuliers à acheter tout le plus cher qu'il sera possible les nouvelles charges de maires, et pour donner tous mes soins pour que les doses soient fortes. » (*Corresp. des contr. gén.* p. 251.) Il est juste de reconnaître que les créations dues à Pontchartrain ne furent pas toutes déraisonnables, et que plusieurs ont laissé des traces salutaires dans notre système financier et administratif.

créations, il devait sans cesse en imaginer de nouvelles. Il jeta ainsi sur la France des milliers de fonctionnaires parasites, qu'un de nos historiens comparait, non sans raison, à une nuée de sauterelles.

On a vu comment, par les gages constitués aux acquéreurs, ces créations d'offices grevaient le Trésor et nuisaient conséquemment à la fortune publique. Mais cela ne se pouvait dire que de certains offices, tels que ceux de judicature, de finances ou de police. Dans la plupart des cas, l'État ne faisait qu'aliéner au profit du titulaire la faculté de lever des taxes spéciales et jusqu'alors inusitées; en d'autres termes, il créait de nouveaux impôts et conséquemment des officiers chargés de les percevoir. De là un tort direct fait aux populations. Il y a plus : abusant du droit qu'il avait acquis, le titulaire arrivait quelquefois, par des perceptions vexatoires, à se rembourser en deux ans du capital qu'il avait versé. Ainsi se justifie cette parole de Voltaire, qui, parlant des créations de ce genre prodiguées avec non moins de témérité sous le ministère de Chamillart, disait : « Ces extravagances font rire aujourd'hui; alors elles faisaient pleurer [1]. »

Mais il était un autre mal commun à toutes ces créations d'offices, quelle qu'en fût la nature. Comme, en raison du mauvais état des affaires, ces offices se vendaient difficilement, on s'efforçait d'attirer les ac-

---

1. *Siècle de Louis XIV*, chap. xxx.

quéreurs par la concession de certains avantages. Or, celui qu'on accordait le plus communément était l'exemption des impôts. On vit ainsi s'accroître, et dans une proportion énorme, ces mêmes priviléges dont on se plaignait déjà sous le ministère de Le Peletier. L'intendant de la généralité de Bordeaux, dans une lettre du 15 septembre 1691, citait un receveur des consignations qui avait acheté sa charge 1500 livres et voulait se faire exempter de plus de 400 livres de taille et d'ustensile[1] qu'il payait jusque-là[2]. Le 28 novembre de la même année, on envoyait de Tours au contrôleur général la liste des personnes qui prétendaient être exemptées de l'ustensile : vingt-cinq officiers des bureaux des finances, vingt receveurs des consignations, vingt commissaires aux saisies réelles, deux cent trente officiers d'élections, deux cents officiers de présidiaux, bailliages, etc., quinze cents jurés crieurs, cent experts jurés, quatre-vingts procureurs et greffiers des villes, seize cents greffiers des rôles, cinq cents contrôleurs d'exploits[3]. « Dans un an, écrivait le 11 novembre 1692 l'intendant de la généralité de Bordeaux, il n'y aura dans toutes les paroisses que les misérables pour payer les subsides[4]. » Un autre impôt dont on obtenait l'exemption était le logement des gens de guerre. Ces logements militai-

---

1. Impôt militaire.
2. *Corresp. des contr. gén.*, p. 268.
3. *Ibid.*
4. *Ibid.*

res constituaient alors un véritable fléau. Nos provinces frontières surtout et toutes nos côtes en étaient accablées. Or, voici ce qu'au mois de mai 1695 on écrivait de Metz au contrôleur général :

« Il est constant que, pour s'exempter des logements continuels des gens de guerre, presque tous les bourgeois qui avoient quelque chose ont acquis des offices de contrôleurs des exploits, experts jurés, arpenteurs, greffiers des baptesmes, et plusieurs autres dont l'énumération seroit trop longue. Les autres habitants cherchent présentement à se mettre à couvert par des commissions pour la distribution des lettres, recette des consignations, distribution du papier timbré, garde du tabac, et autres de pareille qualité. Les fermiers et les traitants ont des arrests du Conseil qui exemptent en général tous leurs commis [1]. »

Suivant une autre lettre, il ne restait dans la ville de Metz que 2200 maisons non exemptes, dont les trois quarts consistaient en boutiques ou chambres basses; de façon, ajoutait l'auteur de la lettre, que chaque artisan allait avoir à loger six soldats au moins dans son arrière-boutique et à leur donner vingt sols par jour, le bois et la chandelle [2]. M. de Lavardin, lieutenant général en Bretagne, se plaignait également de ne plus trouver de logements pour les troupes. En

1. *Corresp. des contr. gén.*, p. 391.
2. *Ibid.*

Provence, l'intendant déclarait, dès le 12 septembre 1693, que la plupart des bourgeois, dans chaque ville, étaient maintenant exempts, soit pour avoir acheté une charge, soit comme commis de quelque fermier, et que les autres, trop pauvres pour acquérir cette exemption, désertaient la ville à l'approche de l'hiver¹.

Ainsi, comme au temps de Le Peletier, mais aggravé cette fois par la quantité infinie des taxes et le nombre énorme des exemptions, l'écrasant fardeau des charges publiques tombait presque uniquement sur le peuple, et, dans le peuple, sur les plus misérables. Par une conséquence naturelle, les résistances, les agitations qu'on avait déjà vu se produire à l'occasion des impôts, se multiplièrent avec une intensité croissante pendant tout le temps que se prolongea la guerre. Les collecteurs en arrivèrent à ne plus oser s'acquitter de leurs fonctions. Lorsqu'on établit en 1695 une capitation générale², où tout le monde était taxé, depuis les princes du sang jusqu'aux valets de laboureurs, on eut beaucoup de difficulté à en opérer le recouvrement. En quelques villes, pour forcer les gens à payer, on fit ce qu'on avait fait pour forcer les protestants à se convertir : on envoyait chez eux loger des dragons, qui « en faisaient plus en

---

1. *Corresp. des contr. génér.* p. 391.
2. Voy. le tableau de cette capitation dans la *Corresp. des contr. gén.*, Appendice, p. 568-574.

huit jours que n'eussent fait des archers et autres employés en trois mois[1]. » Le seul payement de la taille, haussée plusieurs fois depuis la naissance de la guerre, était devenu un fardeau trop lourd à nombre d'individus, de ceux mêmes qui passaient, dans leurs paroisses, pour les plus « accommodés. » Que faisait-on ? A l'un, on prenait son bétail ; à l'autre, son mobilier ; à celui-ci, on enlevait les portes de sa maison, quand on ne la jetait pas elle-même à bas pour en vendre les fers et les solives[2]. Tout cela, sans préjudice de la prison, des galères ou de la potence.

A ces causes de misère vint s'en ajouter une autre : la disette monétaire. Dès 1686, on se plaignait que l'argent fût rare dans le royaume, et Le Peletier avait prohibé l'exportation des espèces sous peine de confiscation et de 6000 livres d'amende. Au commencement de l'année 1689, l'hôtel des monnaies de Pau chômait faute de matières, et l'on fermait ceux de

---

1. « Les recouvrements devenant tous les jours de plus en plus difficiles à faire dans cette généralité, par la pauvreté des peuples, qui va toujours en augmentant et qui les rend, dans quelques cantons, si mutins, que les employés ordinaires ne veulent plus agir par la peur qu'ils ont d'en être maltraités, comme ils l'ont été plusieurs fois, j'ai cru qu'il était à propos de se servir des troupes qui sont dans la province, pour envoyer en logement chez les redevables, sachant par expérience que des cavaliers et dragons en font plus en huit jours que des archers et autres employés en feraient en trois mois. » (Lettre de l'intendant de Montauban, 16 déc. 1696. *Corresp. des contr. gén.*, p. 439.)

2. Vauban, *la Dîme royale*.

Bordeaux et de la Rochelle[1]. Déjà les villes, les provinces les plus riches ne trouvaient plus à emprunter, et les grands hôpitaux de Paris suspendaient le payement de leurs rentes. Au mois de décembre de la même année, le roi faisait porter à la monnaie les meubles d'argenterie qui décoraient ses palais, et dont plusieurs étaient des chefs-d'œuvre d'orfévrerie[2]. Si telle était alors la pénurie des espèces, on juge de ce qu'il advint lorsque Pontchartrain, par ses *affaires extraordinaires*, eut épuisé la France de ce qu'elle avait de numéraire pour l'envoyer aux armées[3]. Croyant remédier au mal, il se jeta dans l'expédient désastreux du remaniement des monnaies[4], refondant les anciennes, surhaussant les nouvelles, recevant en monnaie forte, payant en monnaie faible, et cela avec tant de désordre et de témérité, que cette opération, détestable par elle-même, fut le coup de grâce porté à la fortune publique. Vainement interdit-il, sous peine de mort, l'exportation des espèces[5].

1. Voy. une lettre de l'intendant du Béarn, 14 mai 1689. (*Corresp. des contr. gén.*, p. 181.)
2. La cour, quelques particuliers, les églises, les communautés, suivirent cet exemple. On peut voir dans les lettres de Mme de Sévigné que ce ne fut pas toujours de bonne grâce.
3. On peut se rendre compte des sommes énormes et toujours croissantes que la guerre absorba, en jetant les yeux sur les états budgétaires insérés à la fin de la *Correspondance des contrôleurs généraux*.
4. Voy. la table analytique dont nous avons parlé ci-dessus, au mot *Monnaies (réformation)*.
5. La déclaration qui établit cette peine est du mois de décembre

Le manque de numéraire s'aggrava à ce point, que, dès les premiers mois de l'année 1693, le gouvernement se vit plusieurs fois lui-même dans l'impossibilité de payer les rentes et jusqu'à la solde des troupes. Dans le désarroi où l'on était, on en vint à écouter des sorciers qui prétendaient découvrir, à l'aide de baguettes divinatoires, des trésors ignorés. L'un d'eux fut même présenté au roi [1]. Inutile de dire que le commerce n'était plus que désastres. Atteint profondément par la révocation de l'édit de Nantes, il eût suffi, pour le tuer tout à fait, du blocus où les puissances coalisées contre nous enserraient la France par leurs armées et leurs flottes. Dès 1689, à Lyon, à Paris, dans toutes les grandes villes, les faillites, les banqueroutes, étaient considérables; elles se multiplièrent de telle sorte, qu'il fut question de suspendre les poursuites judiciaires et d'y substituer d'autorité les accommodements à l'amiable [2]. Au milieu de toutes ces causes de détresse et de ruine, quelle ne devait pas être la souffrance de ce que Vauban nommait

---

1693. Voyez une lettre de l'intendant de Franche-Comté, du 6 mars 1695. (*Corresp. des contr. gén.*, p. 385.)

1. « Plusieurs recherches de trésors tentées à l'aide de la baguette divinatoire dans les châteaux de Dompierre, de Lourdon, de Charolles et du mont Saint-Vincent, à la Colonne et dans d'autres lieux n'ont produit aucun résultat. L'homme qui avait fait ces recherches doit être conduit au roi par M. le Prince. » (Lettre de l'intendant de Bourgogne en février 1693. *Corresp. des contr. gén.*, p. 312.)

2. Lettre du lieutenant civil à Paris, du mois de nov. 1693. (*Corresp. des contr. gén.*, p. 347.)

« la partie basse du peuple », ou, comme nous dirions aujourd'hui, des classes laborieuses ! Nous n'en avons indiqué jusqu'ici que quelques traits; il convient de l'exposer plus amplement.

III

On a vu ce que Desmaretz disait en 1686 de la misère du peuple dans les provinces. Il était loin de représenter le mal dans toute sa gravité. Dès 1685, on constatait qu'à Rouen la seule paroisse de Saint-Maclou renfermait cinq mille pauvres[1]; en Poitou, en Limousin, en Languedoc, un grand nombre de paysans étaient, à cette époque, réduits à vivre de châtaignes, de glands ou d'herbes bouillies. Les secours qu'au lendemain de la révocation de l'édit de Nantes on dut répandre sur les divers points du royaume se multiplièrent de telle sorte, qu'au mois d'octobre 1687 Le Peletier se voyait obligé d'en régulariser la distribution par une circulaire adressée à tous les intendants[2]. Quand éclata la guerre de 1688, ce fut bien autre chose. L'état croissant de la misère devint pour les intendants une cause d'inquiétude dont témoigne

1. Lettre de M. de Marillac, du 16 février 1685. (*Corresp. des contr. gén.*, p. 42.)
2. *Corresp. des contr. gén.*, p. 123.

visiblement leur correspondance. Au commencement, ils semblent éviter d'aborder ce sujet; ils craignent d'ajouter aux embarras du gouvernement, qu'assiégent d'autres préoccupations. « Je sais, dit l'un d'eux, que le temps n'est pas propre pour insister beaucoup sur la misère des peuples. » Cependant la nécessité contraignit leurs aveux. Au mois de mai 1691, l'intendant de la généralité de Bordeaux déclarait que les paysans, obligés de vendre le blé de la prochaine récolte pour payer la taille, allaient se trouver sans ressource au moment de l'hiver; que déjà, « dans presque tous les endroits, il y avoit plus de la moitié et près des trois quarts qui demandoient l'aumosne [1]. » A la même date, l'intendant de la généralité de Limoges se plaignait de l'embarras où le mettait « la quantité prodigieuse de pauvres qu'il lui falloit nourrir, » et dont on comptait jusqu'à sept mille pour la seule ville de Limoges [2]. Un mois après, le prince de Condé, gouverneur de Bourgogne, écrivait à Pontchartrain : « Je suis obligé de vous dire que j'ay trouvé plus de misère que je ne croyois. Dans

1. *Corresp. des contr. gén.*, p. 245, 246.
2. *Corresp. des contr. gén.*, p. 248. M. de Chauffour, receveur général, écrivait le 14 juin suivant : « Je crois qu'on sera obligé de faire un exemple (ouvrir les greniers), car l'abbé de Saint-Martial, qui a du blé plein ses greniers, en ayant exposé en vente pendant deux jours et voyant que, sur le bruit qui s'est répandu que le roi allait faire vendre du blé à bon marché, il était baissé de trois à quatre sols par boisseau, a refermé ses greniers, sans avoir pitié de six mille pauvres que l'on tâche de nourrir tous les jours. » (*Ibid.*)

tous les villages de la route que j'ay faite, je n'ay pas vu un seul habitant qui ne m'ayt demandé l'aumosne ¹. »

Le malheur voulut qu'à partir de cette année une succession de mauvaises récoltes vînt se joindre aux causes générales de la détresse publique. Le 12 janvier 1692, l'intendant du Limousin écrivait qu'il résultait d'observations faites avec exactitude sur l'état des paroisses de sa circonscription que plus de soixante-dix mille personnes de tout âge et des deux sexes allaient être réduites à mendier leur pain avant le mois de mars, « vivant dès à présent de châtaignes à demy pourries. ² » Encore, dans sa lettre, ne parlait-il point des paroisses qui, affligées elles-mêmes d'un certain nombre de pauvres, étaient du moins en état de les nourrir. « Je me suis réduit, disait-il, à celles qui n'ont aucune ressource, ni par les chastaignes, que la gelée a gastées, ni par le blé et le vin, qui ont été entièrement gelés, ni par la vente des bestiaux ou des meubles, la plupart des habitants les ayant vendus pour vivre et semer l'année dernière. » Trois mois après, Pontchartrain était informé que, dans la partie de la généralité de Moulins (cent dix paroisses)

---

1. *Corresp. des contr. gén.*, p. 248. Au dire d'un directeur des fermes, qui fit, peu après, une tournée dans tout le Charolais et l'Auxois, il y avait des familles qui n'avaient pas mangé de sel depuis plus de six mois et le remplaçaient dans leurs aliments par des herbes amères.

2. *Corresp. des contr. gén.*, p. 274.

qui appartenait au diocèse de Limoges, on comptait vingt-six mille individus réduits à la mendicité et plus de cinq mille pauvres honteux, sans parler des habitants qui avaient déserté la province pour chercher ailleurs leur subsistance [1].

En même temps que dans le Limousin, des disettes locales étaient signalées dans l'Orléanais, la Bourgogne, le Bordelais, l'Auvergne, le Dauphiné. On envoya du blé aux localités en souffrance; on ouvrit des ateliers publics, auxquels hommes, femmes, enfants, étaient appelés; on grossit les aumônes; on accorda des diminutions sur les tailles pour un chiffre parfois considérable. Mais ces remèdes étaient plus apparents que réels: Les dépenses croissantes de la guerre exigeant sans cesse de nouvelles ressources, il fallait immédiatement retrouver, par une autre voie, l'argent octroyé à titre de secours. De même pour les impôts : les diminutions accordées aux paroisses en détresse se résolvaient, pour les paroisses moins maltraitées, en des augmentations; de sorte que, pour alléger la misère sur un point, on la créait sur un autre.

En dépit de tous les efforts du gouvernement, auxquels n'avaient pas tardé à s'unir ceux de la charité privée, la misère, par les causes mêmes qui la produisaient et allaient sans cesse en se multipliant, gagnait peu à peu, comme une lèpre, toute l'étendue

---

1. *Corresp. des contr. gén.*

du royaume. Au mois d'avril 1692, l'intendant de la généralité de Bordeaux écrivait à Pontchartrain : « Je ne puis vous exprimer le nombre des paroisses qu'il y a où ceux qui sont le mieux font du pain avec du son ; les autres n'en ont point. Il y a près de trois mois jusqu'à la récolte ; il est à craindre qu'il ne périsse beaucoup de personnes de faim[1]. » Déjà, le mois précédent, on constatait que, dans nombre de localités de la basse Auvergne, on trouvait des gens morts d'inanition[2]. Des maladies épidémiques, provenant de la mauvaise nourriture et de l'accumulation des mendiants, commencèrent à sévir. On dut prendre des mesures contre le mal. A Rouen, on chassa tous les pauvres qui n'étaient pas originaires de la ville, et l'on mit des gardes aux portes pour les empêcher de rentrer[3]. A Pau, on essaya de les isoler en les entassant dans des granges où ils périrent par centai-

1. *Corresp. des contr. gén.*, p. 284.
2. Lettre de l'intendant d'Auvergne, 13 mars 1692. (*Ibid.*, p. 280.)
3. « A l'égard du second arrest pour chasser les pauvres de la campagne, je vous représenteray qu'ayant connu, l'année passée, que la maladie qui fut fréquente, et dont il mourut beaucoup de monde en cette ville, ne s'estoit formée que par la puanteur des pauvres de la campagne, dans l'assemblée d'une police générale il fut arresté que l'on chasseroit les pauvres de la campagne hors la ville; cela fut exécuté, et l'on leur donna à chacun une pièce de quatre sols et un pain de deux livres; et pour les empescher d'y rentrer, l'on mit des gardes aux principales portes de la ville, en fermant les autres. Cela détourna entièrement le méchant air, et je puis dire que, sans cette précaution, il nous seroit mort dans la ville de Rouen plus de dix mille personnes. » (Lettre du premier président du parlement de Rouen, 8 juin 1694. *Corresp. des contr. gén.*, p. 366.)

nes¹. La guerre, qui s'introduisait jusque sur notre territoire, ajoutait à ces désastres. Pénétrant par notre frontière du sud-est, l'ennemi incendiait une partie des villages du Dauphiné et de la Provence. Vauban, chargé d'inspecter les fortifications de ce côté de la France, écrivait d'Embrun, le 30 novembre 1692, que les maladies et la faim allaient faire périr, en quelques mois, les trois quarts des populations qui habitaient ces régions, « si le roy, par sa bonté, ne leur faisoit donner ou prester quelque quantité de blé ². »

Si la gloire eût pu être une consolation à de telles infortunes, la France l'eût trouvée alors dans les exploits de ses armées. Depuis le commencement des hostilités, les victoires de Catinat à Staffarde, à la Marsaille, celles de Luxembourg à Fleurus, à Steinkerque et plus tard à Neerwinden, les triomphes de Tourville, de Chateau-Renaud, de Jean Bart, de Duguay-Trouin, dans la Manche et l'Océan, avaient imprimé un nouvel éclat au prestige de nos armes, éclat terni, il est vrai, par les honteuses dévastations du Pa-

---

1. Lettre de l'intendant du Béarn, du 12 mai 1693. (*Ibid.*, p. 321.)
2. *Corresp. des contr. gén.*, p. 295. Dans une correspondance du mois de septembre 1693, nous lisons : « Depuis l'année 1690 la plus grande partie des provinces de Tarentaise et de Maurienne ont vécu de coquilles de noix moulues, dans lesquelles les plus aisés habitants ne mêlent qu'un dixième ou environ de farine d'orge ou d'avoine. M. de Chamlay est un témoin fidèle de cette vérité, et a porté au roi du pain de cette qualité à son retour du voyage qu'il fit à Pignerol. » (*Ibid.*, p. 328.)

latinat. « Chaque jour, nous chantons des *Te Deum*, » écrivait madame de Sévigné. Mais, selon le mot énergique de Voltaire, « on périssait de misère au bruit des *Te Deum*. » Les années 1693 et 1694 furent particulièrement cruelles. Les pauvres, qui jusqu'ici avaient été un sujet de préoccupation pour l'État impuissant à les secourir, devinrent bientôt un péril. Les campagnes, qu'ils infestaient, ne furent plus en sûreté. La nuit, le jour, on volait sur les routes et dans les villages. Demandant du pain à grands cris, ces malheureux, que la faim exaspérait, menaçaient du pillage les curés, les religieux, les riches propriétaires. Dans les villes, ils tenaient le même langage, « avec un peu moins d'insolence, mais avec une sorte de désespoir dangereux[1]. » Sur quelques points, ils voulurent incendier les habitations. On eut peur. On défendit aux mendiants de s'assembler par troupes. On contraignit ceux qui erraient par les campagnes à regagner leurs paroisses respectives, où la charité des personnes aisées, dirigée par les curés, s'efforça de pourvoir, tant bien que mal, à leur subsistance. Dans les villes on multiplia les secours, on fit des quêtes, on taxa d'autorité les maisons où l'on refusait l'aumône. Mais les gens riches commençaient d'être

---

1. Lettre de l'évêque de Noyon, 15 janvier 1693. (*Corresp. des contr. gén.*, p. 310.) Voy. une lettre de l'intendant de Bordeaux du 14 fév. de la même année. (*Ibid.*, p. 310.) Voy. aussi une lettre de l'intendant d'Amiens du 19 mars suivant. (*Ibid.*, p. 315.)

atteints eux-mêmes par la détresse générale. D'ailleurs, par l'effet des disettes successives, le blé devenait de plus en plus rare. Hors de prix dans certaines localités, il manquait totalement dans les autres. Le peu qu'il y en avait était diminué par les enlèvements journaliers que faisaient les munitionnaires pour l'approvisionnement des armées. Paris épuisait à lui seul, pour sa nourriture, toutes les provinces voisines; et, comme la guerre empêchait de faire venir des grains de l'extérieur, la disette menaçait de se convertir en famine. Une lettre que, le 4 mai 1693, adressait à Pontchartrain M. de Beuvron, lieutenant général en Normandie, peindra, mieux que nous ne le saurions faire, cette horrible situation :

« Je vous dois rendre compte de l'estat où j'ai trouvé les choses en arrivant à cette province, où la misère et la pauvreté est au delà de tout ce que vous pouvez vous imaginer, et principalement dans le pays de Caux, qui est le long des costes de la mer. Une infinité de peuple y meurt fréquemment de faim, et le reste languit et aura le mesme sort, s'il n'est secouru. Non-seulement l'argent y manque pour acheter du blé, mais ceux qui en ont n'en trouvent pas. Beaucoup de ces peuples se sont voulu retirer à Rouen; on ne peut les y recevoir, la ville estant accablée et surchargée de pauvres : il y en a vingt-un ou vingt-deux mille à recevoir journellement l'aumosne, sur l'estat qui en est fait, et plus de trois mille demandent par les rues, et un très-grand nombre d'artisans qui, faute de travail, et ayant mangé le peu qu'ils avoient, vont estre au mesme estat. Le blé enchérit tous les jours, et par conséquent il faut augmenter le prix du pain, ce qui paraît injuste et cruel à ces habitants et aux pauvres, qui n'en veulent ou ne peuvent pas en concevoir la raison. Cela les fait crier, comme si c'estoit un défaut de police, et les met au désespoir, et dont la plupart, n'ayant pas d'argent pour acheter leurs nécessités, ne songent qu'à exciter le pillage pour s'empescher de mourir de faim. Tout ce qui s'achète pour sortir de la ville est pillé dans la campagne par un nombre infini de femmes et enfants et aussy d'hommes, qui n'ont pas figure humaine [1]. Il faut mesme avoir toujours du monde sous les armes pour laisser le cours du marché libre et empescher le pillage, et aussy dans les chemins et aux avenues de la ville pour la sûreté de ce qui peut entrer ou sortir; et les rues sont remplies de pauvres familles qui s'y couchent. Cependant tout cela n'est rien en comparaison de ce qu'il y a dans les campagnes et par tout le pays de Caux, où le blé manque même pour ceux qui ont de quoy l'acheter. On y a donné de bons ordres de la part du Parlement, suivant ce qui avoit esté fait autrefois; on a défendu aux pauvres de sortir de leurs villages et ordonné une cotisation sur les habitants pour les nourrir, ce qui s'exécute un peu

---

1. Ce mot peut être rapproché du passage célèbre de la Bruyère.

en quelques endroits et qui ne se peut aux autres, où ils n'en ont pas le moyen et deviennent tous aussy pauvres les uns que les autres et où ils ne peuvent avoir du blé. J'iray demain au Parlement pour voir avec toute la Compagnie ce que nous pouvons faire, et pour leur proposer d'envoyer des conseillers comme commissaires dans chaque canton pour faire exécuter leur arrest et régler tout ce qu'il y aura de meilleur pour cela. Je prieray M. l'archevesque d'y envoyer aussy de ses grands vicaires. Je donne aussy des ordres aux seigneurs ou gentilshommes les plus sages et entendus dans chaque canton pour agir et travailler à mesmes fins. Mais, avec cela, il sera impossible de gagner le temps de la récolte sans quelque secours d'argent et de blé; et il est fort à craindre que le peuple, qui réellement meurt la plupart de faim, qui ne mange que des herbes, ne coupe et ruine tous les blés avant qu'ils soient mûrs, et beaucoup d'autres suites fâcheuses que vous comprenez bien qu'attirent la nécessité et la vue de mourir faute de pain. Ne croyez pas, s'il vous plaist, que j'exagère, ni que je prenne d'inquiétude sans sujet. Je fais tout ce qui se peut imaginer pour y apporter tout l'ordre et le secours possible, dont le détail seroit trop long à vous écrire; le service du roy et la charité m'y engagent, et je n'y espargneray ni mes peines, ni le peu de bien que je peux avoir [1]. »

1. *Corresp. des contr. gén.*, p. 319, 320.

Les ravitaillements, déjà difficiles à cause de la rareté du blé, devinrent bientôt presque impossibles, parce que les provinces qui en avaient — parfois même au delà de leurs besoins, — craignant de se trouver à court, refusaient de se dégarnir au profit des provinces en détresse. On prit alors une mesure devant laquelle on avait longtemps reculé et qu'on n'avait encore exécutée que sur des points isolés. On ouvrit de force tous les greniers; on entra dans les châteaux, les abbayes, les maisons les plus modestes. Mais cette mesure ne donna pas le résultat qu'on en avait espéré. D'ailleurs, la fraude, complice de la faim, faisait cacher les grains [1]. Dès lors se produisirent des mortalités comme en avait vu le xv siècle. Le 6 juin 1693, on écrivait de Limoges : « Il meurt tous les jours un si grand nombre de pauvres, qu'il y aura des paroisses où il ne restera pas le tiers des habitants [2]. » Le 7 octobre suivant, on écrivait de la même ville que les envois de blé étaient devenus moins nécessaires « par la diminution des habitants dont il mourait une prodigieuse quantité, non-seulement dans les villes, mais dans quasi toutes les paroisses de la campagne. » Il y a telles paroisses, ajou-

---

1. Après la guerre on découvrit, en diverses localités, des quantités de blé qui s'était pourri dans des endroits où on l'avait caché.
2. Lettre de l'intendant de Limoges. « C'est une chose bien douloureuse, ajoutait-il, de voir mourir des gens sans les pouvoir secourir, parce qu'ils ont tant souffert, que, dès le moment qu'on leur donne à manger, ils étouffent. » (*Corresp. des contr. gén.*, p. 319.)

tait-on, « où il se fait tous les jours dix à douze enterrements[1]. » Le Périgord était un pays très-peuplé, disait, à la même date, une autre correspondance ; or, « dans les élections de Périgueux et de Sarlat, il est mort — y compris les petits enfants — plus de 60000 personnes *depuis un an*[2]. »

Il semblait que tout conspirât à augmenter les malheurs publics. L'hiver de 1693-1694 fut terrible. Depuis plus de trente ans, on n'en avait pas vu un semblable. Pendant tout le mois de janvier, disait une lettre venue de Provence, des charrettes chargées avaient pu traverser le Rhône sur la glace[3]. On pense si les mortalités augmentèrent. A Reims, où, sur 25000 habitants, 12000 étaient réduits à la mendicité, 4000 périrent en quelques mois[4]. Dans certaines villes, on voyait les pauvres « mourir de faim dans les rues, sans leur pouvoir donner de secours, parce que le nombre en était trop grand et que l'on ne trouvoit pas de blé pour de l'argent[5]. » Le 16 avril 1694, l'évêque de Montauban écrivait à Pontchartrain : « Nous trouvons presque tous les jours, à la porte de cette ville et sur nos remparts, sept ou huit personnes

---

1. *Corresp. des contr. gén.*

2. Lettre de l'intendant de Bordeaux. (*Corresp. des contr. gén.*, p. 340.)

3. Lettre de l'intendant de Provence, 29 janvier 1694. (*Ibid.*, p. 348.)

4. Lettre des lieutenant, gens du conseil et échevins de la ville de Reims, 13 janvier 1694. (*Ibid.*, p. 349, 350.)

5. Lettre du gouverneur du Charolais, mars 1694. (*Ibid.*, p. 357.)

mortes; et, dans mon diocèse, qui contient 750 paroisses, il meurt bien 400 personnes tous les jours. Je vous assure cependant que l'on fait beaucoup d'aumosnes et beaucoup de charités[1]. »

Inutile de dire que, dans cette effroyable situation, le vol et le pillage ne connurent plus de bornes. Les bois, les forêts, devinrent la retraite de bandes d'individus farouches qui en sortaient, armés et masqués, pour voler et tuer. Sur divers points, il fallut envoyer les milices et la maréchaussée contre les paysans dont la faim avait fait des brigands[2]. Dans les villes, les habitants, armés de fusils, s'opposaient à l'enlèvement des grains destinés soit aux armées, soit aux provinces, déclarant qu'ils aimaient mieux être pendus que mourir de faim. Que si, malgré ces résistances, on parvenait à opérer des approvisionnements et à charger du blé sur les bateaux, il était saisi et pillé par les populations riveraines. Les ordres donnés au nom du roi pour le laisser passer n'étaient plus respectés. On vit non plus seulement les populations,

---

1. *Corresp. des contr. gén.*, p. 360.
2. Au mois de février 1694, une bande de cent paysans armés et masqués pillait les environs de Montargis. (Lettre de l'intendant d'Orléans. *Corresp. des contr. gén.*, p. 353.) Au mois de mars de la même année, l'intendant de Bourgogne rend compte d'une expédition entreprise par la maréchaussée et les milices contre des troupes de brigands qui s'étaient organisées dans les environs de Charolles et pillaient tout le pays. (*Ibid.*, p. 357.) « Dans nos forêts voisines, il y a quantité de voleurs retirés, masqués et armés, qui volent impunément tout le monde et ont déjà tué plusieurs personnes. » (Lettre du premier président du parlement de Rouen, 24 avril 1694. *Ibid.*, p. 360.)

mais les magistrats locaux, les intendants eux-mêmes, arrêter les transports. La faim amenait l'anarchie. Çà et là cependant, on put introduire du blé avec de fortes escortes de la maréchaussée. On s'ingénia aussi pour en tirer de l'étranger. A grand'peine on en eut de Gênes, de Livourne et d'Espagne. Une fois Jean Bart parvint, par son audace, à faire entrer à Dunkerque dix-sept navires chargés de grain. Mais qu'était-ce que ce peu de ressources dans l'immensité du besoin! Là où le blé manquait pour la nourriture, il manquait pour les semailles; lorsque, semé l'année précédente, il avait pu germer, il était dévoré sur pied par des gens affamés; là enfin où il parvenait à maturité, il arrivait que par l'effet, soit des maladies, soit des mortalités, on manquait de bras pour le faucher ou pour le battre. En diverses localités, il n'y avait même plus personne pour cultiver la terre. « Dans le bas Armagnac, écrivait le 6 septembre 1694 l'archevêque d'Auch, il ne nous reste pas le quart des âmes qui estoient il y a trois ans. La plupart des terres n'ont pas été cultivées[1]. » Au mois de mai 1695, l'intendant de la généralité de Montauban écrivait de son côté : « La stérilité des deux mauvaises années qui ont précédé celle-cy a fait mourir, dans beaucoup de paroisses, jusqu'à la moitié et aux deux tiers des habitants, en sorte que, dans beaucoup d'endroits, il

---

1. *Corresp. des contr. gén.*, p. 360.

n'y en a pas suffisamment pour la culture des terres[1]. »

Ainsi se confirment ces paroles de Fénelon dans une lettre qu'il adressait au roi en 1693 : « Sire, vos peuples meurent de faim. La culture des terres est presque abandonnée; les villes et les campagnes se dépeuplent; tous les métiers languissent; tout le commerce est anéanti. La France entière n'est plus qu'un grand hôpital désolé et sans provision[2]. » Qu'on ne croie pas néanmoins que cette lettre fût mise sous les yeux de Louis XIV. Le châtiment eût suivi de près cette audace. Vauban, qui tint plus tard au roi un semblable langage, se vit frappé d'une disgrâce qui fut cause de sa mort[3].

La paix de Ryswik, conclue en 1697 et déjà préparée en 1696, arrêta enfin ces épouvantables désastres. La France commençait à peine de se reprendre à la vie, que Louis XIV s'engageait dans la guerre de la succession d'Espagne; et, avec elle, reparaissaient plus terribles tous les maux que nous avons exposés. Nul doute qu'on n'en trouve des preuves également saisissantes dans le recueil de textes appartenant à la période comprise entre 1700 et 1715, et qui formeront le second volume dont le ministère des finances a décidé la publication.

Une question se présentera sans doute à la pensée

---

1. *Corresp. des contr. gén.*, p. 391.
2. Voy. cette lettre, citée dans *Pierre de Boisguillebert*, par F. Cadet.
3. Ce fait a été contesté. Des documents récemment découverts et que publiera M. de Boislisle en offrent la preuve irrécusable.

du lecteur qui aura bien voulu nous suivre dans ces diverses considérations. Voit-on, dans la correspondance des intendants, que de si grandes souffrances aient altéré l'esprit public? Non, à ne regarder du moins que l'ensemble de la nation. Les populations, dans leurs malheurs, n'accusaient pas le roi, elles accusaient ses ministres ou les agents de ses ministres. Il ressort même des documents que, dans les dons faits au roi pour aider aux dépenses de la guerre, les villes agirent tout à la fois par obéissance et par patriotisme. Il y a plus : pendant que cette guerre épuisait toutes les ressources, on élevait dans ces villes, aux frais des habitants, des statues et divers monuments en l'honneur de Louis XIV [1]. Or, il est incontestable qu'à l'esprit de flatterie qui dictait ces hommages se mêlait, dans une certaine mesure, un sentiment d'admiration pour les grandeurs du règne. Nous-mêmes, encore aujourd'hui, nous subissons le prestige d'un gouvernement si glorieux à ses débuts, et lorsque Louis XIV, dans ses dernières années, défend contre l'Europe une troisième fois coalisée la

---

[1]. En 1685, on vota dans presque tout le royaume l'érection de statues en l'honneur du roi, notamment en Normandie, en Bretagne, en Languedoc, en Béarn, en Provence. (Voy. *Corresp. des contr. gén.*, p. 52, 53.) En 1689, le corps de ville de Marseille vota l'érection d'une statue équestre, bien que déjà on construisît dans cette ville un portique surmonté de la statue royale. (*Ibid.*, p. 177.) A Tours en 1691 « un arc de triomphe entrepris à la gloire du roy » était près d'être terminé. (*Ibid.*, p. 257.) Enfin, en 1692, la ville d'Issoire, en Auvergne, chargeait le sculpteur Jacques Suirot d'élever une statue au roi. (*Ibid.*, p. 284.)

patrie en péril, nous suivons avec sympathie ses pénibles et constants efforts. Toutefois, il est juste de dire que si, en dépit des infortunes que nous avons retracées, l'esprit public demeura le même dans les populations, l'ignorance fut ici la sauvegarde de leur fidélité. En brisant autour de lui, dans les institutions et les hommes, tout ce qui eût pu porter atteinte à son autorité, en mettant sa volonté au-dessus de tous les conseils, en incarnant enfin l'État dans sa personne, Louis XIV était par cela même responsable de toutes les fautes de son règne et des maux qui en furent la conséquence. A ce titre, on lui doit imputer, avec les guerres qui ruinèrent la France, la révocation de l'édit de Nantes, non moins ruineuse qu'une guerre. Les influences que, dans son entourage, il put subir comme homme, n'enlèvent rien de la responsabilité qui pesait sur le monarque. Or, ce que le peuple ne vit pas, d'autres le virent. Les pensées qu'inspira aux Fénelon, aux Vauban, aux Boisguillebert, le spectacle de la misère dont ils avaient été témoins, émurent, après eux, des esprits plus hardis. On remonta aux causes du mal; on l'attribua aux fautes d'un prince qui n'avait su se modérer; on montra les folies et les périls d'un pouvoir sans contre-poids. La royauté, atteinte en son prestige, le fut bientôt dans son principe; et l'on peut dire ainsi que Louis XIV, pour avoir trop tendu les ressorts de la monarchie, en prépara lui-même la ruine.

APPENDICE

LE PARLEMENT DE PARIS AU XIVᶜ SIÈCLE : LES FRAIS DE JUSTICE

LES ÉCORCHEURS SOUS LE RÈGNE DE CHARLES VII

LES ORIGINES DE LA RENAISSANCE AU XVᶜ SIÈCLE : FRANÇOIS VILLON ET RENÉ D'ANJOU

LA SIGILLOGRAPHIE DE L'ANCIENNE FRANCE

LE PARLEMENT DE PARIS AU XIVᵉ SIÈCLE

LES FRAIS DE JUSTICE

De très-bons travaux ont été publiés dans ces dernières années sur le parlement de Paris et font connaître les principaux détails de son ancienne organisation [1]. Il était cependant un point sur lequel on n'avait, pour les époques éloignées aucune espèce de notions : nous voulons parler du coût des procès. En ce qui concerne le XIVᵉ siècle, une heureuse découverte a comblé cette lacune. L'un des archivistes érudits de nos Archives nationales, M. Lot, examinant un certain nombre

---

1. Voyez, dans le tome Iᵉʳ des *Actes du Parlement de Paris*, publiés par l'administration des Archives nationales (in-4°, 1863) la *préface* de M. de Laborde et la longue et substantielle *notice* de M. Grün, p. I-CCLXXXVI — Le lecteur désireux de considérations sommaires sur la question pourra consulter dans le *Dictionnaire historique de la France* par Lud. Lalanne (Paris, Hachette, 1872, gr. in-4°), l'article PARLEMENT (article de M. Lot).

de pièces judiciaires de la seconde moitié de ce siècle, désignées sous le nom de *Rouleaux du Parlement*, reconnut, au verso de chacune de ces pièces, l'existence d'actes ou de fragments d'actes antérieurs à celles-ci de vingt-cinq à trente ans et qui n'avaient nul rapport avec l'instrument principal. Après une étude minutieuse, il se rendit compte que ces actes étaient des demandes de dépens et des défenses auxdites demandes, en d'autres termes, qu'il avait sous les yeux la procédure relative aux états de frais. Bien que mutilés en partie et parfois illisibles, ces précieux textes furent enfin déchiffrés. Ils viennent d'être livrés à la publicité [1]. On s'aperçoit, en les parcourant, qu'ils n'offrent que peu de notions sur le mécanisme judiciaire proprement dit. L'intérêt qu'ils présentent porte principalement sur des détails de mœurs. Cet intérêt se concentre, ainsi qu'on va le voir, sur quatre ordres de personnes : les plaideurs, les procureurs, les avocats, les magistrats ; et sur quatre séries d'objets : la procédure, les dépens, la diminution, la taxe.

Les dépens avaient, avant la Révolution et notamment au XIV° siècle, une portée considérable. Ils comprenaient le coût entier du procès, non pas seulement

---

1. *Des frais de justice au* XIV° *siècle*, par H. Lot. Paris, Dumoulin, 1873. M. Lot a élucidé, par de savants commentaires, les textes qui forment l'objet de cette publication ; nous ne faisons guère ici qu'en donner le résumé.

les déboursés directs, mais tous ceux qui se rattachaient de près ou de loin à la conduite de l'affaire; non-seulement les frais d'instance, d'actes de toute nature, de salaires, de vacations, mais encore ce que nous appellerions aujourd'hui les faux frais : voyages, entretien, nourriture, perte de temps même. La condamnation aux dépens frappait donc la partie perdante d'une charge très-lourde, et remettait au contraire la partie gagnante dans le *statu quo ante*, en la rendant indemne de toutes ses avances. De là un effort marqué pour grossir d'un côté (*demandes de dépens*), pour alléger de l'autre (*défenses auxdites demandes* ou *diminutions*) ce règlement de comptes, que fixait en définitive la magistrature au moyen de la *taxe des dépens*.

Quand on considère l'immense étendue qu'avait au XIVe siècle le ressort du parlement de Paris, on conçoit que les frais de voyages devaient entrer pour une part notable dans le coût des procès. Les plaideurs étaient tenus, au moins en principe, de comparaître en personne, et leur présence importait, à cette époque encore plus qu'aujourd'hui, au gain des affaires. Inutile de dire que les voyages étaient difficiles et parfois périlleux, ce qui, par suite des moyens employés pour les rendre ou plus commodes ou plus sûrs, augmentait les dépenses. L'équipage des voyageurs variait suivant leur condition. Plus il était considérable, plus grossissaient les frais à solder ultérieurement. On voyait des nobles partir à quinze montures pour eux et leur suite. Une dame Béatrix, voyageant vers 1342, avait avec elle, outre une demoiselle qui l'accompagnait, deux écuyers, trois valets et quatre chevaux. Les bourgeois n'emmenaient ordinairement qu'un cheval ou deux avec un valet, pour accomplir les plus longs trajets. Quelques personnes, des dames, des vieillards, des malades, employaient le char ou chariot. On était presque toujours accompagné de valets à pied; il fallait coucher à l'hôtel, et, comme on gardait les mêmes chevaux, les voyages s'opéraient avec plus ou moins de lenteur.

Que si l'on veut savoir la durée du temps employé à parcourir des distances déterminées, on reconnaît que la distance parcourue en un jour (10 à 12 lieues) par les plaideurs ou leurs représentants ne différait pas sensiblement de celle que franchissaient, à l'époque de Louis XIV, les voyageurs ordinaires. Ainsi, pour nous borner à un petit nombre d'exemples, on mettait, pour venir à Paris : de Lyon (116 lieues), huit jours; de Bayeux (64 lieues), cinq jours; de Reims (38 lieues), trois jours. Le sire de Murviel, en 1343, mit douze jours pour franchir les 203 lieues qui le séparaient de Paris, soit 17 lieues par jour. Il est vrai qu'il était parfaitement monté. A s'en rapporter aux *diminutions*, actes dans lesquels la partie perdante protestait contre l'ensemble des frais qui tombaient à sa charge, on eût pu voyager beaucoup plus vite.

Dans un acte de ce genre, on allègue, en effet, qu'il est possible de venir de Lille à Paris (59 lieues) en trois jours. Mais on conçoit que, pour payer moins, le défenseur aux dépens ne se montrait pas toujours très-exact dans ses allégations.

De l'énormité des frais qu'engendraient les procès, on a conclu à tort [1] que les *grands* ou, pour mieux dire, les *riches* seuls plaidaient; que conséquemment les petits souffraient et se résignaient à l'injustice. Les textes démontrent l'inexactitude de cette opinion. Assurément il était nombre d'affaires, telles que règlements d'inventaires, liquidations, partages, donations, comptes de tutelle, exécutions de testaments ou de contrats de mariage, qui impliquaient une certaine situation de fortune et ne pouvaient concerner les personnes d'humble condition. Mais il était d'autres sortes d'affaires, comme services, redevances, payements d'intérêts sous forme de constitutions de rentes, dans lesquelles les classes pauvres se trouvaient inévitablement engagées. Or, les documents attestent que, loin de céder toujours à la loi du plus fort, celles-ci cherchaient à faire valoir leurs droits, avec cette particularité que, ces affaires mettant ordinairement en cause un certain nombre de personnes à la fois, les intéressés se présentaient devant les juridictions non isolément, mais en corps (*universitates*). Le nombre

---

1. Desmaze, *le Parlement de Paris*, p. 95-96. Paris, 1860, in-8°.

des *universitates* intervenant comme partie au parlement était même assez considérable ; de la seconde moitié du xiv° siècle à la fin du xv° (1364-1490), il s'éleva au chiffre de cinq ou six cents. En dehors des affaires qui amenaient ainsi devant le parlement un ensemble de personnes appartenant aux classes inférieures de la société, on ne saurait douter qu'il n'y en eût quelquefois où fussent intéressés des individus isolés. Dans ce cas, la pauvreté n'était pas non plus un obstacle à la revendication d'un droit. Le parlement faisait plaider la cause gratuitement par des avocats et des procureurs qu'il désignait d'office. On a de ce fait des preuves irrécusables. En d'autres termes, l'assistance judiciaire était organisée devant le parlement au xiv° siècle ; et c'est une erreur désormais démontrée que de croire cette institution née d'hier.

On a dit aussi — et c'est une assertion devenue depuis longtemps populaire — que le coût excessif des procès était imputable aux procureurs et à leur rapacité. Il est certain que plus d'un procureur traînait sans scrupule les affaires en longueur et par cela même en grossissait les frais. Toutefois, il faut prendre garde que le procureur était alors, comme il le fut plus tard, l'agent intermédiaire auquel tout venait aboutir ; qu'il faisait d'ordinaire les avances des frais ; que sur sa note devaient figurer, avec ses déboursés et ses propres vacations, les honoraires des avocats, les épices des magistrats, les indemnités des commissaires et des témoins. Le plaideur malheureux ne voyait que le total, la somme qu'il avait à payer; et, dans son mécontentement, il s'en prenait au rédacteur du mémoire, c'est-à-dire au procureur, de l'excès d'un dommage dont celui-ci pouvait, en réalité, n'être pas responsable.

Il ne faudrait pas assimiler le procureur de cette époque au procureur des âges suivants. Un procureur au XIVe siècle était un *homme d'affaires* chargé de procuration à l'effet d'ester en justice. Telle est du moins la meilleure définition qu'il soit possible d'en donner. Quand on avait à plaider, il était rare qu'on eût directement recours aux procureurs attitrés auprès des juridictions compétentes. On s'adressait aux hommes d'affaires dont nous parlons, versés plus ou moins dans la connaissance des coutumes et de la législation, et désignés sous la dénomination générale de *clercs*. Parmi ces clercs ou procureurs, il en était que les familles riches gardaient à leur service à titre permanent, moyennant une pension annuelle, et que pour cette raison on appelait *pensionnaires*. Lors donc qu'un état de frais fait mention de procureurs ayant voyagé, séjourné dans tel ou tel endroit, étant intervenus dans telle ou telle enquête, il convient de prendre garde s'il s'agit de procureurs hommes d'affaires ou de procureurs au parlement.

Les voyages, les *séjours* des procureurs, tiennent

habituellement une grande place dans les demandes de dépens et les diminutions. On y trouve le détail de l'équipage dans lequel marchait le procureur, le compte des jours employés par lui à se déplacer, et jusqu'à la mention des désagréments qu'il a éprouvés dans son voyage. D'ordinaire, l'équipage consiste en un valet avec un cheval ou deux loués à cet effet. On voit, dans un texte, un procureur porter au compte de ses frais la ferrure d'un cheval, le coût de bottes et trois paires de chaussures. On conçoit bien que, dans les *diminutions*, tous ces frais sont contestés. « Ledit procureur, lisons-nous dans une diminution, n'a accoustumé à chevauchier que à un cheval. » Et ailleurs, à propos d'un procureur qui avait sans doute allongé son voyage pour quelque affaire personnelle et réclamait une trop forte indemnité : « Il pooit (pouvait) aler sans soi destourner (de son chemin). »

Voilà pour les frais relatifs aux procureurs. En ce qui regarde les dépens propres aux parties, ils étaient également l'objet de diverses critiques de la part du défendeur à ces dépens, critiques exposées tout au long dans les diminutions. Le demandeur était-il venu à Paris, on contestait l'opportunité du voyage, et partant on refusait d'en acquitter les frais. « Il n'estoit pas besoing qu'il y fust en personne, » dit un texte ; et plus loin au sujet d'un plaideur qui, tout en venant lui-même, avait usé des services d'un procureur : « Puisqu'il confesse qu'il avoit procureur, pour néant (rien) y venait-il. » On niait même parfois le fait du voyage : « Ne vinst point à Paris, lisons-nous quelque part, et s'il y vinst, si n'estoit point nécessité. » Pour peu que le plaideur fût venu pour quelque affaire étrangère au procès en même temps que pour le procès lui-même, on ne manquait pas de signaler le fait et d'en arguer pour requérir un allégement des frais : « Ne vint à Paris pour celle cause, mais vint au lendit (foire), qui lors séoit, pour marchander ou autre besogne faire. » — « ... Doit estre rabattu la moitié, pour ce qu'il y vint pour autre chose, c'est assavoir pour faire un payement à certaines gens. » — « ... S'il y vinst, en vérité, si fu ce (ce fut) pour trouver remède de sa veue (ses yeux). » Enfin, on considérait dans quel équipage étaient venues les parties, et l'on ne manquait jamais de dire que le demandeur avait, dans son voyage, mené un train au-dessus de sa condition. « Ne doit avoir que pour un cheval et un valet, son estat ne requiert mie (point) plus. » — « ... Là où il demande pour ses journées XII livres... dient (disent) que, considéré l'état et la personne du dit, doit souffrir XL sols. »

Les honoraires des avocats étaient discutés avec non moins d'attention par la diminution. Les textes que nous analysons ne permettent pas d'établir aucune indication précise sur le *quantum* des honoraires. Il est certain toutefois que le chiffre variait suivant l'importance de la cause, la réputation de l'avocat et l'usage de la localité où résidait celui-ci. Cette localité est toujours mentionnée dans l'état de frais; on indique avec soin à quel barreau appartiennent les avocats, à celui de Paris ou à celui d'une autre ville, petite ou grande. La classification des avocats en avocats du parlement et en avocats de province, établie par ces textes, est historiquement peu connue. Parmi les avocats de province, les textes en citent de Mâcon, de Louviers, de Cahors, de Carcassonne. A quelque siége qu'ils appartiennent, les avocats, d'après une règle qui paraît obligatoire, sont désignés nominativement dans les articles de dépens relatifs à leurs honoraires. On rencontre ainsi plusieurs noms célèbres de l'époque, tels que celui de Robert le Coq [1]. Un autre point important que ces textes mettent en lumière contredit l'opinion suivant laquelle les avocats auraient été, de temps immémorial, dans l'usage (encore existant aujourd'hui) de ne point donner quittance de leurs honoraires. Il ressort des documents la preuve positive qu'une pratique toute contraire était admise au XIVe siècle.

On conçoit qu'au milieu de ces menus détails de frais concernant les parties, les procureurs et les avocats, la besogne des magistrats taxateurs n'était pas toujours facile. Il ne paraît pas qu'au XIVe siècle il y

---

[1]. Cette particularité a permis à M. Lot de dresser une liste des maîtres pour la période écoulée de 1329 à 1382. Voy. les commentaires dont il a fait précéder la publication des textes.

ait eu des ordonnances correspondant à nos tarifs modernes ou contemporains. Il ne semble pas davantage qu'à défaut de règlements généraux, il y ait eu, sur la matière, quelque usage en vigueur. Aussi l'attitude des magistrats ne se montre-t-elle pas uniforme. Elle varie selon les caractères, les circonstances, et, sans doute aussi, les lumières. Ce qu'on peut affirmer toutefois, c'est qu'une prévention défavorable, on pourrait presque dire une malveillance, à l'endroit de la demande de dépens, domine constamment l'esprit des magistrats. Les frais, quel qu'en soit le chiffre, sont toujours réduits par la taxe. La quotité de la réduction est le seul point qui varie. La formule usitée en cette circonstance est très-simple. A côté de la mention des frais requis par le demandeur, mention rédigée tantôt en latin et tantôt en français, le magistrat inscrit le mot *habeat*, que suit l'indication d'une somme toujours moindre que la somme demandée. « Pour le salaire de maistre Robert le Coc, qui plaida la dicte cause et plusieurs fois, XII livres. — *Habeat* IIII libras. » Quelquefois le magistrat ne se borne pas à diminuer la somme, il refuse tout payement. Dans ce cas, le mot *nichil* remplace le mot *habeat*. « Pour le conseil des dictes religieuses, c'est assavoir maître Jehan de Dormans et maître Jehan d'Ay pour ce présent parlement, x livres. — *Nichil*. »

L'une des tâches les plus délicates du magistrat taxateur devait être l'appréciation des monnaies en usage. Si le procès durait dix, quinze ou vingt ans, — ce qui arrivait fréquemment, vu que la compétence des tribunaux était presque toujours contestée et que leurs sessions, toujours de courte durée, éprouvaient en outre de nombreuses remises, — il y avait grande apparence que, dans l'intervalle écoulé entre les débuts de l'instance et le moment où il s'agissait d'en régler les frais, le titre des monnaies s'était modifié une ou plusieurs fois. Il y avait là une difficulté qui, au XIVe siècle en particulier, dut se présenter souvent. On sait en effet combien furent nombreuses alors les mutations de monnaies. Sous le roi Jean, de 1351 à 1360, la livre tournois changea soixante et onze fois de valeur. De là, pour le magistrat taxateur, la nécessité d'indiquer à quel type il rattache ses évaluations. Il les rapporte tantôt au type de la monnaie qui avait cours au moment de la confection des actes du procès, tantôt au type en usage au moment du règlement de la taxe.

Telles sont les notions les plus importantes qui peuvent être tirées des textes dont il s'agit. Nous avons négligé plus d'un détail curieux. Nous n'avons rien dit notamment de ce qui concerne les commissaires, les témoins, les notaires et les huissiers ou les sergents, lesquels figurent assez souvent dans ces textes. Si courte qu'elle soit, notre analyse suffit à montrer l'intérêt d'une publication qui se rattache aux époques les plus obscures de notre droit.

LES ÉCORCHEURS

SOUS LE RÈGNE DE CHARLES VII

Nous avons indiqué ci-dessus[1] dans quel état se trouvait la France à la mort de Charles VI. Conquise en partie par l'étranger, déchirée par les factions, sans gouvernement, sans police, sans finances, elle offrait le tableau d'une complète anarchie. En maints endroits, les campagnes abandonnées demeuraient sans culture, pendant que, dans les villes, la maladie et la faim décimaient les habitants. Ainsi que nous l'avons dit, le règne tout entier de Charles VII fut consacré à réparer des maux que tant de causes avaient fait naître. C'est du traité d'Arras, en 1435, qu'on peut dater le commencement de ces efforts réparateurs. On se rappelle que, par ce traité, le duc de Bourgogne abandonna les Anglais, dont il était le

---

1. Voy. l'étude intitulée *la France aux xive et xve siècles*.

plus puissant auxiliaire, pour se rallier à Charles VII. Dès ce moment, la défaite de l'étranger était certaine; elle se consomma par la reddition de Bordeaux en 1453. L'un des maux qui pesaient le plus cruellement sur les populations, et dont Charles VII, tout en luttant contre l'Anglais, cherchait à délivrer le pays, provenait de la licence des gens de guerre et en particulier de ceux qu'on appelait *Écorcheurs*. Jusqu'ici on ne connaissait des Écorcheurs que ce qu'en disaient çà et là nos chroniques. Des documents extraits des archives de France, de Suisse et d'Allemagne [1] donnent aujourd'hui les moyens de compléter ces renseignements épars.

I

Nos chroniques ont souvent mentionné les excès de ces compagnies de routiers qu'on voit mêlées à toutes nos guerres des XIVe et XVe siècles. Sous Charles V, elles commirent de tels ravages, que la cour de Rome, à diverses reprises, les frappa d'excommunication, et que les fidèles furent exhortés à les combattre. Dans les églises, on faisait des prières

---

[1]. *Les Écorcheurs sous Charles VII, épisode de l'histoire militaire de la France au XVe siècle, d'après des documents inédits.* 2 vol. in-8° dont l'un de texte (378 pages) et l'autre de documents (529 pages), avec tables, par M. A. Tuetey, archiviste aux Archives nationales. Montbéliard, Henri Barbier, 1874.

publiques pour demander au ciel la disparition de ce
fléau. Menacées dans leur sûreté, les villes s'armèrent.
Charles V craignit même pour sa capitale. On sait
que ce prince essaya de délivrer la France de ces
bandes redoutables en les dirigeant sur l'Espagne
avec du Guesclin. Il conçut même le projet de les envoyer en Orient à une nouvelle croisade. Ces compagnies, qui n'étaient autre chose à l'origine que des
troupes de *condottieri*, se jetèrent dans le brigandage
à la faveur des troubles qui suivirent la bataille de
Poitiers. Un moment dominées par les sages mesures
et l'ascendant de Charles V, elles renouvelèrent leurs
excès quand, sous le faible règne de son successeur,
la France retomba dans le désordre. Vendant leurs
services au plus offrant, alliées tantôt aux Bourguignons, tantôt aux Armagnacs, elles n'obéissaient en
réalité qu'à leurs propres capitaines et vivaient en
France comme en pays conquis. Après la mort de
Charles VI, qui porta à son comble l'anarchie du
royaume, leurs violences ne connurent plus de frein.
De là cette qualification d'Écorcheurs dont l'indignation populaire flétrit ces terribles routiers.

C'est au lendemain du traité d'Arras qu'apparaît
pour la première fois cette qualification. Ce traité,
qui mettait fin à la guerre civile et portait un coup
décisif à l'invasion anglaise, ne faisait pas le compte
de ces bandes indisciplinées. Elles avaient bien la
ressource de se mettre au service de Charles VII et

de l'aider à chasser les Anglais ; mais, outre que cette guerre ne suffisait pas à occuper leur humeur turbulente, Charles VII n'était pas en état de leur fournir une solde régulière. Dans cette conjoncture, les compagnies s'assemblèrent afin de se concerter sur la conduite à tenir. Elles convinrent de demeurer en France et, tout en observant un semblant de fidélité au roi, de vivre sur le pays. Tantôt distinctes, tantôt réunies, on les voit dès lors se répandre au nord, à l'est et au centre. Commencée dans les derniers mois de l'année 1435, cette occupation du territoire par les Écorcheurs ne cessa qu'en 1444.

On a les noms de la plupart des capitaines qui dirigeaient ces compagnies. Quelques-uns acquirent une véritable célébrité, tels que les deux bâtards Guy et Alexandre de Bourbon, Antoine de Chabannes, Rodrigue de Villandrando [1], Blanchefort et Jacques de Pailly, dit Fortépice, fameux entre tous par son audace et ses brigandages [2]. Les La Hire, les Xaintrailles, qui se battirent si bien contre l'Anglais, firent aussi partie de l'*Écorcherie*. Le nombre d'individus dont se composaient ces bandes était considérable. En 1439, on

---

[1] L'éminent directeur de l'École des chartes, M. Jules Quicherat, a écrit sur cet aventurier un long et curieux mémoire qu'on trouvera dans la *Bibliothèque de l'École des chartes*, 2e série, t. I, p. 119-168, 197-238.

[2] C'était une coutume de ces capitaines de porter des noms de guerre. Au XIVe siècle, sous Charles V, on trouve un Alain de Taillecol et un Lorent Coupe-gorge.

vit arriver sous Strasbourg douze mille de ces routiers. L'année précédente, le bruit s'était répandu que plusieurs capitaines d'Écorcheurs devaient hiverner en Bourgogne avec un effectif de quatorze à vingt mille chevaux. En 1444, un certain nombre de ces compagnies traversa la Franche-Comté pour se rendre en Suisse; le tout formait de trente à quarante mille individus. Il est vrai qu'une tourbe de femmes et de vagabonds était ordinairement mêlée à ces routiers. Trois cents femmes à cheval faisaient partie des bandes qui campèrent sous Strasbourg en 1439. On en comptait six mille dans les hordes qui, en 1444, envahirent la Franche-Comté.

On conçoit l'effroi des contrées sur lesquelles s'abattaient ces troupes d'aventuriers. Au moindre indice de leur présence, les paysans accouraient s'entasser dans les villes. Ils n'y trouvaient pas toujours un refuge assuré. Par de hardies escalades [1], les Écorcheurs s'emparaient de forteresses, de villes même, qu'ils ne rendaient ensuite qu'à prix d'argent. Parfois on leur livrait en proie une portion de territoire, afin de préserver le reste. D'autres fois, on les éloignait, comme jadis les Normands, au moyen de traités onéreux. En 1438, les États du duché de Bourgogne votèrent un subside « pour le département (départ) des écorcheurs et pour fournir certain traicté

---

1. De là le nom d'*escheleurs* qu'on donnait aux plus audacieux de ces routiers.

sur ce fait avec plusieurs capitaines des diz écorcheurs, qui estoient entrez en grant nombre et puissance et vouloient plus avant entrer audit duché et autres païs de Bourgogne pour vivre et séjourner à la destruccion des diz païs et des subjez d'iceux. » Si çà et là on tentait de leur résister, c'était par quelques levées locales. Foulées depuis longtemps par les gens de guerre, dont les violences égalaient quelquefois celles des Écorcheurs, les populations enveloppaient dans une haine commune et les uns et les autres. Par un mot attribué à Henri V d'Angleterre, le vainqueur d'Azincourt, homme pieux s'il en fut, et peu rieur d'habitude, on peut se faire une idée de ce qu'était un soldat au XV° siècle. A ses sujets de France qui se plaignaient à ses pieds des incendies allumés de tous côtés par ses partisans, il répondit : « C'est bon, c'est bon ! guerre sans feux ne vaut rien, non plus qu'andouilles sans moutarde. »

Cette méfiance des populations à l'égard des gens de guerre s'étendait sur ceux-là mêmes qui pouvaient le plus manifestement les protéger. On peut en citer un curieux exemple. Au mois de janvier 1438, comme plusieurs compagnies d'Écorcheurs, campées non loin de Dijon, se disposaient à traverser la Saône, Jean de Fribourg, gouverneur général de Bourgogne, voulut les prévenir et, en se portant au-devant d'eux, les surprendre dans leurs campements. Il lui fallait, pour cela, traverser Auxonne. Il envoya un exprès au maire et aux échevins de la ville demander le passage libre pour lui et les siens. On ne le lui accorda qu'à la condition que vingt hommes seulement se présenteraient à la fois. Jean de Fribourg attendait la réponse sous les murs d'Auxonne, où il était arrivé avec ses troupes entre huit et neuf heures du matin. Comme, dans ce moment, les eaux et les glaces étaient très-grandes, qu'il faisait un froid très-vif et que les hommes d'armes se morfondaient avec leurs chevaux, il s'empressa d'adhérer à la condition qui lui était signifiée, et le passage commença. La ville offrit alors un spectacle singulier. Toutes les rues, sauf la rue principale que suivaient les gens de guerre, étaient barrées et gardées à chaque extrémité par des bourgeois armés, menaçant de leurs arbalètes tendues ceux qui eussent tenté de prendre une autre voie. Ces petites troupes de vingt hommes étaient, en outre, escortées, pendant le trajet, par d'autres bourgeois, également armés, qui ne laissaient à aucun le loisir de stationner. Jean de Fribourg lui-même, étant entré un moment dans une hôtellerie pour se chauffer, dut en sortir aussitôt sur l'injonction tumultueuse des habitants, et, suivi de douze bourgeois à cheval dont aucun ne voulut lui prêter sa monture, traversa toute la ville à pied comme le dernier de ses archers. Bref, le défilé, commencé le matin, ne se termina qu'à la nuit, et ce retard fit manquer l'entreprise.

II

En ce qui regarde les excès commis par les Écorcheurs sur les divers points de la France, les détails abondent dans les documents auxquels nous empruntons le sujet de cette étude. Leur premier acte, en arrivant dans une localité, était d'*appatisser* (mettre à contribution) le pays. D'habitude ils logeaient chez l'habitant, et cela seul était une lourde charge. On se rappelle ce qu'il y a trois ans ont souffert, à cet égard, les populations de nos villes occupées par les Prussiens [1]. Un seul habitant avait quelquefois quarante chevaux à loger. En s'éloignant, les routiers laissaient ordinairement maison nette. Or et argent, monnayé ou non, bétail gros et menu, vêtements d'hommes et de femmes, depuis les chaussures jusqu'aux chapeaux, linge, literie, meubles, ustensiles, ils prenaient, emportaient tout. En un mot, pour nous servir du langage du temps, ils dépouillaient les gens jusqu'à la chemise. Ils ne pillaient pas seulement les maisons. Entrant dans les églises, dont ils faisaient des écuries

---

1. Le lecteur verra, par les détails qui suivent, que ce n'est pas là le seul point de rapprochement.

pour leurs montures, ils y dérobaient tout ce qu'ils trouvaient de précieux, et jusqu'aux vases sacrés. Ce qu'ils ne prenaient pas ou ne pouvaient emporter, ils le détruisaient. Ils jetaient le vin et le grain dans les rivières, faisaient paître à leurs chevaux le blé en herbe, brûlaient les instruments aratoires, coupaient les arbres des vergers et des jardins, détruisaient les ruches d'abeilles, démolissaient les moulins. Une de leurs coutumes, quand ils quittaient une maison, était de la rendre inhabitable, soit en jetant les murs à bas, soit en ouvrant la toiture et en brisant les tuiles. Plus souvent ils y mettaient le feu. Ils ne se faisaient faute d'ailleurs, chacun en son particulier, de rançonner les habitants. Pour les contraindre à payer, ils les battaient si *vilainement*, que leurs victimes en devenaient infirmes pour le reste de la vie. Ni les prêtres, ni les vieillards, ni les enfants, ni les femmes, n'échappaient à leurs brutalités. Aux malheureux ainsi frappés ils ne ménageaient point les coups de dague ou d'épée, tranchant les doigts à l'un, fendant la joue à l'autre. Faisaient-ils des prisonniers dont ils espéraient profit, ils les transportaient avec eux de logis en logis et, la nuit, pour les garder, les renfermaient dans des coffres au risque de les étouffer.

Pour soutirer de l'argent, ils usaient encore d'autres moyens. On en aura une idée en parcourant, dans les documents dont il s'agit, des enquêtes faites en quelques localités après le départ des roûtiers, et dont le texte porte çà et là ces rubriques significatives : *homme pendu, homme crucifié, homme roty, gens crucifiés, rotys et pendus*. Tantôt, en effet, il est question, dans ces enquêtes, d'un malheureux qu'on lie en façon de crucifix et à qui on brûle le visage. Tantôt il s'agit d'un homme dont s'emparent ces brigands, et qu'ils *ardirent* (brûlèrent) *tellement, que les pièces de son corps, de son doz et de ses naiges* (cuisses) *churent* (tombèrent) *par granz pièces devant les diz gens d'armes*. Pour exciter leur barbarie, point n'était besoin qu'on leur refusât de l'argent. Il suffisait qu'à table ils ne se vissent pas nourris à leur appétit, pour que l'habitant chez lequel ils logeaient courût péril de la vie. Il y a plus : ils tuaient pour le seul plaisir de voir couler le sang. Dans un seul village, en 1439, ils mirent à mort cinquante petits enfants. Mais rien ne réjouissait ces bandes sauvages à l'égal de l'incendie, dont les lueurs sinistres et les cris qu'il provoque et la terreur qu'il porte au loin leur semblaient l'accompagnement indispensable de leur œuvre de destruction. Les routiers qui arrivèrent sous les murs de Strasbourg en 1439, brûlèrent plus de cent dix villages, blessant ou tuant les habitants qui essayaient de s'opposer à ce feu dévastateur.

Il était encore un genre de crimes dont, comme on le devine, ils ne se faisaient faute. Partout femmes et filles subissaient leurs outrages. En 1443, ils s'emparèrent d'une petite ville située sur la rive gauche de la Saône. Voici, d'après les registres secrets de la ville de Mâcon, un aperçu des excès qu'ils y commirent : « Ils ont pris et mis à rançon les habitants, violé les pucelles, efforcié les femmes, fourragé la ville, coupé les gorges à plusieurs jeunes femmes après les avoir cogneues, mis toutes nues et fait plusieurs autres abominations, telles que les Sarrazins n'en font pas aux chrétiens. »

Sur quelque lieu que ces bandes fissent irruption, se reproduisaient ces brigandages. De la Franche-Comté, où ils séjournèrent pendant les mois de juillet, d'août et de septembre de l'année 1444, les routiers se jetèrent sur le comté de Montbéliard, et de là en Suisse, pour revenir ensuite sur l'Alsace. Partout la dévastation, le meurtre, le viol et l'incendie signalèrent leur passage. Une lettre d'un témoin oculaire, trouvée dans les archives de Strasbourg, contient, sur les barbaries qu'ils accomplirent alors, les réflexions suivantes par lesquelles nous terminerons le récit de ces horreurs : « J'ai vu, écrit l'auteur de la lettre, et entendu raconter des actes de cruauté et d'atrocité comme jamais personne n'en a vu ni entendu. Il serait impossible même de se figurer les genres de supplice auxquels ils soumettent les malheureux qu'ils tiennent entre leurs mains ; tout mon corps en frémit chaque fois que cela me revient en mémoire. »

III

On conçoit combien de plaintes vives et fréquentes devaient provoquer ces épouvantables excès. Elles ne tardèrent pas à éveiller la sollicitude de Charles VII. En 1438, il apprenait que Pothon de Xaintrailles, Rodrigue de Villandrando, Antoine de Chabannes et d'autres capitaines d'Écorcheurs, étant entrés sur les terres du duc de Bourgogne, y avaient fait ou laissé faire « maulx et dommaiges irréparables en prise et mutilaction de personne, efforcements de femmes, boutements de feux, prinses (prises) d'abbayes, prinses aussi de bestial gros et menu, et rançonnements à grans sommes de deniers. » Il leur transmit aussitôt l'ordre de cesser ces violences, leur déclarant qu'il autorisait le duc de Bourgogne à leur courir sus par tous les moyens possibles s'ils renouvelaient leurs excès. Mais ces injonctions, que n'accompagnait aucune sanction pénale, demeuraient sans effet. Un autre de ces capitaines, Fortépice, qui s'était emparé vers le même temps de plusieurs places importantes, ne consentit point à les rendre, malgré les ordres réitérés du roi. Charles VII sentait son impuissance et l'avouait.

Apprenant de l'archevêque de Mayence, en 1439, les brigandages commis par les Écorcheurs en Alsace, brigandages qu'on l'accusait de tolérer, il répondit qu'il ferait en sorte d'en empêcher le retour, mais qu'on devait considérer que depuis longtemps les guerres déchiraient son royaume, et qu'il n'était pas surprenant qu'au milieu du bruit des armes les lois fussent silencieuses et les rigueurs de la justice momentanément suspendues. Cette lettre, remarquable à plus d'un titre, était restée jusqu'ici ignorée des historiens. Elle a été découverte dans les archives municipales de Strasbourg.

Charles VII comprit qu'il fallait une mesure radicale. De cette pensée sortit la célèbre ordonnance sur les gens de guerre du 2 novembre 1439. Aux termes de cette ordonnance, le roi se réservait le droit de nommer tous les capitaines de France et de déterminer le nombre de leurs soldats. Appointé par la couronne et responsable de la conduite de ses hommes, chaque capitaine devait tenir garnison dans une place qui lui serait désignée, avec défense de s'éloigner sans ordre. Enfin, il était interdit à qui que ce fût, sous peine de confiscation de corps et de biens, de commander à des gens de guerre en dehors de l'autorisation du roi. Cette ordonnance était excellente; la difficulté était de la mettre à exécution. Charles VII n'avait pas pour cela l'autorité suffisante; il n'avait surtout pas l'argent qui était nécessaire:

car, pour subvenir aux frais du siège de Dieppe, en 1443, il se voyait encore obligé d'emprunter à l'un de ses sujets une somme de six mille écus.

Cependant, sans être en état d'appliquer une mesure générale, la royauté se sentit assez forte pour commencer de sévir. En 1440, Charles VII privait de leurs biens ou bannissait de France divers capitaines, avec leurs partisans, lesquels, disait-il, « contre plusieurs inhibitions et défenses à eulx faictes de par nous, ont couru en diverses parties de nostre royaume, ont prins (pris) et assailly forteresses et icelles pillées, prins et rançonné nos subjetz, leur bétail et autres biens, brûlé, abatu et demoly maisons et édiffices, appatissé villes, forteresses et villaiges, pillé et desrobé églises, ravy et violé femmes, meurtry et occis plusieurs personnes, gasté et dissipé blez, vins et autres vivres, guecté les chemins jour et nuyt, et desrobé et destroussé les passans, et fait tous les aultres maulx que faire eussent peu noz anciens ennemis et adversaires. » En 1441, il alla plus loin. Il fit arrêter le bâtard Alexandre de Bourbon ; on l'enferma dans un sac et, du haut du pont de Bar-sur-Aube, on le jeta dans la rivière. Avec lui, huit de ses compagnons furent pendus, et dix à douze de ses meilleurs lieutenants décapités [1]. Cet acte de sévérité fit peur,

---

1. Charles VII se trouvait non loin de là avec une force de vingt mille chevaux ; c'est ce qui explique la possibilité de cet acte de rigueur.

mais n'arrêta point les désordres; car, au mois de mars 1442, le roi était supplié publiquement de réprimer les excès des Écorcheurs, *non de paroles ou par escriptures seulement, mais par exseqution de fait.* L'année suivante, Charles VII convoquait à Poitiers les princes du sang, avec plusieurs de ses conseillers, pour remédier à une situation devenue à ce point intolérable, que le « povre peuple » commençait de quitter le royaume. On dirigea contre les Anglais le plus grand nombre possible de ces aventuriers. Mais une trêve de dix-huit mois, conclue en 1444 avec l'Angleterre, rendit cet expédient inutile. Ce fut alors que Charles VII résolut de suivre l'exemple de son aïeul Charles V. Deux demandes de secours militaire lui étaient parvenues à la fois : l'une de l'empereur d'Allemagne contre les Suisses; l'autre du duc de Lorraine contre les Messins. Saisissant cette occasion de débarrasser la France de ses terribles ennemis, il acquiesça à cette double demande. Il partagea en deux corps la masse des Écorcheurs : l'un, qu'il conduisit lui-même, se dirigea sur Metz[1]; l'autre, qu'il confia au dauphin (Louis XI), se porta en Franche-Comté et de là en Suisse[2].

Il n'y a pas à douter du motif qui détermina

---

1. On trouvera l'historique de cette expédition dans l'ouvrage intitulé *Relation du siége de Metz en 1444,* par MM. de Saulcy et Huguenin. Metz, 1835.
2. M. Tuetey a consacré au récit de cette seconde expédition les deux tiers de son premier volume.

Charles VII à entreprendre cette double expédition. Pour ce qui regarde la Suisse, on en a la preuve dans une pièce conservée aux archives de Strasbourg. « Une fois la paix conclue entre les rois de France et d'Angleterre, est-il dit dans ce document, on devait craindre qu'il ne fût possible de licencier les compagnies sans exposer le pays à une destruction totale. Ce roi, ayant tenu conseil avec les grands du royaume, résolut d'envoyer ces gens de guerre au secours du duc d'Autriche, afin d'en purger le sol de la France, et le dauphin leur fut donné pour chef avec d'autres seigneurs, de peur qu'ils n'eussent l'idée qu'on les chassait du royaume. » C'était si bien la pensée de Charles VII, que, l'expédition finie, il leva un impôt pour retenir encore quelque temps les routiers hors de France, jugeant que cet impôt serait « sans comparaison moins grevable à ses sujetz que le retour des ditz gens de guerre et la continuacion de leurs exploitz accoustumez. »

Les Écorcheurs revinrent décimés de cette double campagne. Le but que se proposa Charles VII était rempli. Dès lors, l'exécution de l'ordonnance de 1439 devenait possible. On fit un triage de tout ce qui restait de ces aventuriers. Les plus mauvais furent renvoyés dans leurs foyers, par petits détachements et sous la conduite de chefs qui répondaient de leur conduite [1]. Les autres furent répartis en un certain

---

[1]. La plupart, craignant d'être inquiétés pour leur conduite passée,

nombre de compagnies qu'on appela *compagnies d'ordonnance*, et on les cantonna dans les villes sous les ordres de capitaines choisis et appointés par le roi. On sait que ces compagnies d'ordonnance devinrent la base de l'armée permanente, création toute nouvelle en France, de sorte que, d'une mesure prise dans l'intérêt de la sécurité publique, sortit une institution qui devait exercer, par la suite, une influence considérable sur l'état militaire et politique de notre pays [1].

sollicitèrent et obtinrent du roi des lettres de grâce. Ces lettres, dites de *rémission*, se trouvent en nombre considérable aux Archives nationales. Par l'énumération qu'elles contiennent des divers crimes reprochés aux impétrants, elles sont des plus curieuses pour l'histoire des mœurs du XVe siècle.

1. Voyez, pour les origines de l'armée permanente, le livre de M. E. Boutaric : *Institutions militaires de la France*, in-8°. Paris, Plon, 1863.

LES ORIGINES DE LA RENAISSANCE

AU XVᵉ SIÈCLE

FRANÇOIS VILLON ET RENÉ D'ANJOU

Deux noms, appartenant également à la seconde moitié du xvᵉ siècle, se rattachent aux origines de la Renaissance qui devait renouveler peu après nos arts et notre littérature : François Villon et René d'Anjou. L'un était un pauvre écolier et l'autre prince. Le premier était poëte; le second, poëte à ses heures, était surtout artiste. Celui-là, par sa vie et ses œuvres, rappelle les moments les plus troublés du siècle qui le vit naître; celui-là, par ses goûts, son caractère, le genre de travaux auxquels il se livra, se rattache plutôt au siècle qui suivit. Une grande obscurité régnait jusqu'ici sur l'existence et les ouvrages de Villon. Quant à René, ce qu'on en connaissait appartenait moins à l'histoire qu'à la légende. De nouveaux documents viennent de mettre en lumière ces deux personnages, qui n'ont de commun que leur égale renommée. Nous donnons ici le résultat de ces intéressantes découvertes.

I

FRANÇOIS VILLON

Villon, contemporain de Charles VII et de Louis XI, n'est pas seulement supérieur à tous nos poëtes du xve siècle ; il est, dans la véritable acception du mot, le premier poëte qu'ait eu la France moderne. Clément Marot, Patru, Boileau, la Fontaine, Voltaire, l'ont gratifié de leurs éloges ou tenté de l'imiter. Les meilleurs critiques de notre temps sont unanimes à reconnaître la puissance et l'originalité de ses poésies. Sans parler du genre qui caractérise ses vers, où la bouffonnerie se mêle à la gravité, l'émotion à la raillerie, la tristesse à la licence, son grand mérite fut d'avoir rompu avec l'allégorie qui régnait alors en souveraine, pour peindre, dans une phrase toujours vive et colorée, des sentiments empruntés à la nature humaine ou à la réalité des choses. M. A. de Montaiglon, dans le tome Ier du recueil des *Poëtes français*, publié en 1861, a parfaitement défini le rôle de Villon dans la poésie française. Ses œuvres, celles du moins que l'on connaît sous son nom, et qui se composent du *Petit* et du *Grand Testament*, joints à des pièces détachées, ont été, depuis leur apparition jusqu'à nos jours, l'objet de nombreuses éditions. On trouvera, dans le *Manuel du libraire* de Brunet, une excellente notice de ces éditions successives. La première, avec date, est de Paris (Pierre Levet), 1489, in-4°. Il en parut plusieurs autres à la fin du xv° siècle et au commencement du xvi°. Clément Marot en fit une notamment à la demande de François Ier. Parmi les plus récentes, nous citerons celle de Prompsault, en 1832, et celle de M. Paul Lacroix, en 1854. La dernière, due aux soins de M. P. Jannet, date de 1867. Malgré la notoriété attachée au nom de Villon, et en dépit de toutes les recherches faites par ses divers éditeurs, on ne savait jusqu'ici presque rien de la vie de notre poëte; son nom même était incertain. Les seules notions positives qu'on possédât étaient fournies par ses œuvres. En voici le résumé :

Les strophes 1 et 10 du *Grand Testament* nous apprennent que Villon avait trente ans en 1461, ce qui reporte la date de sa naissance en l'année même de la mort de Jeanne d'Arc. D'après un huitain signalé en 1599 par le président Fauchet [1], notre poëte aurait eu deux noms, celui de Corbueil et celui de Villon ou plutôt de Vuillon, sans qu'on puisse connaître lequel

---

1. Claude Fauchet, président de la cour des monnaies et l'un de nos érudits du xvi° siècle, mort en 1601.

des deux était le véritable ; en outre, il serait né à Auvers, près Pontoise. Selon un quatrain dont ce huitain ne semble qu'une amplification, Paris serait, au contraire, le lieu de naissance de Villon. On ne sait rien de sa famille, sinon, comme l'atteste la strophe 30 du *Grand Testament*, qu'elle était pauvre et de petite condition. Il fut écolier de l'Université de Paris, sans qu'il eût pu atteindre le grade de maître en théologie, but suprême des études du temps (*Gr. Test.*, str. 37 et 72). Il se montra d'ailleurs assez mauvais écolier (*ibid.*, st. 26). En 1456, vers la Noël (*Pet. Test.*, str. 1 et 2), il composait le *Petit Testament*. A cette époque, notre poëte, comme il le dit lui-même (*ibid.*, str. 6), quittait Paris pour Angers, sous l'émotion d'un amour malheureux. Peu après, pour un crime resté inconnu, il était condamné à être pendu ; il appela de cette sentence, et vit sa peine commuée en celle du bannissement. Ce fait résulte du huitain mentionné plus haut, de la fameuse « Ballade des pendus », de la « Ballade de l'appel » et de la « Requête au Parlement. » En 1461, on le trouve dans les prisons de Meung-sur-Loire, où le détient Thibault d'Aussigny, évêque d'Orléans, et d'où il sortit, cette même année, par la faveur de Louis XI (*Gr. Test.*, str. 1, 7, 11).

En dehors des œuvres de Villon, on a très-peu de renseignements sur notre poëte. Les *Repues franches*, que l'on trouve dans les éditions de Villon parmi les poésies qui lui sont attribuées, nous le représentent comme le chef d'une bande de compagnons vivant aux dépens d'autrui. Ajoutons que, d'après Rabelais, Villon aurait séjourné en Angleterre lors de son bannissement. Suivant le même auteur, il se serait retiré sur ses vieux jours à Saint-Maixent, en Poitou, et là aurait monté des représentations théâtrales.

Voilà ce que jusqu'à cette heure on savait de notre poëte. Divers documents, découverts par M. Longnon aux Archives nationales, ont révélé sur Villon des particularités qui permettent de combler certaines lacunes ou de dissiper plusieurs des obscurités de la biographie que nous venons d'esquisser [1]. L'un des plus importants de ces documents, emprunté au Trésor des chartes, aide à fixer les idées sur le nom de Villon. C'est une lettre de grâce ou de *rémission* accordée, en janvier 1456, à « maistre François des Loges, autrement dit de Villon, aagié de vingt-six ans ou environ » pour un meurtre commis par lui le 5 juin de l'année précédente, au cloître de Saint-Benoît-le-Bétourné, à Paris, sur la personne de Philippe Chermoye, prêtre. Ce titre de *maître*, également attribué à notre poëte par ses plus anciens éditeurs, ce prénom de François qu'il se donne lui-même en ses vers, cet âge de vingt-

---

1. *François Villon et ses légataires*, par A. Longnon, archiviste aux Archives nationales. Paris, Lemerre, mai 1873. Voy. aussi *Notice sur François Villon*, par A. Vitu. Paris, librairie des Bibliophiles, mai 1873. C'est à la notice de M. Longnon, comme étant plus riche en documents, que nous empruntons la plupart de nos considérations.

six ans qui, de l'année 1456, reporte à l'année 1431, comme date de naissance, enfin ce nom de Villon, prouvent surabondamment que François des Loges et François Villon sont un seul et même personnage. On voit en outre par cette lettre que le nom de Villon ne serait pas son nom véritable. Cette dernière particularité, rapprochée de divers passages du *Petit* et du *Grand Testament*, où le poëte parle avec reconnaissance d'un « maistre Guillaume Villon » ou « de Villon » qu'il appelle son « plus que père » et qu'il dit lui avoir été « plus doulx que mère, » démontre qu'il reçut ou adopta le nom de Villon en raison des relations qu'il eut avec ce protecteur de sa jeunesse.

D'après ces considérations, on serait porté à croire que *des Loges* est le nom de famille ou, comme on disait alors, le surnom de notre poëte[1], sans le huitain dont nous avons parlé ci-dessus et dont voici les quatre premiers vers :

> Je suis Françoys, dont ce me poise,
> Nommé Corbueil en mon surnom,
> Natif d'Auvers emprès Pontoise,
> Et du commun nommé Vuillon.

L'authenticité de ce huitain, que le président Fauchet disait avoir lu dans un manuscrit de sa bibliothèque, a été contestée. Mais M. Longnon a retrouvé ce manuscrit, dont la trace était perdue depuis longtemps,

---

1. A cette époque, ce que nous appelons aujourd'hui le prénom était le *nom*; et le *surnom* (par-dessus le nom) désignait ce qui de nos jours est le nom de famille ou un patronymique.

et qui date visiblement du dernier tiers du xve siècle. Il n'y a donc pas lieu de rejeter ce huitain comme apocryphe, ainsi que l'ont fait les modernes éditeurs. Ajoutons que le texte, mal reproduit par Fauchet, est celui-ci :

> Je suis Françoys, dont il me poise,
> Nommé Corbeil en mon seurnom,
> Natif d'Auvars emprez Pontoise,
> Et du commun nommé Villon.

Comment dès lors expliquer ce nom de Corbeil? Un autre registre du Trésor des chartes contient une lettre de rémission de même date que celle mentionnée plus haut, c'est-à-dire du mois de janvier 1456, et identique avec celle-ci dans les détails, sauf que le prêtre tué s'appelle, non Phelippe Chermoye, mais Phelippe Sermoise (ce qui est évidemment le même nom) et que le meurtrier n'est plus « maistre François des Loges », mais « François de Monterbier, maistre ès arts ». Quoiqu'il soit assez difficile d'expliquer la coexistence de ces deux lettres de rémission (délivrées, il est vrai, en deux lieux différents, la première à Paris, la seconde à Saint-Pourçain, en Bourbonnais)[1], on ne peut douter, en les lisant, que François

---

1. Comme on le verra ci-après, Villon, après le meurtre, quitta Paris et tâcha de se dérober à la justice. On peut supposer que ce sont des amis du poëte qui ont sollicité ces deux lettres de rémission. L'une aura été sollicitée de la chancellerie royale, à Paris, où Villon souhaitait de rentrer ; et, pour plus de garantie, l'autre aura été sollicitée du roi personnellement, lequel, comme il est prouvé par les textes, était alors à Saint-Pourçain.

des Loges et François de Monterbier ne soient le même homme. D'un autre côté, dans un registre de l'ancienne Université de Paris, se rapportant aux années 1444-1456, on trouve, au nombre des écoliers boursiers, non un François de Monterbier, mais un « Franciscus de Montcorbier, Parisiensis, » mentionné par trois fois, et qui obtint en 1452 le grade de maître ès arts. Pour les personnes habituées à l'écriture du xv⁵ siècle, où les lettres *c* et *t* d'une part, *o* et *e* de l'autre offrent une grande ressemblance, il est facile d'admettre que Monterbier soit une altération de Montcorbier ou Moncorbier, due à l'inadvertance d'un copiste. Ceci établi, on peut croire que le huitain du président Fauchet devait, à l'origine, se lire comme il suit :

> Je suis Françoys, dont il me poise,
> *De Moncorbier* en mon seurnom.

Modifié par des transcriptions successives, le second vers sera devenu : « *De nom Corbier* en mon seurnom, » puis, pour éviter la redondance, « nommé Corbier en mon seurnom. » Quant à la différence qui subsiste entre *Corbier* et *Corbeil*, elle s'explique par les irrégularités fréquentes des noms propres à cette époque.

Si ingénieuse qu'au premier abord paraisse cette explication, il est difficile d'en rejeter les conclusions. Dès lors *de Montcorbier*, et non *des Loges*, serait le nom patronymique de notre poëte; *des Loges* serait sans doute ce qu'aujourd'hui nous appellerions un surnom, et Villon un nom d'adoption.

Ce même huitain du président Fauchet fait naître Villon à Auvers, près Pontoise. Mais ce huitain ne semble être, à vrai dire, qu'une amplification d'un quatrain qu'on trouve dans toutes les anciennes éditions de Villon et qui débute ainsi :

Je suis Françoys, dont ce me poise,
Né de Paris emprès Ponthoise.

Or, cette dernière leçon paraît devoir être adoptée de préférence à l'autre comme rentrant mieux dans le genre du poëte; elle contient, en effet, une plaisanterie qui ne se trouve pas dans la première. C'est faute d'avoir compris cette plaisanterie qu'un copiste aura vraisemblablement substitué *Auvers* à *Paris*. D'ailleurs la tradition fait de Villon un enfant de Paris; enfin le « Franciscus de Montcorbier » des registres de l'Université est dit « Parisiensis. » Par ces raisons, on est autorisé à penser que Paris est bien le lieu de la naissance de Villon.

On voit, par la lettre de rémission accordée à François de Monterbier, que Villon ne fut pas aussi mauvais écolier qu'il nous le dit, puisqu'il avait obtenu la maîtrise ès arts, ce qui d'ailleurs justifie la qualification de *maître* qui se trouve partout adjointe au nom de Villon. Cette même lettre, comme celle qui fut concédée à François des Loges, atteste que, jusqu'à cette affaire de meurtre, Villon jouissait d'une bonne renommée et avait une conduite honnête. Bien qu'il eût tué ce Philippe Chermoye ou Sermoise après avoir été blessé lui-même et dans un cas de légitime défense, il se cacha hors Paris, ainsi que ces lettres le mentionnent, pour éviter les rigueurs de la justice. Fugitif et sans ressources, il commença sans doute, à ce moment, cette vie de vice et d'aventure qui le devait conduire plus tard à deux pas du gibet. Parmi les liaisons malsaines que, d'après un passage du *Grand Testament* (str. 105), il contracta à cette époque, nous ne devons pas omettre celle qu'il eut avec une « abbesse de Pourras. » On a cru généralement qu'il était ici question d'une femme de mauvaise vie, qui avait été rasée au pilori et fouettée, et que le peuple appelait abbesse de Poilras. Il est désormais établi qu'il s'agit de l'abbesse de Port-Royal, au diocèse de Paris, dont le nom vulgaire était alors *Porrais* ou *Pourrais*, et que, par licence poétique, Villon avait changé en *Pourras*. Cette abbesse, nommée Huguette du Hamel, menait une telle vie de désordres, qu'elle ne tarda pas à être privée de son siége abbatial.

Rentré à Paris au reçu de ses lettres de rémission, en janvier 1456, Villon se disposa, vers l'époque de Noël, à se diriger sur Angers, malheureux d'un amour

18

dont il se montre encore préoccupé en 1461 (*Gr. Test.*, str. 54 à 61). On ne peut assurer que, selon son dessein, il soit parvenu à Angers. Ce qui semble certain, d'après ses propres aveux, c'est que cet amour ne l'éloigna pas de la fréquentation des femmes perdues (*Ballade de la grosse Margot*). On ne sait point pour quelle cause il fut condamné au gibet. Il est vraisemblable que ce fut pour un de ces méfaits qui ne cessèrent, paraît-il, de déshonorer sa vie depuis l'affaire de Philippe Chermoye. D'après le petit poëme des *Repues franches* dont nous avons parlé, Villon aurait été à Paris le chef d'une bande d'escrocs. Cette assertion semble confirmée par la lecture de quelques ballades en jargon qui ne paraissent contenir que des instructions de Villon à ses compagnons de brigandage. Villon nomme deux de ces compagnons, Renier de Montigny et Colin de Cayeux, l'un et l'autre suppliciés pour leurs crimes. Les papiers judiciaires des Archives nationales contiennent sur ces deux individus des renseignements circonstanciés qui font comprendre comment, avec de semblables amis, notre poëte put être pris à son tour pour le gibet. Quoi qu'il en soit, Villon fut condamné à mort avant 1461. Il appela de cette sentence, ainsi que nous l'avons dit, et vit sa peine commuée en celle du bannissement. On pense communément qu'il fut banni non du royaume, mais de la prévôté de Paris. Le fait est que, d'après certains passages du

Grand Testament, on voit notre poëte se diriger alors vers l'Orléanais, le Berry, le Bourbonnais, et se rendre enfin à Roussillon, que les commentateurs ont pris à tort pour le Roussillon, qui dépendait à cette époque des rois d'Aragon, tandis qu'il s'agit ici de la ville de Roussillon, en Dauphiné. Notons, en même temps que ces pérégrinations de Villon, l'existence de relations entre lui et deux princes de la maison de Bourbon.

Si l'on ne sait pour quelle cause Villon fut condamné à mort, on ne sait pas davantage pourquoi il était en 1461 dans les prisons de Meung-sur-Loire. Louis XI le gracia, ainsi que nous l'avons mentionné, et il convient de penser qu'il le fit en vertu du droit de joyeux avénement. Charles VII était mort le 22 juillet 1461. Divers documents démontrent que Louis XI remit leurs peines à divers prisonniers des villes où il passa après son sacre. Ce roi, se trouvant le 2 octobre à Meung-sur-Loire, dut sans doute à cette date ordonner la délivrance de Villon. Depuis ce moment, on perd toute trace de notre poëte, et les faits sur lesquels s'appuient certains éditeurs pour placer la date de sa mort après 1480 sont sans autorité.

Ajoutons qu'on doit regarder comme inexacte l'assertion de Rabelais, d'après laquelle Villon, banni de France, et non pas seulement de la prévôté de Paris, aurait passé en Angleterre au temps du roi Édouard V. Les détails donnés sur ce point par l'auteur du *Pan-*

tagruel ne paraissent être que l'amplification d'une anecdote qui courait dès le XIIIe siècle sur le compte d'un autre écolier, également banni de France et réfugié près du roi d'Angleterre. Rabelais a dit aussi que Villon, dans sa vieillesse, se serait retiré à Saint-Maixent en Poitou et que là, pour distraire le peuple, il aurait fait jouer la Passion « en gestes et langage poitevin. » Mais il est également démontré que les principaux traits de cette seconde anecdote se trouvaient déjà dans le *Spectrum* d'Érasme.

Jusqu'ici, non-seulement on ne savait que peu de chose sur l'existence de Villon, mais on n'avait de ses deux *Testaments* qu'une intelligence confuse. Dès le commencement du XVIe siècle, les nombreuses allusions contenues dans les *Testaments* avaient cessé d'être comprises, ainsi que l'atteste cette remarque de Clément Marot, insérée dans l'édition qu'il publia des œuvres de Villon, en 1533 : « Quant à l'industrie des lays (legs) qu'il fait en ses Testaments, pour suffisamment la cognoistre et entendre, il fauldrait avoir esté de son temps à Paris et avoir congneu les lieux, les choses et les hommes dont il parle : la mémoire desquelz tant plus se passera, tant moins se congnoistra icelle industrie de ses lays. » De son côté, le président Fauchet, dans la seconde moitié du XVIe siècle, écrivait, après avoir discuté le nom de Villon : « J'ay fait ceste escapade pour la mémoire de Vuilon, un de nos meilleurs poëtes satyriques, duquel si nous sçavions bien entendre la poésie, nous descouvriroit l'origine de plusieurs maisons de Paris et des particularités de ce temps-là. »

Grâce aux documents qu'a réunis M. Longnon, l'obscurité des *Testaments* est en grande partie dissipée. Il était à penser qu'un grand nombre des « légataires » de Villon étaient des gens de robe appartenant aux différentes juridictions devant lesquelles il fut traduit : savoir l'officialité de Paris, dont il relevait comme clerc; le Châtelet, où il eut affaire comme Parisien, et le Parlement, auquel il en appela. L'officialité de Paris est représentée dans les poésies de Villon par deux noms au moins, ceux de Jean Cotard, son « procureur en court d'église » et de « maistre Françoys, promoteur de la Vacquerie. » On trouve, en effet, dans les registres de l'officialité de 1460 et 1461, une mention plusieurs fois répétée de Jean Cotard, qualifié de *procurator* ou de *promotor curiæ*. On trouve également, dans les registres ecclésiastiques de 1450, 1458 et 1459, un *magister Franciscus de Vacaria*. Le Châtelet est représenté, de son côté, par Robert d'Estouteville, prévôt de Paris, et par Martin Bellefaye, P. Le Basanier, J. Mautaint, Rosnel, P. de Rousseville, J. Le Cornu et Genevois, c'est-à-dire au moins par huit personnages, sur lesquels on a des notions détaillées. On possède également des renseignements précis sur Andry Courault, Jacques Fournier et Robert Valée, qui représentent le Parlement dans les œuvres de Villon. Parmi les autres personnages nommés dans ses poésies, on en compte deux attachés au Trésor royal, trois ayant rempli les fonctions d'échevins, et deux élus de Paris. On compte aussi un certain nombre de personnes appartenant à d'honorables familles parisiennes et plusieurs des pauvres écoliers que Villon avait connus dans sa jeunesse. Il n'est pas jusqu'à des individus — dont la trace, en raison de l'humilité de leur profession, était difficile à retrouver dans les documents du xve siècle, — sur lesquels M. Longnon n'ait réussi à fournir des éclaircissements. Il établit, par exemple, que Robin ou Robert Turgis, désigné comme tavernier dans les vers de Villon, était le propriétaire de la fameuse taverne de la Pomme de Pin, mentionnée aussi dans Rabelais et située rue de la Juiverie, en la Cité. Le barbier de Villon, Colin Galerne, n'est pas non plus un personnage imaginaire; *Colinus Galerne, barbitonsor*, paraît plusieurs fois en 1460 et 1461 dans les registres de l'officialité. Enfin la grosse Margot, dont Villon paraît avoir été le compagnon, est nommée dans un registre du Parlement, en 1452, et sa maison était alors fréquentée par Renier de Montigny et quelques sergents au Châtelet. Enrichis de ces divers éclaircissements, les deux *Testaments* ne seront plus désormais lettre close aux admirateurs de Villon.

II

RENÉ D'ANJOU

On raconte que, dans le moment où Louis XI mettait la main sur l'Anjou, René était, en son château de Beaugé, occupé à peindre une bartavelle; on hésitait à l'avertir : il apprit la nouvelle sans quitter son tableau. Il est difficile d'établir ce qu'il y a de vrai dans cette légende; il convient, en tout cas, de faire des réserves sur le caractère qu'elle suppose dans le prince qui en est l'objet. Assurément, si l'on s'en tient aux traditions, on peut dire que René était moins un roi qu'un artiste, désireux de paix et de solitude, chérissant les fleurs, les oiseaux, les livres, passionné pour les choses belles et curieuses. Toutefois, il ne faudrait pas croire qu'il dédaignât les priviléges de la royauté au point de s'être défait, comme on l'a dit, d'une partie de ses États par amour du repos, et d'avoir cherché, sur ses vieux jours, à échanger tous ses titres et ses fiefs contre une rente viagère [1]. Au

---

1. Dans la courte notice qu'il a consacrée à René d'Anjou dans la *Biographie universelle* (édit. Didot), M. Vallet de Viriville, très-instruit cependant des événements et des personnages du xvᵉ siècle, s'est fait l'écho de ces erreurs.

contraire, il tenta de sérieux efforts, surtout dans la première moitié de sa vie, pour assurer ou étendre les domaines dont il avait hérité ; et ce ne fut qu'après des revers successifs, et déjà avancé en âge, qu'il se réfugia dans le genre d'existence qui l'a rendu célèbre. Quoi qu'il en soit, rien d'attachant comme cette figure d'artiste au milieu des rudesses du xv° siècle. Elle a séduit deux écrivains, qui ont tenu à honneur de se faire ses historiens. L'un, M. de Quatrebarbes, dans un ouvrage estimable, mais qui offre néanmoins des prises à la critique, s'est attaché particulièrement à faire connaître les œuvres artistiques et littéraires de ce prince [1] ; l'autre, M. de Villeneuve-Bargemont [2], se plaçant à un point de vue plus général, a raconté la vie même de René ; mais son livre, d'une méthode défectueuse, n'a guère d'autre mérite que celui d'indiquer plusieurs des traditions locales qui concernent ce prince. Un ensemble de pièces qui viennent d'être publiées fournit sur plusieurs points de cette existence intéressante de curieux renseignements [3]. Ce sont les

1. *Œuvres complètes du roi René.* Angers, 1844-1846. 4 vol. in-4°.
2. *Histoire de René d'Anjou*, 1825, 3 vol. in-8°.
3. *Extraits des comptes et mémoriaux du roi René pour servir à l'histoire des arts au xv° siècle,* publiés d'après les originaux des Archives nationales, par A. Lecoy de la Marche. Gr. in-8°. Paris, Picard, 1873. L'auteur de cette publication a réparti les textes qui la composent sous les catégories suivantes : *Édifices d'Angers, bâtiments et domaines d'Anjou, édifices de Provence, travaux divers, objets d'arts, meubles et ustensiles, cérémonies.* Dans l'analyse que nous donnons de ces documents, nous ne parlons que de l'Anjou et laissons de côté ce qui a trait à la Provence.

comptes de maison de René, tirés eux-mêmes de l'ancienne chambre des comptes d'Angers, laquelle avait été supprimée peu après l'adjonction de l'Anjou à la couronne, et dont on avait transporté les archives à Paris. Conservées avec celles de la chambre des comptes du royaume, ces archives ont été portées par la Révolution à notre dépôt central des Archives nationales, où elles sont aujourd'hui.

Dans ce recueil de pièces, on ne trouve pas seulement des comptes proprement dits, mais des lettres, des notes, des constitutions d'offices, des inventaires. Cette dernière nature de documents surtout est des plus précieuses. Rien ne nous fait mieux pénétrer dans la vie privée de nos pères que ces descriptions détaillées dont l'archéologie a déjà tiré un si grand parti. Nous citerons en particulier les inventaires du château d'Angers et ceux des maisons de Chanzé, de Reculée et de la Ménitré, résidences favorites de René. Dans ces inventaires, rédigés sous les ordres de ce prince et par ses officiers, il n'est pas une partie de ces habitations qu'on ne désigne soigneusement avec tout ce qu'elle contient. Non-seulement les chapelles où se célébrait l'office divin, les chambres du roi et de la reine et celles des officiers s'y trouvent mentionnées, mais les cuisines, les celliers, les buanderies, les fruiteries, les sauceries, les paneteries. Les bijoux, les tableaux, les livres, les étoffes, le linge, la vaisselle, les moindres ustensiles, sont en même temps décrits minutieusement.

La lecture de ces inventaires confirme ce que l'on savait des goûts de René pour la peinture et le dessin. Les toiles peintes, formant tapisseries, et les tableaux proprement dits entrent pour une part notable dans les objets inventoriés. Les sujets en sont empruntés, selon les cas, à la religion, à l'agriculture, au jardinage. Dans les chapelles, à côté de tableaux religieux, on trouve des peintures allégoriques. C'est ainsi que, dans la chapelle de la Ménitré, auprès des images de Notre-Dame et de sainte Marthe, se rencontre « ung tableau de toille paincte en ung chasseis de boys cousu contre la muraille auquel est la mort qui picque l'amoureux. » On trouve également des sujets mythologiques. Une toile représentant Pâris et Vénus ornait la chambre du roi à Chanzé. René aimait à couvrir de peintures emblématiques les murs mêmes de ses appartements. Il avait à Chanzé un « retraict (cabinet) paint à groyzeliers dont les groyselles estoient rouges. » On voyait aussi à Reculée une chambre *peinte à groseilles*. Néanmoins, comme sujet de décoration murale, il préférait des *chauffertes* (chaufferettes). Emblème de sa tendresse pour sa première femme Isabelle, ces chaufferettes, accompagnées de la devise *ardent désir*, étaient reproduites dans presque toutes ses habitations. Indépendamment de ces peintures, les inventaires mentionnent divers dessins. Dans l'une des galeries du château d'Angers, un coffre contenait des dessins sur bois à la mine de plomb, représentant les portraits du roi, de la reine et de plusieurs autres personnages. Un autre coffre renfermait un cahier de papier sur lequel des dessins, également à la mine de plomb, figuraient des mors de chevaux, tracés vraisemblablement pour servir de modèles.

De la lecture de ces inventaires, comme de celle des autres documents qui composent avec eux la publication dont il s'agit, il ressort visiblement que René dirigeait ou inspirait les artistes qu'il employait, leur fournissant des modèles, des sujets, des indications diverses; mais on ne saurait préciser avec une entière rigueur la part qu'il eut lui-même à ces ouvrages. Toutefois il est hors de doute qu'il ne se bornait pas à enluminer des livres d'heures et qu'il était peintre lui-même. A ne parler que des œuvres mentionnées dans les inventaires, on peut lui attribuer avec quelque raison un portrait de la reine de Sicile peint sur parchemin, qui se trouvait dans une armoire d'un des appartements du château d'Angers. Une autre particularité que révèlent ces inventaires, c'est le goût de René pour la géographie. Plusieurs mappemondes se trouvent au nombre des objets inventoriés. En outre, au château d'Angers il y avait « ung grant drap » où étaient peintes les villes de la Provence; avec cela quelques livres spéciaux sur la géographie, dont l'un était intitulé *Description des parties orientales*, et dont l'autre traitait « de la générale division de toute la terre. » Au reste, si l'on en croit certaines traditions, René aurait dressé lui-même une carte de l'Anjou. Les inventaires mentionnent d'autres livres que ceux dont nous parlons, et avec lesquels il serait facile de reconstituer, en une certaine mesure, la bibliothèque de ce prince. Nous nous contenterons d'indiquer dans le nombre l'ouvrage du Dante[1] en italien et une *Histoire des Belges*.

Il est remarquable que dans ces inventaires ne se trouve la mention d'aucune des compositions littéraires dont René passe pour être l'auteur. Ce silence doit porter à n'accepter qu'avec réserve les assertions de l'éditeur des *Œuvres complètes du roi René*. Nous n'insisterons pas davantage sur les notions qu'on peut tirer de ces inventaires. Ils avaient été déjà publiés, non, il est vrai, sans quelques inexactitudes, il y a quelques années[2]. A cette exception près, les textes que nous analysons ont tous le mérite d'être inédits. Ils sont non moins précieux par les renseignements qu'ils contiennent. Nous citerons notamment les documents relatifs à la sépulture de René. On sait que ce prince fit exécuter de son vivant le monument de sa sépulture dans l'église de Saint-Maurice d'Angers, monument somptueux, qui ne fut

---

1. Il est ainsi désigné : « Un livre en parchemin nommé *Dente de Fleurence*, escript en lettre ytalienne. »

2. Par M. Godard-Faultrier (*le Château d'Angers au temps du roi René*. Angers, 1866, in-8º.)

entièrement achevé qu'après la mort de René, et dont il ne reste aujourd'hui que des débris. Deux anciens dessins de cette sépulture sont conservés à la Bibliothèque nationale; mais, avec le seul détail des textes, il est possible d'en tracer une exacte description. Ces textes donnent en même temps les noms de plusieurs des artistes qui travaillèrent à ce monument, noms ignorés jusqu'à ce jour. Inutile de dire quel prix ont pour l'histoire de la peinture et de la sculpture, à cette époque, les devis et autres documents qui se rapportent à ce monument. On y voit qu'un modèle fait ou du moins réglé par René, et désigné sous le nom de « portraicture de la sépulture du roy, » avait été remis par ce prince à sa chambre des comptes. Dans ces mêmes documents il est question de la peinture à l'huile, dont l'usage ne faisait alors que commencer à se répandre en Italie, et que René semble s'être appliqué à propager. Enfin, à côté des pièces concernant cette sépulture, se trouvent d'intéressants renseignements sur une chapelle funéraire que René faisait édifier auprès de l'église des Cordeliers d'Angers et où devait être déposé son cœur.

Lettré, poëte, artiste, René avait aussi des goûts de naturaliste. Outre d'immenses volières remplies d'oiseaux de toute espèce, il avait, en son château d'Angers, une véritable ménagerie, composée de « bestes estranges » que ses relations avec les contrées éloignées lui avaient permis de rassembler. Avec des cerfs, des sangliers, des biches, on y voyait des lions, des léopards, des singes, des dromadaires, des loups, des renards, des chèvres sauvages, des autruches, des paons, des hérons, des ducs, des butors, des grues. René donnait une grande attention à sa ménagerie. Des marchés étaient passés avec les bouchers d'Angers pour fournir chaque jour aux lions du roi un certain nombre de moutons. Ces animaux eux-mêmes avaient des noms, sous lesquels on les désignait dans des notes où était consigné leur état de santé ou de maladie. S'ils mouraient, leur gardien venait en la chambre des comptes annoncer l'événement. Ainsi arriva-t-il pour les lions Martin, Dauphin et Marsault. On les enterrait près de leur logis, dans une cour dite Cour des lions. Plusieurs gardiens étaient préposés à la direction de cette ménagerie. Ils touchaient des gages annuels et de temps à autre fournissaient un état des animaux dont ils avaient la surveillance.

René ne s'occupait pas seulement d'embellir ou d'animer ses propres domaines ; il faisait exécuter dans ses États des ouvrages utiles aux populations. A Angers, il fit réparer les halles et créa de nouvelles fontaines. Il donna également ses soins au pavage des villes ; on voit par les comptes de ce prince qu'il fit lui-même les frais de la plupart de ces travaux, malgré la pénurie de ses finances, qui entrava toute sa vie l'exécution de ses plus utiles desseins. On conçoit que le premier de tous les travaux publics devait être en Anjou la préservation de la vallée contre les fréquents débordements de la Loire. René ne manqua pas de porter son attention de ce côté. Les ponts, les barrages, les levées, occupent une place importante dans ses comptes. Il transforma, au moyen de piliers de pierre, les Ponts-de-Cé, construits en bois, et qui furent longtemps un des principaux passages de la Loire; il répara ceux de la rivière du Louet, de l'Authion, reconstruisit à nouveau les ponts de Saumur, presque entièrement ruinés par l'effet d'une énorme inondation qui survint en 1456 (juste quatre cents ans avant la plus forte de notre siècle). Mais ce qu'il y a de plus curieux, ce sont les textes relatifs à l'entretien des *levées* ou *turcies*. Ces digues de pierre et de terre, consolidées par des plantations et servant de routes pour les habitants en même temps que d'abri contre les débordements du fleuve, étaient d'une origine bien antérieure à René[1]. Ce prince eut le mérite d'avoir fait de leur entretien un service tout spécial. Ce service était confié par lui à un *ministre des levées*. Ce ministre visitait les digues, constatait les besoins de réparation, et adressait sur ce sujet des rapports au conseil du roi. Voyant à juste titre un intérêt commun dans l'entretien de ces digues, René tenait la main à ce qu'il n'y eût aucune négligence de la part des habitants chargés d'y concourir. L'abbesse

---

1. On en fait remonter l'origine à Henri II, roi d'Angleterre, et même à Louis le Débonnaire.

de Fontevrault donnait quarante livres par an pour cet objet. La grande inondation de 1456 ayant endommagé considérablement les levées, il fallut opérer des travaux importants pour remédier au mal. Sur un point notamment, où les réparations étaient des plus urgentes, Jean Bonhalle, le ministre des levées, n'ayant employé que vingt-quatre hommes pendant six jours, on lui intima aussitôt l'ordre d'en employer cent, à raison de quinze deniers par homme et par journée, jusqu'à ce que les travaux fussent terminés. L'office de ministre des levées continua après la mort de René et fut conféré par Louis XI à l'un de ses partisans.

Par les détails qui précèdent, le lecteur peut se faire une idée de l'intérêt que présente la publication dont il s'agit. Il nous reste à parler de trois documents antérieurs à René et qui se trouvent joints, dans cette publication, aux textes contemporains de ce prince. Ces documents, qui concernent la maison d'Anjou, intéressent également les arts. Le plus ancien est un devis de la construction du château de Beaufort, lequel rentra, en 1469, avec le comté du même nom, dans l'apanage d'Anjou. Ce devis, des plus importants pour l'histoire de l'architecture au moyen âge, date de 1346. Le second document est un inventaire daté du 6 mars 1385 et qui se rattache par son objet à un événement contemporain de la minorité de Charles VI. Louis Ier d'Anjou, qui était alors régent, voulant conquérir son royaume de Naples, emprunta une partie de la riche vaisselle de la cour de France pour subvenir aux frais de cette expédition. Il n'employa qu'une très-petite portion de ce prêt et restitua le plus grand nombre des pièces de vaisselle telles qu'elles lui avaient été livrées. Il mourut avant d'avoir complété la restitution. Le trésor demanda compte du reste à la reine Marie sa veuve. Cette princesse se rendit à cette réclamation et fit dresser un inventaire des objets qu'elle restitua, estimés, en valeur, à quatre-vingt-quatorze marcs d'or et mille soixante-quinze marcs d'argent. On sent combien cet inventaire a de prix, puisque, indépendamment des renseignements qu'il offre pour l'art de la fin du XIVe siècle, tous les objets inventoriés appartenaient à la cour de France. En voici le préambule, qui suffit à en indiquer l'importance :

« Nous, Marie, par la grace de Dieu, royne de Jherusalem et de Secille, duchesse d'Anjou et de Touraine, comtesse de Prouvence, de Forcalquier, du Maine, du Piémont et de Roucy, ayans le bail, garde et gouvernement de nos très chers et très amez Loys, roy de Secille, et de Charles, noz enffans, recognoissons et confessons que de certainne grant somme de vaisselle d'or et d'argent, que monseigneur, que Dieu absoille, ançois qu'il entreprenist son voiage d'Italie pour le fait de sa conqueste, eut en prest de monseigneur le roy par les mains de Jehan Chanteprime, lors receveur général des aides qui paravant avoient eu cours, et de laquelle mondit seigneur fit restituer à mondit seigneur le roy certainne grant partie es espèces qu'elle lui avoit esté baillée, il resta à rendre la somme de quatre vins quatorze mars deux onces et onze esterlins d'or, et mil soixante quinze mars sept onces esterlins obole d'argent ou environ, es pièces et parties qui s'ensuivent, c'est assavoir, etc. (*suivent les objets inventoriés*).

Le dernier document n'offre pas moins d'intérêt. C'est l'inventaire, dressé au mois de novembre 1413, du trousseau de Catherine de Bourgogne, fille de Jean sans Peur, fiancée au fils aîné de Louis II, duc d'Anjou; trousseau consistant en vaisselle d'or et d'argent, joyaux, robes, étoffes, chevaux, et que le duc d'Anjou renvoya à Jean sans Peur avec sa fille, sous le coup de l'émotion causée par le meurtre du duc d'Orléans.

LA SIGILLOGRAPHIE DE L'ANCIENNE FRANCE

Parmi les sciences particulières qui se rattachent à la science historique et en sont les utiles auxiliaires, il en est une que connaissent peu les personnes étrangères par leurs études aux travaux d'érudition. Nous voulons parler de la science des sceaux, ou *sigillographie*. On sait qu'un sceau est une empreinte en relief tirée sur de la cire, au moyen d'une matrice, et représentant une figure quelconque, ou *type*, avec des lettres explicatives qui forment la *légende*[1]. L'usage du sceau était général au moyen âge; son objet était de garantir l'authenticité des actes émanés soit des particuliers, soit des pouvoirs publics[2]. Il suffit de visiter un dépôt d'archives pour

1. Nous ne parlons pas ici des sceaux d'or ou d'argent, qui sont frappés ou estampés et très-rares. Quant aux sceaux de plomb, façonnés d'après les mêmes procédés, on ne les trouve employés d'une manière habituelle que dans les actes de la chancellerie pontificale.

2. La perte ou le vol d'une matrice pouvait devenir par cela même

se convaincre, au premier coup d'œil, de l'importance attribuée au sceau dans les titres de cette époque. On ne rencontre pas une pièce qui ne soit scellée, à moins que le sceau n'ait été détruit par une circonstance fortuite, auquel cas les traces en demeurent toujours visibles. Tantôt le sceau se montre adhérent à la pièce, tantôt on l'y voit suspendu par des lacs de parchemin ou de soie[1]. Quant à la cire, — blanche, brune, verte, rouge, noire ou bleue[2], — elle affecte toutes les couleurs. Le plus ordinairement, une pièce n'est munie que d'un sceau; mais cet usage souffre des exceptions quand plusieurs personnes se trouvent intéressées dans l'événement que la pièce a pour objet de constater. C'est ainsi que M. Demay, auteur de l'*Inventaire des sceaux de la Flandre*, dont nous parlerons ci-après, a décou-

très-préjudiciable à son propriétaire et donner lieu à un acte public où celui-ci révoquait le sceau perdu. Une révocation de ce genre fut faite au commencement du XVᵉ siècle par la ville de Paris : « Vendredi 10 décembre 1417, maître Jehan de Bugle, au nom et comme procureur de la ville de Paris, vint en la chambre du Parlement dénuntier et signifier que, le jour précédent, les sceaulx de la ville de Paris avaient été perdus par larcin, et que ce n'était pas l'intention de la ville de adjouter foy désormais à ce que serait fait soubz le scellé des dits sceaulx... mais feroit faire autres sceaulx nouveaux différens de ceulx qui ont été perduz. »

1. Les lacs ne servaient pas toujours uniquement à la suspension du sceau. Un mot en surcharge écrit dans le corps de l'acte se trouvait quelquefois reproduit sur le lac de parchemin; on garantissait ainsi l'authenticité du mot additionnel.

2. Les sceaux en cire noire sont rares; nous citerons dans le nombre ceux des Hospitaliers de Saint-Jean de Jérusalem. On ne connaît jusqu'ici qu'un sceau en cire bleue : c'est celui d'un seigneur espagnol, Henri-Pierre de Ferana, de 1276.

vert, dans l'un de nos dépôts du Nord, deux chartes munies, l'une de cent dix sceaux, et l'autre de cent soixante-douze[1]. Le type du sceau varie suivant la provenance de la pièce. Ce sera tantôt une figure royale, tantôt un évêque avec sa crosse, tantôt un chevalier revêtu de son armure, ou encore un hôtel de ville avec sa tour du beffroi, selon que l'acte émane d'un roi, d'un prélat, d'un seigneur ou d'une commune. La diversité des époques apporte aussi des différences. Ainsi, à ne parler que de nos sceaux royaux, le type qu'ils offrent durant la période mérovingienne est la tête du roi vue de face, avec la longue chevelure, signe distinctif de la dignité royale. Sous les Carlovingiens, il rappelle les médailles romaines : il représente le buste vu de profil, la tête ordinairement couronnée de laurier, les cheveux courts et liés d'un ruban en forme de diadème[2]. Avec les Capétiens, les proportions grandissent : le roi se montre de face, assis sur son trône et revêtu des insignes de la souveraineté : c'est ce qu'on appelle le sceau de *majesté*. Ajoutons que, plaqués sur les pièces,

---

1. Ces deux chartes se rattachent à un même événement historique. Les sceaux dont elles sont accompagnées émanent de prélats, gens d'église, nobles et bonnes villes, qui, en 1427, s'accordèrent à reconnaître le duc de Bourgogne comme héritier et gouverneur du comté de Hainaut.

2. Les rois de la seconde race faisaient quelquefois usage de pierres antiques pour sceller leurs diplômes. Charlemagne se servait d'un Jupiter Sérapis; Pepin le Bref, d'un Bacchus ou d'un Silène; Pépin, roi d'Aquitaine, d'une tête d'empereur romain.

(papyrus ou parchemin) durant les deux premières races, les sceaux royaux deviennent libres ou *pendants* sous la troisième, circonstance qui, dégageant le revers du sceau, permet d'y appliquer quelques images et donne lieu au *contre-sceau*.

Par ces brèves considérations, on voit déjà les divers genres d'intérêt que peut offrir la sigillographie. A la seule manière dont un acte est scellé, on connaît à quelle période historique il se rapporte; comme aussi on découvre, par la seule inspection du sceau, de qui, roi, évêque ou chevalier, la pièce est émanée. Depuis le XIII° siècle jusqu'à Louis XVI, la couleur de la cire employée dans les sceaux royaux, suffit même à indiquer le degré d'importance des actes auxquels ces sceaux sont suspendus : verte, et sur lacs de soie verte et rouge, pour les ordonnances, édits, lettres patentes, et en général pour tous les actes à effet permanent; jaune, avec lacs de parchemin, pour les décisions d'ordre secondaire et actes à effet temporaire. Inutile de dire que la sigillographie fournit de précieux renseignements sur l'armement, sur le costume, voire même sur le mobilier du moyen âge. A l'égard du costume — costume royal, costume féminin, costume de guerre ou de tournoi, costume civil ou religieux, — elle permet d'en indiquer avec exactitude toutes les transformations. Elle donne aussi des indications non moins utiles au point de vue de l'architecture; car si, comme on l'a vu, le sceau offre quelquefois dans son type l'image d'un hôtel de ville, il offre, en d'autres cas, la représentation d'une église, et avec de suffisants détails pour qu'on puisse connaître à quel style, roman ou gothique, appartient cette église. La science du blason trouve également de nombreuses ressources dans la sigillographie; il est rare, en effet, que le chevalier ou la noble dame figuré sur le sceau le soit sans son écu. Il n'est pas jusqu'aux métiers sur lesquels on ne puisse rencontrer d'utiles informations; car si l'acte provient d'une corporation d'artisans, on retrace ordinairement sur le sceau les instruments qui sont propres à la corporation. Enfin, l'étude des sceaux se lie, en une certaine manière, à l'histoire de l'art. Le dessin, informe au temps des Mérovingiens, l'est moins à l'époque de Charlemagne, s'altère de nouveau durant la période barbare qu'embrassent les Xe et XIe siècles, se relève au XIIe et commence, dès le XIIIe, à offrir de remarquables spécimens [1].

Il ne faudrait pas croire que la sigillographie soit une science toute récente. L'illustre Mabillon, dans son *Traité des chartes et des diplômes* (*De re diplomatica*), publié en 1681, avait déjà exposé et fixé les principes de cette science; il est vrai qu'il l'a surtout

---

1. Nous ne donnons ici que des vues générales. Le lecteur curieux de détails pourra consulter les *Éléments de sigillographie* de M. Douet d'Arcq, servant d'introduction à la *Collection des sceaux* que nous signalons ci-après; et un travail que M. Demay a inséré dans les volumes de la *Gazette des beaux-arts* des années 1873 et 1874.

envisagée au point de vue de l'authenticité des actes. De nos jours seulement, on a commencé d'étudier les sceaux sous les divers aspects que nous avons signalés. Plusieurs publications ont déjà été faites en province sur ce sujet, au nombre desquelles nous citerons l'excellente sigillographie de Toul, due à M. Charles Robert[1]. Des travaux particuliers, se rattachant aux mêmes études, ont paru depuis quelques années et paraissent encore fréquemment dans les Mémoires des sociétés savantes de nos départements. Mais, si estimables que soient ces ouvrages, ils sont dépassés en importance par les récentes publications qu'a prescrites ou favorisées la direction des Archives nationales, et sur lesquelles il convient de donner quelques détails.

Les Archives nationales possèdent une vaste collection d'empreintes de sceaux en soufre, commencée sous les auspices du savant Letronne, directeur de cet établissement, et qu'un de ses regrettés successeurs, M. de Laborde, a continuée. Cette collection se compose de deux parties, qui représentent, l'une, tous les sceaux conservés aux archives de Paris, et l'autre, les sceaux existant dans les archives de nos départements. La première partie, — qui offre un ensem-

---

1. Il convient de mentionner aussi la *Description des sceaux de la ville de Saint-Omer*, par M. Deschamps de Pas; les *Sceaux des archives des Bouches-du-Rhône*, par M. Blancard et la *Sigillographie du diocèse de Gap*, par M. J. Roman.

ble de 15000 sceaux environ, — a fait l'objet d'une publication commencée en 1862 et terminée en 1868. Cette publication, qui fait honneur à son auteur, M. Douet d'Arcq, chef de la section historique aux Archives nationales, ne comporte pas moins de trois volumes in-4° et a rendu déjà des services considérables aux études sigillographiques [1].

C'est à la seconde partie de cette collection que correspondent les deux fort beaux volumes que vient de faire paraître M. Demay sur les sceaux de la Flandre [2]. Pour réunir les matériaux d'une sigillographie départementale, M. Demay avait été chargé de visiter nos diverses archives de province. S'il eût pu remplir sa mission jusqu'au bout, on aurait aujourd'hui la reproduction de tous les sceaux de nos archives départementales, lesquels, ajoutés aux sceaux des archives de Paris, eussent formé un véritable musée sigillographique, le premier de ce genre qu'on eût vu en Europe. Malheureusement la mission de M. Demay fut interrompue au moment où il venait de parcourir les anciennes provinces de l'Ile-de-France, de

---

1. *Collection des sceaux*, par M Douet d'Arcq. Paris, Plon, 1863. 1868. 3 vol. in-4°. Nous recommandons au lecteur la savante et intéressante préface que M. de Laborde a mise en tête du premier volume.

2. *Inventaire des sceaux de la Flandre, recueillis dans les dépôts d'archives, musées et collections particulières du département du Nord*, avec planches photoglyptiques, par G. Demay, archiviste aux Archives nationales. 2 vol. in-4° à 2 colonnes (de 500 pages chacun). Paris, imprimerie nationale, 1873.

la Picardie, de l'Artois, de la Flandre et de la Normandie. Il avait recueilli, dans ces excursions laborieuses, près de 30 000 empreintes. Il ne voulut pas que le public érudit fût privé des résultats de son travail, et c'est à cette pensée que nous devons l'*Inventaire des sceaux de la Flandre,* ouvrage dans lequel il a présenté, avec autant de méthode que de savoir, la sigillographie particulière d'une des plus importantes provinces qu'il avait visitées. Ce n'est pas là toutefois, à proprement parler, un recueil des sceaux de la Flandre. Les sceaux que M. Demay a recueillis appartiennent non-seulement à la contrée où ils sont aujourd'hui conservés, mais, pour une ceraine partie, à des souverains ou à des seigneurs étrangers, tels que les rois d'Angleterre, d'Écosse, de Navarre, de Portugal, les doges de Venise ou les ducs de Bretagne, ou encore à des villes méridionales comme Bayonne et Biarritz. Tous néanmoins ont servi à authentiquer des actes relatifs à des affaires flamandes, et c'est par cette considération que se justifie le titre de l'ouvrage.

Dans cet inventaire, on trouve la description d'environ 8000 sceaux qui correspondent, par leurs dates, à la longue période comprise entre le XII° siècle et le XVII°. Ils sont répartis en deux classes : les sceaux *laïques* (rois, seigneurs, villes, etc.), et les sceaux *ecclésiastiques* (papes, prélats, chapitres, abbayes, hôpitaux et maladreries). Cette division commode permet aux sigillographes de se reporter sans peine au genre de sceaux qui intéressent leurs recherches. Une table alphabétique très-développée se trouve en outre à la fin de l'ouvrage. L'auteur ne s'est pas borné à donner la description de chaque sceau, avec une indication sommaire du document auquel il se rapporte. Il a donné l'image photographiée des type les plus intéressants, au nombre d'environ cent vingt, types très-rares pour la plupart et presque tous inédits [1].

C'est en parcourant les planches où sont reproduits ces types, que l'on peut juger des ressources offertes par la sigillographie au point de vue de l'art et de l'histoire. Le sceau de Charles le Téméraire, de 1468, est sans contredit le plus beau sceau équestre que l'on connaisse jusqu'ici. Armé de toutes pièces, le corps penché en avant, le duc de Bourgogne s'élance, l'épée haute, à la rencontre de l'ennemi. Le mouvement du cheval n'est pas moins remarquable que celui du cavalier. M. Demay croit, et nous ne serions pas éloigné de penser avec lui, que le visage farouche du cavalier est le portrait fidèle de Charles le Téméraire. L'artiste chargé de la confection d'un sceau s'essayait en effet quelquefois à reproduire les traits du personnage qu'il voulait représenter. Au nombre des sceaux équestres, il est des types de femmes qui mé-

---

[1]. Aucune planche n'accompagne les trois volumes de la *Collection des sceaux* de M. Douet d'Arcq. C'est une lacune regrettable.

ritent d'être signalés. Dans les sceaux de cette espèce, les dames étaient ordinairement figurées à cheval et le faucon au poing. Or, il résulte des spécimens qu'a donnés M. Demay, que l'artiste élargissait parfois ce cadre traditionnel. Ainsi, dans le sceau d'une duchesse de Brabant, de 1266, on voit un chien sous le ventre du cheval, et un oiseau qui prend son vol et fuit devant le faucon. Dans un sceau plus ancien, celui d'une comtesse de Soissons, de 1186, la scène de chasse offre d'autres particularités : un manteau à longs plis et léger enveloppe presque entièrement la dame, dont les tresses flottent sur les épaules [1].

On conçoit que plus le type se complique de détails, plus nombreux sont les renseignements qu'il est possible de tirer de la sigillographie. Comme les sceaux laïques, les sceaux ecclésiastiques ne se bornent pas toujours à la représentation pure et simple du personnage, évêque ou abbé, avec le costume de l'époque et les attributs de sa dignité. Dans l'un, par exemple, on remarque un personnage assis, tête nue, tenant de la main gauche un rameau et indiquant de la droite un livre posé sur un pupitre. Dans un autre, celui d'un chanoine de Saint-Aubert de Cambrai, de l'an 1228, on voit, non plus un personnage lisant,

---

[1]. Le sceau équestre n'était pas le seul type propre aux dames des XIIe et XIIIe siècles. On les trouve plus souvent figurées debout avec le faucon au poing ou une fleur dans la main. Au XIVe siècle, elles sont représentées debout dans une niche gothique.

mais — fait beaucoup plus rare — un personnage écrivant. L'ecclésiastique que l'artiste a figuré est assis, le visage de profil, et trace sur une table des mots dont on peut même lire quelques lettres. Autour du sceau court une légende dont le sens est celui-ci : « L'Écriture porte au loin la pensée de celui qui écrit. » Parmi les sceaux ecclésiastiques, il en est qui offrent de véritables petits tableaux, inspirés soit de l'Écriture, soit de sujets édifiants. L'un d'eux, appartenant à un hôpital de Valenciennes, représente sainte Elisabeth lavant les pieds à un pauvre. Dans un autre du xve siècle, appartenant à un évêque de Cambrai, on voit la Vierge assise avec l'Enfant Jésus dans ses bras, ayant à ses côtés saint Pierre et saint Paul debout, et plus bas un évêque en prières. Enfin, dans un troisième, provenant de la ville de Leyde et datant du même siècle, saint Pierre, entre deux anges qui l'encensent, se montre assis sur une galerie d'architecture gothique, sous les arcades de laquelle se tiennent huit personnages à genoux et les mains jointes.

Les sceaux de villes ne sont pas les moins curieux. Tantôt on y voit une porte de ville, tantôt une enceinte fortifiée, au centre de laquelle on découvre, soit une église, soit un château avec tours et tourelles, quelquefois un donjon au haut duquel paraît un homme sonnant du cor. Le sceau de la ville de Biarritz, qui date de 1351, est particulièrement remarquable. Par la scène maritime qui s'y trouve figurée, on voit que ses habitants faisaient alors la pêche de la baleine. Quant aux corporations de métiers, elles ont également leurs types particuliers. Ainsi, pour nous restreindre à la ville de Bruges, le sceau des meuniers a pour type un moulin à vent; celui des batteurs de laine, un arçon (archet à battre la laine); celui des poissonniers, un individu debout devant une table à tréteaux et découpant un poisson. Ces trois types datent de 1407.

Si l'on considère que les 8000 sceaux, photographiés ou simplement décrits, que renferme l'ouvrage, et tous datés avec soin, se rapportent la plupart soit à des personnages importants, soit à des événements historiques, on conçoit le prix qu'un tel travail a pour la science. A plus forte raison comprendra-t-on l'intérêt qu'eût offert un *Musée sigillographique* représentant les sceaux de toutes les archives de France, et qui devait, dans la pensée de M. de Laborde, faire pendant au *Musée paléographique* dont nous avons parlé dans notre Introduction.

FIN

TABLE DES MATIÈRES

Préface.. V-X

INTRODUCTION

Les Archives nationales et le Musée paléographique....... 7-51

ÉTUDES SUR L'ORIGINE ET LES EFFETS DU POUVOIR ABSOLU AVANT 1789

La Renaissance au XIIe siècle......................... 55-117
La France aux XIVe et XVe siècles..................... 118-172
La Chambre des comptes................................. 173-228
La misère au temps de Louis XIV........................ 229-271

APPENDICE

Les Frais de justice au XIVe siècle..................... 275-286
Les Écorcheurs sous le règne de Charles VII............ 287-303
François Villon et René d'Anjou......................... 304-330
La Sigillographie de l'ancienne France................. 331-342

FIN DE LA TABLE DES MATIÈRES

PUBLICATIONS DE LA LIBRAIRIE ACADÉMIQUE DIDIER ET Cie

ROCQUAIN
État de la France au 18 Brumaire. Rapports, etc. 1 vol. . . 4 fr.

GUIZOT
Grégoire de Tours et Frédégaire. HISTOIRE DES FRANCS ET CHRONIQUE ; nouvelle édit. revue et augmentée de la *Géographie de Grégoire de Tours et de Frédégaire*, par M. ALFRED JACOBS, 2 vol. . . . . . . 7 fr.

ROUSSET (C.)
La Grande Armée de 1813. 1 vol. . . . . 3 fr. 50
Les Volontaires. 1791-1794. 3e édit. 1 vol. . . . . 3 fr. 50
Le Comte de Gisors. Étude historique. 2e édit. 1 vol. . . 3 fr. 50
Histoire de Louvois et de son administration, etc. (*Ouvrage couronné par l'Académie française, 1er prix Gobert.*) Nouv. édit. 4 v. in-12. 14 fr.

GIDEL
Les Français du XVIIe siècle. 1 vol. . . . . 3 fr. 50

BAGUENAULT DE PUCHESSE (GUSTAVE)
Jean de Morvillier. Étude sur la politique française au XVIe siècle. 2e édit. 1 vol. . . . . 3 fr. 50

NOURRISSON (F.)
L'ancienne France et la Révolution. 1 vol.. . . . . . . 3 fr. 50
Machiavel. 1 vol. . . . . 3 fr. 50

LOISELEUR (J.)
Ravaillac et ses complices, etc. Questions historiques du XVIe siècle. 1 vol. . . . . 3 fr. 50

FEILLET (ALPH.)
La Misère au temps de la Fronde et saint Vincent de Paul. 3e édit. revue. 1 vol. in-12. . . . . 3 fr. 50

MERCIER DE LACOMBE (CH.)
Henri IV et sa politique. (*Ouvrage couronné par l'Académie française, 2e prix Gobert.*) Nouvelle édit. 1 vol. in-12 . . . . . . 3 fr. 50

SAINT-RENÉ TAILLANDIER
Bohême et Hongrie. Tchèques et Magyars, etc. 2e éd. 1 v. in-12 3 fr. 50

LÉPINOIS (H. DE)
Le Gouvernement des papes et les révolutions dans les États de l'Église. 2e édit. 1 vol. in-12. . . . . 3 fr. 50

BAILLON (COMTE DE)
Lettres d'Horace Walpole pendant son séjour en France. 2e édit. 1 vol. . . . . 3 fr. 50
Lord Walpole à la cour de France (1723-1730). 2e édit. 1 vol. in-12. . . . . 3 fr. 50

LA PILORGERIE (J. DE)
Campagne et Bulletins de la grande armée d'Italie commandée par Charles VIII, d'après les documents rares ou inédits. 1 v. in-12 3 fr. 50

TOPIN (MARIUS)
L'Europe et les Bourbons sous Louis XIV. (*Ouvrage couronné par l'Académie française : Prix Thiers.*) — 2e édit. 1 v. in-12 3 fr. 50
L'Homme au masque de fer. (*Ouvrage couronné par l'Académie française.*) 4e édition. 1 vol. in-12 . . . . 3 fr. 50